MORI SHIMA

THE HIDDEN JAZZ MASTERPIECES

Strangled Swan Song: Bill Evans' Last Days
Duet Played in the Deep Ocean: The Bass Under "Undercurrent"
The Unknown Recording History
Straight, No Chaser, But Remix: Thelonious Monk vs. Steinway Grand Piano
Kind of Blue in 2000s ... and more

ジャズの秘境

嶋 護

DU BOOKS

はじめに

先日亡くなられた和田誠氏の『お楽しみはこれからだ』は、ひとつのセリフを手がかりに映画を紹介するエッセイでしたが、同時に、優れた映画論でもありました。ある映画作品には画面のなかだけでなくその「外側」にも世界が存在しています。和田氏はその「外の世界」を軽やかな筆致で読者に語っていました。

音楽にも「外の世界」は存在します。演奏家の出す音は、それ自体は個人的な表現ですが、同時に、演奏家の属する文化的なルーツや立場や環境に裏打ちされているし、単なる時代背景を超えた社会学的歴史的な奥行きを伴っているものです。録音なら、そこに技術的な奥行きも加わることになります。

ジャズ評論では、油井正一氏や植草甚一氏のような人たちは、音のすぐ隣に予期せぬ「外の世界」が存在することを意識し、その世界がもつ奥行きに敏感でした。だから読者は、彼らの採り上げたジャズをあらためて開かれた存在として感じることができたのだと思います。

筆者はジャズを聴き始めた頃に彼らの文章に接し、それが今日まで長いあいだ聴き続けるきっかけになりました。本書はそのことへの感謝を念頭に書かれました。すべての文章は書き下ろしで、書きたいことを書きたいだけ書いたので、長さや形式は章ごとにまちまちになりました。長いものは、冒頭のビル・エヴァンス論のように、原稿用紙でいうと120枚を超える長編になりました。ほかにも60枚前後の長さになった章もいくつかあります。

内容は、入門者にも読み易く、エキスパートにも新たな発見があるように心がけました。そして、ジャズ・リスナーだけでなく、ロックやクラシック・リスナーにも、新たな知見や新鮮なパースペクティヴがもたらされるようなものを目指しました。たとえば、クラシック・ファンなら、トスカニーニのRCA録音がなぜあれほどデッドだったのかの手がかりを得られるでしょう。

この本を書いた重要な動機のひとつに、今の中古市場には優れたCDが宝の山のように並んでいるのだけれど、そうとは気づかれていないことがあります。宝を正しく掘り出せるように、本書の音質上の記述は常に特定のCDのみに適用されるものとします。内容が同じでもカタログ番号が違えば、記述したような音はまったく保証しません（一般論としてカタログ番号が同じでも音が違う場合も多いが、ここで紹介したなかにはそういうものはないはずです）。

また、最初に述べたように、本書は「外の世界」への想像力がかきたてられるようなCDを軸にしていますが、テーマにうまく嵌らなかったり、現物を仕舞い込んでしまって見つけられなかったりというような理由で載せられなかったCDも多く、ご参考までに、タイトルだけでも思いつくままに数枚を書きとめておきます。

スタン・ゲッツ『ジャズ・サンバ』（DCC GZS-1069）。デューク・エリントン『ブルース・イン・オービット』（MFSL UDCD 757）。オリバー・ネルソン『ブルースの真実』（Analogue Productions CIPJ5SA）。ジョン・ゾーン『ユークリッヅ・ナイトメア』（Depth of Field DOF 1-2）。マル・ウォルドロン『シーガルス・オブ・クリスチャンサンド』（Soul Note 121148-2）。ローランド・カーク『カーク・イン・コペンハーゲン』（Mercury / Verve B0001629-02）。中山千夏『ぼくは12歳』（コロムビア COCQ-84175）。富樫雅彦『リングス』（フォノグラム 32JD-10011）。

なかでも最初の2枚、ゲッツ盤とエリントン盤は、すべてのジャズCDのなかでも楽々トップクラスに入る優秀な音質なので、漏れたのは悔いが残ります。中山千夏盤もいろいろと面白いCDですが、書いているうちに文章が脱線を繰り返し、とうとう完成できなかったのはわれながら不甲斐ないばかりです。

それから、自分の文章に加え、ルディ・ヴァン＝ゲルダーの珍しいインタビューも拙訳で載せました。意外に思える発言も多いでしょうが、とても興味深い内容なので喜んでもらえると思います。

これまでも主に専門誌に文章を書いてきましたが、一般に向けた単行本を書くのはまったく初めての経験だったので、いろいろ苦心しました。読んでいただいた人の、ジャズについて少しでも知っているという思い込みを揺るがすことができたなら本望です。

❶ スタン・ゲッツ＆チャーリー・バード
『ジャズ・サンバ』（DCC GZS-1069）

❷ デューク・エリントン
『ブルース・イン・オービット』
（MFSL UDCD757）

❸ ジョン・ゾーン＆ボビー・プレヴァイト
『ユークリッツ・ナイトメア』
（Depth of Field DOF1-2）

❹ 中山千夏＋高橋悠治『ぼくは 12 歳』
（コロムビアミュージックエンタテインメント COCQ-84175）

❺ 富樫雅彦『リングス』
（フォノグラム 32JD-10011）

目次

第１章

絞殺された白鳥の歌

ビル・エヴァンス最期の日々〜『コンセクレイション』『ザ・ラスト・ワルツ』

世を去ってから40年になっても、ビル・エヴァンスの人気は高まり続け、翳《かげ》りを見せない。エヴァンスは1929年8月に生まれ、1980年9月に51歳で亡くなった。栄光と悲劇が表裏一体となった彼のキャリアは、『あしたのジョー』のドラマを重ねて思わずにいられない。

ふたつの物語は、どちらも、アウトサイダーの若者がスターダムへ上り始めるが、「友」の死によって物語は暗転。もがき苦しんだ末に苦悩を脱し再び栄光を目指すが、いつしか病魔に肉体を蝕まれる。そして、破滅を覚悟した闘いで全篇の幕が下りる。

だとすると、エヴァンスが〝真っ白に燃え尽きた〟キーストン・コーナーの演奏の記録が残っていなかったなら、それはホセ・メンドーサ戦のない『あしたのジョー』のようなものになっていたところだった。サンフランシスコ・ベイエリアでジャズ・クラブ、キーストン・コーナーを経営していたトッド・バルカン（1946年8月生～）が、ジャズの歴史にとって文字通りかけがえのない演奏を現実の音として残してくれたことには感謝のことばもない。

1980年夏

ビル・エヴァンスは、死の直前に出演したキーストン・コーナー公演に先立ち、1980年の7月から8月にかけてヨーロッパ各国をツアーで回った。ロンドンのロニー・スコッツ・クラブに2週間出演し、続いて大陸に渡ると、ジャズ・フェスティバルや映像収録のため、ベルギー、ノルウェイ、スペイン、イタリアを訪れた。

ツアー最終日の8月15日は、西ドイツ（当時）のバート・ヘニンゲン在住の建築家が自宅で催したプライベート・コンサートで演奏。これは、１日早いエヴァンスのバースデイ・パーティも兼ねていた。プライベート・コンサートながら25人程度のゲストが招かれ、ＷＤＲ（西部ドイツ放送）が８トラック・レコーダーで録音した。このテープが、１９８９年にリリースされたレコード『ヒズ・ラスト・コンサート・イン・ジャーマニー』に使われたと思われる。当日演奏された全曲は、ガンビット盤で聴くことができる。ガンビット盤のソースはエアチェックだろう。

晩年のエヴァンスは、国税局とのトラブルを抱えていた。長年の持病である肝炎やドラッグ癖が理由で財政的に窮していて、これだけのツアーをやっても、手元に現金が残らなかったという。

当時エヴァンスは妻のネネットやふたりの子どもとは別居し、23歳のガールフレンド、ローリー・ヴァホーミンとニュージャージー州フォート・リーのアパートに住んでいた。ローリーは、ヨーロッパ・ツアーから帰国したエヴァンスの誕生日のお祝いに使う現金を捻出するため、彼の許可を得てフェンダーローズ（エレクトリック・ピアノ）をシダー・ウォルトン（１９３４年１月生～２０１３年８月没）に売却し、６５０ドルを調達した。

エヴァンスは大の競馬好きで、配当でかなりの金額を稼いでいた。ウディ・アレン映画のプロデューサーとして有名なジャック・ロリンズと共同で、「アニー・ホール」と名付けたトロッターの馬主をしていたこともあった。もちろん、これはウディの有名な映画からとった名前である。

8月16日にローリーはエヴァンスを競馬場に連れて行くつもりだった。しかし、エヴァンスは体調を崩し、病院行きを余儀なくされた。

8月の下旬、エヴァンス・トリオは西海岸ツアーに出発した。ローリーもロード・マネージャーとして同行した。トリオはまず、オレゴン州ポートランドでコンサートを開き、27日にはロスアンゼルスで、ジョージ・シアリングやデイヴ・ブルーベックとともにハリウッド・ボウルのコンサートに参加した。

トリオが次に訪れたのが、ヴァレーホ市だった。当市のジャズ・クラブ、キーストン・コーナーに出演するためだが、このときエヴァンスは、サンフランシスコ在住のプロデューサーのハーブ・ウォン（1926年3月生〜2014年4月没）や、パーカッション奏者のアール・ジンダース（1927年9月生〜2005年8月没）に再会している。

晩年のエヴァンスがぎっしりとスケジュールの詰まった演奏ツアーに明け暮れていたのは、多くの実入りを必要としていたためだった。同時に、もはや自分の死期が近いことを悟っていたエヴァンスにとって、ツアーはアメリカの各地に住む友人たちにそれとなく別れを告げる機会でもあった。

ハーブ・ウォンは、ステージが始まる前にキーストン・コーナーでエヴァンスと顔を合わせた。会話のあいだ、エヴァンスはほとんど目を閉じたままだった。エヴァンスは食事もジャンクフードとコーラしか口にしていなかったが、ウォンの目にエヴァンスは「体調がどうであろうが、それは問題じゃない」と言っているように映った。「そして、たしかに問題ではなかった」と、その夜の演奏を聴いたウォンは思った。

ウォンはエヴァンスの死後、『スペシャル・トリビュート・トゥ・ビル・エヴァンス』（パロアルト）をヘレン・キーン（1923年2月生～1996年4月没）と共同でプロデュースした。14人のピアニストによる追悼演奏を集めた2枚組レコード・アルバムである。

アール・ジンダースは兵役時代に知り合った友人で、「エルザ」「ハウ・マイ・ハート・シングス」のようなエヴァンス愛奏曲の作曲者でもあった。エヴァンスはジンダースの自宅を訪れ夕食をともにし、会話の最後に「これで話したいことは全部話した」と告げた。ジンダースはのちに、この会話を思い出しながら、「エヴァンスにとっては音楽がすべてだった。彼は個人としても、演奏を通しても、さよならを告げていたんだ」と語った。

キーストン・コーナーはもともと、ポピュフーミュージックの新進アーティストが登場するライブハウスだった。よく客が入ったので、オーナーはバークリーのより大きな小屋に引っ越すことになった。そこで1972年にキーストン・コーナーの名前と経営の権利を買ったのが、トッド・バルカンだった。

もちろんエヴァンスはそれまでにもたびたびサンフランシスコを訪れていた。しかし、キーストン・コーナーに出演するのはこれが初めてだった。

このときの告知ポスターが残っている。1色刷りで、8月20日から30日まで11日間出演するスタン・ゲッツと、31日から9月7日までのエヴァンスを一枚に載せている。

ポスターの上部には、Keystone Korner proudly presents Two!! / Very Special! Musical Events と大きな文字が並び、そのすぐ下に、カメラマンのトム・コピが撮影したゲッツとエヴァンス、二葉のモノクローム写真が左右に並んで配されている。サイドマンの記載はまったくない。右端にはかなり小さな文字で縦一列に、Produced by Todd Barkan Audio by Rich Sound などの記述がある。

このポスターは、ジャズ・クラブのごく日常的なフライヤーのひとつに過ぎず、デザインは簡素そのものだ。けれども40年近くが過ぎた現在では、そのあまりに巨大な歴史的価値ゆえに、ひとつひとつの細部からあたかも今からチケットを買ってクラブに行くような気分がむくむくと胸に湧き上がり、見ていて少しも飽きることがない。その内容のいくつかを次に書き写す。

ライブは毎日2セット制（1セットはおおむね1時間）。開始時刻は、ファースト・セットが21時、セカンド・セットが23時。さらに週末の金曜と土曜には24時半開始のサード・セットがあった。これはアメリカのジャズ・クラブではごく標準的な時刻である。

ただし、バルカンはセットの開始時間にルーズで、オフィスでミュージシャンと話し続けていて、定時に始まらないことがしょっちゅうだった。当時、キーストン・コーナーでエヴァンスを聴いたある人によれば、ファースト・セットのスタートが21時半だった日もあったという。

クラブの入場に年齢制限はなく、未成年も可。入場料は7ドル(金曜と土曜は7ドル50セント)で、セット毎にドリンクの注文が必須。お徳用入場チケットのKeystone Kardsもあり、価格は10枚綴りで40ドル。

1980年当時の7ドルは、インフレ率を考慮すると、現在の感覚では2300円程度にあたる。バルカンは、キーストン・コーナーに客をできるだけ呼び込むため、入場料は当時の相場より低めに設定したと述べている。

200席のキャパシティをもったキーストン・コーナーには様々なジャズ・アーティストが出演し、経営もまずまずだった。ところが、1983年に、折からのシリコンバレー好況の煽りを受けて、家賃が10倍に高騰し、バルカンは閉店を余儀なくされた。2018年の時点で、跡地は中華レストランになっている。

9月15日

エヴァンス・トリオはキーストン・コーナーの出演を終えると（後述するが、最終日の日付には若干の謎が残る）、ニューヨークに戻った。ピーター・ペッティンガーの書いた伝記をはじめ、ほとんどの資料が9月9日（火曜日）にエヴァンスがニューヨークで、テレビ番組「マーブ・グリフィン・ショー」の収録にスタジオ入りしたとしている。しかし、筆者がローリー・ヴァホーミンに直接確認したところ、この日付は誤りということだった。実際の番組収録日は8月23日である（放送は9月23日）。

9日の夜からエヴァンス・トリオは、マンハッタンのサード・アヴェニューにあったジャズ・クラブ、ファット・チューズデイズに出演した。出演予定は週末の土曜日までの5日間だった。ところが、2日目の9月10日、エヴァンスは帰路にイーストサイド・ハイウェイを通過中、立体交差であわや脱輪事故をおこしかけた。そこからは、ドラマーのジョー・ラバーベラ（1948年2月生〜）が運転を代わりフォート・リーに戻った。（ラバーベラは自宅がニューヨークから遠かったので、ニューヨークでギグがあるときはいつもエヴァンスのアパートに泊まっていた。）

助手席に座っていたローリーは、ショックでどうやってアパートにたどり着いたかも覚えていなかった。エヴァンスもこの日からベッドに寝たきりになった。ラバーベラは、それからもつきっきりでエヴァンスの身の回りの世話をした。ファット・チューズデイズの代役は、アンディ・ラヴァーンに頼んだ。

9月15日（月曜日）にエヴァンスは、マンハッタンのミッドタウンにある薬物治療クリニックに新規の予約をとって、久々にベッドから出た。ラバーベラがエヴァンスの愛車、1976年型シボレー・モンテカルロのステアリングを握り、ローリーは助手席に、エヴァンスは後部座席に座り、クリニックへ向けて10時半頃に出発した。

道すがら3人は話し続け、車はセントラル・パークの近くにさしかかった。

「ビル、あなたのメモリアル・コンサートを開いてお金を稼ぐって考えは、どう思う？」

「ねえローリー、それを言うならトリビュート・コンサートだよ。俺はまだ生きてるんだから」

3人は笑った。突然エヴァンスが咳き込み、大量の血を吐いた。エヴァンスはラバーベラに、クラクションを鳴らしっぱなしにしてフィフス・アベニューのマウントサイナイ病院へ向かってくれと告げ、道順を冷静に指示した。肺に血がたまったエヴァンスは、目に怯えの色を浮かべ、ローリーに「溺れ死にそうだ（I think I'm going to drown.）」と訴えた。それが、彼女の耳にしたエヴァンスの最期のことばになった。

病院の入り口から救急室まで、エヴァンスが通ったあとには床に鮮やかな血の筋が描かれた。ローリーは待合室に連れて行かれた。彼女の目に、掃除夫が血の筋をモップで拭う様子が映った。

ラバーベラが彼女の側に戻って来ると、すぐに若い医師がふたりを小さなオフィスに案内した。医師はふたりに、「もはや手遅れです」と告げた。午後3時半、エヴァンスは永遠の眠りについた。直接の死因は、肝硬変と気管支肺炎と出血性潰瘍だった。ラバーベラは、ヘレン・キーンやベーシストのマーク・ジョンソン（1953年10月生〜）に電話をかけ、エヴァンスの死を伝えた。

週末の20日からは、2年ぶり5回目になる日本ツアーが、東京郵便貯金ホール（現メルパルクホール）でのコンサートを皮切りに、10都市で予定されていた。もし実現していれば、ラバーベラを加えたトリオでは初の来日公演になるはずだった。

エヴァンスにとって生涯最後のパフォーマンスとなった9月10日のファット・チューズデイズの記録は、オーディエンス録音が存在すると言われている。しかし、そう銘打って流通している録音は、別の音源の音質を劣化させたフェイクであり、少なくとも現在のところは、キーストン・コーナーでの演奏が一般に耳にできるエヴァンスのラスト・デイトである。

バルカン・トライアングル

キーストン・コーナーからは、11年のあいだに多くのライブ盤が生み出された。ローランド・

カーク『ブライト・モーメンツ』（アトランティック）、フレディ・ハバード『キーストン・バップ』（プレスティッジ）、マッコイ・タイナー『アトランティス』（マイルストーン）、スタン・ゲッツ『ザ・ドルフィン』（コンコード）、アート・ブレイキー『イン・ディス・コーナー』『ストレート・アヘッド』『キーストン３』（コンコード）のように、多くのレコード会社がこのクラブでライブ盤を製作した。

いっぽう、それとは別に、バルカンは毎日のライブを、曰く「発表のあてもなく」プライベートに録音していた。後年そのテープから、アート・ペッパーの『サンフランシスコ・サンバ』（コンテンポラリー）、スタン・ゲッツの『モメンツ・イン・タイム』（レゾナンス）などの発掘盤が生まれた。エヴァンスの音源も、そのひとつだった。

レコード・プロデューサーのスチュアート・クレムスキーによれば、キーストン・コーナーでバルカンが録音していたテープにはカセットとオープンリールの両方があった。バルカンは後年カセットの音を２００枚余りのＣＤに移し、70〜80本のオープンリールとともに、ファンタジー・レコードの倉庫に保管のため送ったという。

エヴァンスが出演した8日間8回のファースト・セットは、総計7時間半に及ぶテープとして残っていた。それを取り寄せ、整理し、「コンセクレイション」＝「捧献《ほうけん》」という宗教風のタイトルをあたえて発売したのは、日本の会社、アルファ・レコードのジャズ部門だった。

アルファ・ジャズは１９８９年に、まず15曲を収録した2枚組の『コンセクレイション〜ザ・ラスト』（56R2-52）、続いて8曲を収めた『コンセクレイションⅡ〜ザ・ラスト』（29R2-54）という選集を発売した。

『コンセクレイション～ザ・ラスト』は、発掘ライブ録音にもかかわらず、その年のスイングジャーナル・ディスク大賞金賞を受賞するなど絶賛を集めた。売れ行きも上々だったのだろう、その年の暮れ、7時間半のテープを残らず収録した8枚組ボックス・セット『コンセクレイション～ザ・ラスト・コンプリート・コレクション』(00R2-61～68)も矢継ぎ早に登場した。

アルファ・ジャズのスタッフは、木全信《きまたまこと》(1938年生～2016年7月没)と原哲夫(現ヴィーナス・レコード代表)の両氏だった。木全はその前はＲＶＣレコードにいて、海外レーベルの日本盤を出すだけでなく、自主企画のプロデューサーも始め、１９７９年には社内でベイステート・レーベルを立ち上げた。

ＲＶＣは、１９７５年にオランダでヴィム・ヴィクトが創立したタイムレス・レコードと契約したが、その担当者が木全だった。タイムレスは、キーストン・コーナーをアメリカにおける拠点としていたので、木全はヴィクトを通じてバルカンにコンタクトをとった。こうして３人は１９７５年のうちに知り合いになった。

３人は機会や仕事を惜しみなく共有した。たとえば、１９８２年のベイステート盤『タイムレス・オールスターズ／イッツ・タイムレス』(RJL-8032)は、キーストン・コーナーのライブ盤で、プロデューサーは木全だった。このレコードは、ヨーロッパではタイムレスから出た(SJP 178)。

これは、彼らが連携して製作したたくさんのレコードのたったひとつの例に過ぎない。タイムレスとベイステートは緊密な関係を保ち、ふたりがプロデュースした演奏の起源がキーストン・コーナーにあることも少なからずあった。また、バルカン自身ものちにプロデューサー業に乗り出した。初めてのプロデュース作は、1979年録音のテテ・モントリュー『ライブ・アット・ザ・キーストン・コーナー』(SJP 138)で、タイムレスから1981年に出た。

木全は原とともに1988年にアルファ・レコードへ移り、そこでアルファ・ジャズを立ち上げた。『コンセクレイション』も、木全とバルカンのコネクションを基に実現したことは想像に難くない。『コンセクレイション』はヨーロッパ盤がタイムレスから1990年に出たが、そこではヴィクトとバルカンがプロデューサーとして記載されていたことも、この推測を補強する。ちなみに、前述したエヴァンスの最後となったヨーロッパ・ツアーをマネージメントしたのもヴィクトだった。

ただし、『コンセクレイション』自体はもともと原がメインとなって進めた企画であった。バルカンも、これが原との最初の共同作業だったと証言している。

このように、成立過程が日本とアメリカの両国にまたがったせいだろうか、『コンセクレイション』には当初からある種の翳がさしていた。その翳が顕在化した事件が、マーク・ジョンソンの〝転向〟だった。

マーク・ジョンソンは、1980年代にラスト・トリオのことを訊かれるたびに、「キーストン・コーナーの演奏が録音されていないのはかえすがえすも残念だ」と述べていた。『コンセクレイション』アルファ盤のライナーノートには、エヴァンスが亡くなってから間もなくスイングジャーナル誌に載った彼のインタビューから、次のような発言が引用されている。

「これだけは今も解釈に困るんだけど、死ぬ2週間前の『キーストン・コーナー』は、まさに特別な、心に染み入る演奏だったと思います。客席は、まるでとりつかれたようにシーンと静まり返っていました。これこそジャズですね。突発的に起こったものは残せないんです。テープに残しておけなかったことが残念です」

キーストン・コーナーは、初登場のエヴァンスを迎えて、連日大入りだった。ぎっしり詰まった客席にはタバコと麻薬の煙がもうもうと充満していたに違いない。しかし、『コンセクレイション』を聴くと、マーク・ジョンソンの言う通り、ほとんどの場面で、演奏中の客席はまるでクラシックのコンサートのように息を詰めていて、ときどき遠慮がちな咳が低く聞こえる程度だ。

ところが、録音が残っていればと願っていたマーク・ジョンソンは、そのテープが発見され、『コンセクレイション』として日本とヨーロッパで発売されると、評価を180度変えた。インタビューで『コンセクレイション』が話題に上がるたびに、「あれは問題の多いブートレグだ」ときつい口調で批判し、「レコード会社がエヴァンスの遺族に金を払っていないのは明らかだ」と憤懣《ふんまん》を隠そうともしなかった。

マーク・ジョンソンだけではない。マネージャーのヘレン・キーンも、『コンセクレイション』に容赦ない批判を浴びせた。ピーター・ペッティンガーの書いたエヴァンスの伝記には、彼がヘレン・キーンから直に聞いた証言として、「ビルはそこに出演しているあいだ中、自分の演奏に不満足で、録音していることも聞かされてなかった。その音源の発売は、絶対に許可しなかったでしょう」と記されている。

ジョー・ラバーベラも近年なお、「まず言っておきたいのは、多くのライヴ・アルバムが合法ではないということ。亡くなったビルはもちろん、マークと私の許可を得ていないからです」「死後発売されたライヴ作は録音状態があまり良くないし、どれも同じような曲ばかりで、ビルがそれらの発売を望んだとはとても思えません」とはっきり発言している。

そのいっぽうで、バルカンは、「エヴァンスは演奏を録音していることを知っていたし、演奏にとても満足したと言うので、ダビングしたカセットを別れ際に手渡した」と証言している。

このように、バルカンが演奏を録音していたことをエヴァンスが知っていたかどうかは、関係者の意見が対立しているが、約40年が過ぎた今となっては誰が正しいのか確かめる術もない。ローリー・ヴァホーミンに直接この件を尋ねてみたが、彼女も確かなことはわからないということだった。

『ザ・ラスト・ワルツ』

2000年の秋には、さらに驚くべき事件が起きた。アメリカでファンタジー・レコード傘下のマイルストーン・レーベルから突如として、キーストン・コーナーのセカンド・セット（およびサード・セットも含む）の録音をまとめた『ザ・ラスト・ワルツ』（8MCD-4430-2）が発売され、ジャズ界の度肝を抜いたのである。

『ザ・ラスト・ワルツ』のライナーノートには、プロデューサーとしてバルカンの名が記載されていた。彼は1990年代からマイルストーンでフレディ・コールなどの録音セッションをプロデュースしていたし、先述したようにテープを預けていたことなどもあって、『ザ・ラスト・ワルツ』の発売を実現させたのだろう。

そして、2002年9月には、『コンセクレイション』までもがマイルストーンからコンプリート・セットで発売された。『コンセクレイション』コンプリート・セットが日本以外の国で発売されるのは、これが初めてだった。

ファンタジー・レコードは、同年2月に出したニュースレターに『コンセクレイション』の発売予告を載せているが、そこには次のような興味深い記述がある。

「『コンセクレイション』は、1997年に日本だけで発売されました。ファンタジー・レコードはついにこの音源の（日本を除く）世界的販売権を獲得。『コンセクレイション』は9月に発売を予定しています」

1997年というのは、あとで述べる再発リマスター盤が出た年のことで、見逃しうる誤認に過ぎない。見逃せないのは「日本を除く」というくだりである。これは、『コンセクレイション』の権利関係は日本だけ別になっていた（販売が認められていた）とファンタジーが明言していることになるのだろうか。

時代が少し前後するが、アルファ・レコードは経営上の事情により、1998年には新たな録音製作をやめて原盤管理会社に転じ、『コンセクレイション』も市場から消えていた（木全と原はすでに1992年に退社し、それぞれ独立していた）。

そして、ファンタジー／マイルストーンは9月の発売時までに『コンセクレイション』の日本国内における権利も併せて獲得したようだった。予定通りアメリカで発売（8MCD-4436-2）されると同時に、提携していた日本ビクターからも同一の体裁の国内盤が発売されたのだった（VICJ-61001/8）。

こうした経緯をたどった結果、日本とヨーロッパ以外では、発売の順序が『ザ・ラスト・ワルツ』が先んじ、2年後に『コンセクレイション』となった。その結果、（ファースト・セットを収めた）『コンセクレイション』には「ファイナル・レコーディングス Part 2」という、いささか紛らわしいサブタイトルが付けられ、セカンド・セットの録音だとする誤解を大量に生み出す原因になった。

『ザ・ラスト・ワルツ』は、そんなテープが存在していたというだけでも大きな驚きだったのは言うまでもない。ところが、そのうえそこには『コンセクレイション』にはない9月8日の演奏までが含まれていたのである。これはもはや驚きを通り越した衝撃以外の何ものでもなかった。

前述したフライヤーであらためてキーストン・コーナーのスケジュールを確認すると、8日はたしかに空白で、9日からジョアン・ブラッキーン（彼女もヘレン・キーンがマネージメントをしていた）の出演が予告されている。この件についてバルカンは、エヴァンスが8日も演奏したいと言ってきたので追加したと明言している（ただし、バルカンも曖昧なところがあって、2009年のインタビューでは、公演は「8日間（eight nights）」だったとも発言している）。

だとしても、『コンセクレイション』になぜ8日の演奏がないのかは謎のままだ。理由はいくつか考えられる。8日はそもそもセカンド・セットのみだったのか（まったくの仮説だが、ファースト・セットの時間が、通常月曜日に催していたジャム・セッションにあてられたのかもしれない）。あるいは、8日のファースト・セットのテープは失われたのか。それとも、8日の演奏というのはバルカンの記憶違いかフィクションなのか。

エヴァンスがキーストン・コーナーの出演契約を1日延ばしたかを、ローリー・ヴァホーミンに直に尋ねてみたところ、「確実な記憶はないけれど、可能性はある」という返事だった。さらに、「キーストン・コーナーでエヴァンスが演奏できなかったことが一晩あった」というピアニストのドン・アルバーツの発言も飛び出し、混乱に拍車をかけるばかりだ。

エヴァンス・トリオが9日の夜、ニューヨークでファット・チューズデイに出演したことはすでに述べた。そこで、トリオが8日の夜までサンフランシスコで演奏することは可能だったのかを検証してみよう。

サンフランシスコからニューヨークまでのフライトはおよそ6時間かかる。アメリカは国内で時差があるので、仮に9日朝6時の便でサンフランシスコ空港を発つと、ニューヨーク市域の空港（ラガーディア、JFK、ニューアーク）に到着するのは15時になる。すでに述べたように、この日テレビ番組の収録はなかったので、その足でファット・チューズデイ入りしてサウンドチェックを済ませ、夜9時から演奏を始めることは十分に可能だという結論になる。

尽きせぬ謎

『ザ・ラスト・ワルツ』をめぐる謎はまだほかにもある。前述のニュースレターにはバルカンの発言が引用されていて、『ザ・ラスト・ワルツ』にはサード・セットの音源も含まれていると明言している。ところが、それがどのトラックであるか、CDに記載はまったくない。しかも、サード・セットのあった日（9月5日と6日）の演奏は、2セット×2日間で計4枚のCDになっていいはずだが、実際には、その2日間の演奏は1枚にまとめて収められているのである。

これはもう、状況証拠を積み上げて、そこから答えを導くことができるような謎ではない。関係者の記憶や当時の書類やメモ（そんなものがあれば、だが）に頼るしかない問題だといえる。ところが、重要な関係者であるバルカンは、ニュースレターでさらに混迷を広げるような発言をしていたのである。

「『コンセクレイション』の内容は、ファースト・セットを中心にしている。「マイ・ロマンス」のようなバラードが特に人気のある日本のマーケットのために選んだ。『ザ・ラスト・ワルツ』は、セカンド・セットの方を主にしている。それに、週末にあったサード・セットも少し入っている」

つまり、バルカンは、1989年にアルファに送ったテープは彼が日本向けに曲を選んだものであり、必ずしもファースト・セットの演奏だけではなかったと言っていることになる。（とはいえ、演奏中にエヴァンスが行なった曲目紹介と付き合わせても明らかな齟齬は特になく、テープを細切れにして再構成したわけではないようだ。）

そこであらためて『コンセクレイション』の曲目を見直すと、あたかもこの証言を裏づけるかのような、やや異質な部分が浮かび上がる。

キーストン・コーナーでエヴァンスは、ファースト・セットではセット・リストをあらかじめ決めて演奏に臨んでいた。いっぽう、セカンド・セットでは曲を手持ちのレパートリーから比較的自由に選んでいた。そのため、ファースト・セットでは曲目が比較的固定されている。それに比べると、セカンド・セットは曲目が多彩になっているのがわかる。

ところが、9月4日分を収録したという『ザ・ラスト・ワルツ』のDISC5は、最後の1曲を除くと、そのセット・リストはまるでファースト・セットそのものに見えるではないか。そして、『コンセクレイション』のDISC5に収録された同日の演奏は、9曲中3曲が、ふたつのボックスを合わせてもそれぞれ1回しか登場しない曲であり、これも、実はセカンド・セットだったという可能性を拭い切れない憾《うら》みが残る。（さらに特異な点だが、この日はふたつのセットの両方で「マイ・ロマンス」を弾いている。「マイ・ロマンス」がセカンド・セットに登場するのは、この日だけだった。）

こうした推測は単なる深読みに過ぎるのかもしれず、あるいは、真実はさらに予想外のところにあるのかもしれない。解明にはバルカンのさらなる証言や、マスターテープの精査（エディットの有無や箇所など）を俟《ま》たなければならないのだろう。（バルカンには複数の経路で数回コンタクトを試みたが、残念ながら返事はなかった。）

もちろん、これらの謎は、『コンセクレイション』や『ザ・ラスト・ワルツ』の本質的な価値を毀損するものではない。キーストン・コーナーの録音が日の目を見たこと自体に、こうしたデータの混乱を些細な問題として吹き飛ばすほどの計り知れない価値がある。そこに疑いの余地はない。１９８９年に最初に道を開いたトッド・バルカン、原哲夫、木全信、監修に携わった高木宏真の各氏をはじめアルファ・ジャズのスタッフには、いくら感謝をしても足りることがないとあらためて申し上げたい。

コロムビア・レコード

そもそも法的な問題を脇に置いたとしても、１９８９年当時エヴァンスがアメリカ本国でどれくらい人気があったかを考えると、『コンセクレイション』の発売が日本以外のレコード会社主導で実現したかは、きわめて疑わしかった。

エヴァンスがジャズ・シーンに登場したのは、１９５０年代の半ばだった。そして、それから10年も経たないうちに、ジャズはロックの勢いに押され、アメリカ音楽業界の片隅へ追いやられた。

エヴァンス自身は、マイルス・デイヴィス（1926年5月生～1991年9月没）のコンボに参加してその名を広く知られるようになったあとは、常に一定以上の人気を維持し、仕事の口に困るようなことは一度もなかった。ただし、黒人中心のジャズ界のなかでは、白人という立場とその洗練された演奏様式が正統性に関わる重要な問題とされ、エヴァンスをついに最期の時まで悩ませた。

今日からは想像できないかもしれないが、かつてエヴァンスには常に「黒人のようにスウィングしない」という批判が公然とつきまとっていた。これは世界的な傾向だったが、特にアメリカ国内では偏見が根強く、エヴァンスの死から年月が経っても、黒人民族派として知られるスタンリー・クロウチのように「エヴァンスはチンピラで、彼の演奏はジャズじゃない。そこにはブルースがない」と公言する評論家もいた。マイルス・デイヴィスのバンドに在籍したときも、白人という理由で批難が集中し、これがバンドを辞める一因になった（公式の理由は、父親を看病するため）。この文章の冒頭でエヴァンスを「アウトサイダー」と呼んだのは、それを踏まえてのことである。

１９７０年代に入ると、エヴァンスの立ち位置はジャズ界のなかで微妙に変化した。その遠因となったのは、かつてのボスであるマイルス・デイヴィスの活動だった。

マイルスが1970年3月に発売したアルバム『ビッチェズ・ブリュー』は、彼にとって初のゴールド・ディスクとなる好セールスを記録した。マイルスが所属していたコロムビア・レコードの社長は当時クライヴ・デイヴィスだったが、彼はそれまでジャズにほとんど興味がなかった。しかし、この成功を見て、ジャズも立派に商売になるのではと考え始めた。

ところが、そこでコロムビアが新たに契約を結んだミュージシャンは、エヴァンスであり、チャールズ・ミンガスであり、キース・ジャレットであり、オーネット・コールマンだった。この人選は、当時コロムビアの社員だったブルース・ランドヴァルの主導だった。ランドヴァルは、のちの1984年にブルーノート・レコードをリスタートさせたプロデューサーである。このときランドヴァルは、ウェザー・リポートのようなポスト『ビッチェズ・ブリュー』の流れを汲むミュージシャンとともに、エヴァンスやミンガスのようなヴェテランも抑える両面作戦を目論んでいた。だが、それはクライヴ・デイヴィスの思惑とは明らかにすれ違っていた。

案の定、両者のあいだにあった溝は間もなく表面化した。ジャレットもオーネットもミンガスもエヴァンスも、こぞって経費をかけた大編成のセッティングで、売れ線のファンクやフュージョンではなく、アート志向の強いアルバムを製作したのだった。

エヴァンスにとって、コロムビアとの契約は長年の望みだった。第一弾の『ザ・ビル・エヴァンス・アルバム』（1971年5～6月録音）は、全編をエヴァンスの自作曲で固めた意欲作で、フェンダーローズ・エレクトリック・ピアノの演奏も話題を呼んだ。

コロムビアは、エディ・ゴメス（1944年10月生〜）にもエレキ・ベースを使わせようと試みた。1998年にソニーから発売された『ピアノ・プレイヤー』はエヴァンスの未発表演奏集だが、このなかに、『ザ・ビル・エヴァンス・アルバム』に先立つこと半年前に録音されたエヴァンスとゴメスによるリハーサル・テイクが6曲収録されていた。エヴァンスはピアノとフェンダーローズを弾いているが、ゴメスも1曲「モーニング・グローリー」でエレクトリック・ベースを弾いている。しかし、この試みはゴメスの大きな拒否反応を呼び、あらためてトリオで録音したセッションが『ザ・ビル・エヴァンス・アルバム』になった。

『ザ・ビル・エヴァンス・アルバム』は、グラミー賞をベスト・ソロイストとグループの2部門で獲得する成功に彩られた。しかし、ジョージ・ラッセル・オーケストラと共演した次作の『リヴィング・タイム』（1972年5月録音）は、エヴァンスの大きな意欲と期待にもかかわらず、当時の批評は散々で、セールスは鳴かず飛ばずに終わった。同時期にミンガスやジャレットやオーネットが作ったレコードも期待ほどには売れず、コロムビアが彼らとの契約を更改することはなかった。

ちなみに、このときクビになったジャレットと入れ替わりにコロムビアと契約を結んだのがハービー・ハンコックだった。ハンコックは『ヘッド・ハンターズ』などファンク路線でヒットを連発し、会社の期待にきっちりと応えてみせた。ジャレットの方は、コロムビア第二弾に予定していた初ソロ・ピアノの企画を、当時創立間もないECMレコードへもち込んだ。『リヴィング・タイム』を録音したのち、エヴァンスはヨーロッパ・ツアーに赴いた。エヴァンス・トリオのドラマーは1968年の秋からマーティ・モレルが務めていたが、彼の都合が悪く、代わりにイギリス人のトニー・オックスレイが同行した。

ゴメス&オックスレイとのトリオは、続いて旧ユーゴスラヴィアのリュブアナ・ジャズ・フェスティバルに参加した。そのときの録音は、「ナルディス」1曲だけが、エンヤ・レーベルのオムニバス盤『ライブ・アット・ザ・フェスティバル』に収録され発売された。

エヴァンスはオックスレイのプレイをとても気に入り、アメリカに戻ってからも、トリオのレギュラー・メンバーに迎えようと試みた。しかし、オックスレイは首を縦に振らず、マーティ・モレルが引き続き1974年の途中まで担当することになる。

エヴァンスが髪を伸ばし、髭を蓄えるようになったのはこの頃だった。これは、長年の持病である肝炎が悪化して、顔つきに変化が現れたのを隠すためだったと言われる。やはり肝炎の影響で、1960年代から顕著になった指のむくみもますます悪化していた。

1970年代に入ると、私生活にも次々と変化が訪れた。ヘロイン中毒を克服するためのメタドン（代替薬物）療法の開始。12年間近く内縁関係を続けたエレイン・シュルツとの別れ。そのエレインが1973年3月に地下鉄で投身自殺。同年8月にネネット・ザザーラと結婚。1975年に長男エヴァンが誕生。結婚後の数年間はエヴァンスにとって、長年続いていた薬物との関わりが少しなりとも薄れ、家庭に落ち着くことのできた稀な時期だったと言えるだろう。

変遷

1973年には、初来日も実現した。1月4日、日本に到着したエヴァンスは、日本で自分の人気がいかに高いかに驚き、各地でぎっしりと会場を埋め尽くすファンの熱狂に感嘆した。日本では自分の過去のアルバムが軒並み復刻されていることを知り、オフステージでの人々の暖かい態度に心の底から感激した。

日本で体験したできごとをエヴァンスはさっそく母親に手紙で知らせた。「東京で3日連続のコンサートを開いたジャズ・アーティストはぼくのほかにいません。6回のコンサートのうち4回のチケットが、日本に到着する前に売り切れました」「日本人のもてなしは並外れています」

このとき、公演は全国で11回あった。エヴァンスが「6回」と言っているのは東京公園(芝郵便貯金会館〜現メルパルク・ホール)のことを指している。ほかには、愛知、京都、大阪(2回)、札幌を訪れた。

ツアーの千秋楽となる1月20日のコンサートはライブ録音され、『ビル・エバンス・ライブ・イン・トーキョー』（海外では『The Tokyo Concert』）としてレコードになった。その国内盤ライナーノートには、東京の6回のコンサートのうち19日と20日の公演がテープに収録されたとある。

このとき、エヴァンスとコロムビアの契約はすでに終了していたが、日本公演を録音したのは、コロムビアと提携していたCBSソニー（現SME）の伊藤潔ディレクターやエンジニアの半田健一たちだった。エヴァンスは帰国後ファンタジー・レコードと新たな契約を結んだ。そのため、『ライブ・イン・トーキョー』は日本では同年にCBSソニーから、アメリカでは翌年8月にファンタジーから発売された。この棲み分けは今日も続き、日本を除く海外ではファンタジーが販売権をもっている。

ファンタジー・レコードは傘下にジャズ・レーベルのマイルストーンを収めていたが、その運営は、エヴァンスとはリヴァーサイド・レコード時代から旧知の仲であるオーリン・キープニューズ（1923年3月生〜2015年3月没）に任されていた。キープニューズはエヴァンスのファンタジー時代でも、『シンス・ウィー・メット』『リ・パーソン・アイ・ニュー』などに、ヘレン・キーンとの共同プロデューサーとしてその名が記されている。

ファンタジー／マイルストーンにエヴァンスが残したアルバムは、死後に出た発掘盤を勘定に入れなくても、ライブ録音と企画ものが多い。そのなかで、トリオのスタジオ録音は、一番最後に録音した『アイ・ウィル・セイ・グッバイ』(1977年5月録音)のたった1枚しかない。しかも、これも録音から3年近くお蔵入りになったあとで1980年にやっと発売された。

企画ものが多かったのは、エヴァンスといえばピアノ・トリオという今日の感覚からは、不自然に見えるかもしれない。しかし、またあとで触れるが、会社がそうしむけたというより、実はむしろエヴァンス自身の希望を反映した結果だったと見るのが妥当である。

1977年の初夏、エヴァンスはメジャー・レーベルのワーナー・ブラザース・レコードへ移籍した。ファンタジーとの関係は良好だったが、ワーナー・ブラザースは、断れない破格の好遇を提示してエヴァンスに移籍を促した。

ワーナー・ブラザースに移ってエヴァンスが最初に録音したアルバムは、トリオによる同年8月のスタジオ録音『ユー・マスト・ビリーブ・イン・スプリング』だったが、これもさっそくお蔵入りになった。内省的な演奏が理由だったとも、直前にファンタジーに残した『アイ・ウィル・セイ・グッバイ』とマーケットでかち合うのを避けるためだったとも言われる。

『ユー・マスト・ビリーブ・イン・スプリング』は、1966年から11年間にわたったエディ・ゴメス在籍時代の最後の録音でもあった。エヴァンスは、キャピトル・スタジオ備え付けのヤマハ・コンサート・グランド・ピアノを弾いている。まろやかな微光を放つレガートと底光りのするタッチ、そして、そうした特徴をよくとらえた録音は、リスナーの胸に強い印象を残す。

エヴァンスがヤマハ・ピアノに出会ったのは前述した初来日時だった。そのアクション(ハンマーの動き）の軽快さに感心し、帰国すると、グレン・グールド（1932年9月生～1982年10月没）に薦め（彼はヤマハのコンサート・グランド・ピアノを購入し、晩年の録音に使った）、マックス・ゴードン（1903年3月生～1989年5月没）にヴィレッジ・ヴァンガードに置くピアノの相談をされたときも、躊躇なくヤマハを推した。

もちろんエヴァンスは自らも、1975年12月に録音した『アローン（アゲイン）』以降、ファンタジーのバークレー・スタジオに置かれたヤマハのコンサート・グランド・ピアノを使っていた。

この時期、ヤマハは来日時にエヴァンスをお茶会に招待したり、ピアノの試奏を依頼するなど一定の交流はあったものの、専属契約を申し出たことはなかったようだ。

ヤマハを弾いた『ユー・マスト・ビリーブ・イン・スプリング』の録音後間もなく、エヴァンスはボールドウィン・ピアノと専属アーティストの契約を結ぶことになる。これ以降、契約に基づき、アメリカ国内ではエヴァンスの録音セッションや出演するクラブには原則的にボールドウィンのコンサート・グランド・ピアノがあらかじめ搬入されるようになった。

その縁もあったのか、エヴァンスは翌1978年の11月6日、やはりボールドウィンの専属ピアニストであるマリアン・マクパートランド（1918年3月生〜2013年8月没）が当時始めたばかりだったラジオ・ショー、「ピアノ・ジャズ」に招かれた。これは、マンハッタンのボールドウィン・スタジオでマクパートランドがゲストとセッションし、音楽について語る1時間のプログラムで、2010年まで30年以上も続いた。

「ピアノ・ジャズ」でエヴァンスの出演した回は、のちにCDにもなり、今日でも簡単に耳にすることができる。ここでエヴァンスは、率直な意見や興味深いエピソードを惜しげもなく繰り広げている。曰く、実はトリオで演奏するよりソロの方がテンポや和声づけを自由に変化させることができるので好きだとか、ライブでリハーサルをやったことは20年で4回しかないとか、3人の歴代ベーシスト（スコット・ラファロ、エディ・ゴメス、マーク・ジョンソン）への賛辞とか、生なましい話題が次々とエヴァンスの口から飛び出して面白い。

なかでも、自らの演奏について具体的に解説するくだりは興味をかき立てずにおかない。エヴァンスは、1978年11月の時点で最も意欲的に取り組んでいる課題として、リズムの置き換え（displaced rhythm）と先取音（anticipatory phrasing）というリズムと和声に関するふたつの技法を挙げている。

ひとつ目の「リズムの置き換え」とは、三連符や五連符、七連符、二拍三連のようにリズムを読み換えたり、小節線をまたいで異なる周期リズムをもち込んだり、シンコペーションを用いてポリリズムを作り出したりして、リズムを一定の枠内で様々にずらす手法を指す。

ふたつ目の「先取音」とは、コードが変わる箇所で次の和音を半拍早く（アウフタクトで）入れる奏法を言う。結果として、そこでは不協和音が生じるが、続く頭拍ですぐ解決され、短いあいだに緊張と緩和が生まれることになる。

先取音はジャズにおいては少しも珍しい技法ではない。その好例は、ルイ・アームストロングやチャーリー・パーカーの演奏のいたるところに見られる。そして、それ以前に、ドビュッシーやラヴェルからバッハのようなバロック音楽にまで遡る古典的な技法でもある。

エヴァンスはふたつの課題を挙げたあとで、マクパートランドに確信とプライドを感じさせる口調でこう述べている。「これらの技法から生み出される美学がリスナーにはっきりと伝わるものなのかどうかはわからない。しかし、自分にとってジャズとはそうしたものだと考えているし、その追求こそが楽しいんだ」

だが、エヴァンスの音楽に長年親しんだファンなら、この発言は少し奇異に響くはずだ。なぜならふたつの技法はどちらも、エヴァンスがデビュー以来追求してきた重要なテーマだったのだから。

それを示すのが、1956年9月に録音されたファースト・アルバム『ニュー・ジャズ・コンセプションズ』のなかの、そのものずばりをタイトルにした「ディスプレースメント」というオリジナル曲である。そこでエヴァンスは、ホレス・シルバー風の軽快さを基調に、バド・パウエル流のバップ・フレーズを次々と異なるリズム・パターンで再解釈しながら繰り広げている。

では、エヴァンスはなぜこの時点で、デビュー以来4半世紀近く追求してきたふたつの技法を、わざわざ最近の課題として強調したのだろうか。その答えを探るためには、当時エヴァンスが置かれていた状況を押さえる必要がある。

夜明け前

エディ・ゴメスが1977年夏にトリオを離れたのち、1975年の初頭からドラムスを担当していたエリオット・ジグムント（1945年4月生〜）も去ることが決まった。エヴァンスは後任レギュラー・メンバーの選定を急がないことにした。その結果、トリオは1年以上におよぶカオスのような移行期に突入することになる。

ドラマーにはまずフィリー・ジョー・ジョーンズが就いた。彼は1958年にマイルスのバンドで同僚になって以来の友人であり、薬物仲間《ジャンキー》であり、それまでもエヴァンスはたびたび彼をピンチヒッターとしてトリオに呼んでいた。フィリー・ジョーのほかに、ジグムントやアラン・ドウソンが呼ばれることもあった。

ベーシストには、これも旧知のチャック・イスラエルズを招いた。そして、1978年1月にエヴァンスがヴィレッジ・ヴァンガードに出演したときには、オーディションを兼ね、日替わりで異なるベーシストを試した。

このときは、ミシェル・ドナート（1942年8月生〜）、ジョージ・ムラーツ（1944年9月生〜）、ルーファス・リード（1944年2月生〜）など名だたる名手たちが登場したが、エヴァンスが最も気に入ったのは、ヘレン・キーンの紹介でやって来て、最終日に演奏したマイケル・ムーア（1945年5月生〜）だった。

ムーアは、ギル・エヴァンスやリー・コニッツとの共演で知られるベーシストで、長年のアイドルであったエヴァンスから賛辞を贈られ、とても喜んだ。しかし、この時期エヴァンスはホットな音楽を目指し、音の数を増す演奏を志向していた。そのため、もともとリヴァーサイド期のようなロマンティックな演奏を期待していたムーアは次第に違和感をもち始めた。結局、約5か月間共演したのち、ムーアはトリオを辞める決心をした。

ムーアが去った背景に、彼がエヴァンスのコカイン摂取とフィリー・ジョーのアルコール中毒の昂進に辟易したこともあったのは、のちの証言で明らかになっている。私生活でも、ネネットがエヴァンスとの別居を選んだのは、コカイン癖が子どもたちにあたえる弊害を恐れてのことだった。

そこに登場したのが、当時25歳のマーク・ジョンソンだった。彼はウディ・ハーマンのバンドに在籍していたが、エヴァンスがベーシストを探していることを聞きつけ、旧知のピアニストであるフレッド・クレーンに紹介を頼んでオーディションに漕ぎ着けた。そして、1978年の4月にヴィレッジ・ヴァンガードでエヴァンスと初めて共演したあと、夏のヨーロッパ・ツアーにも同行し、そこで本採用が決まった。

直後の9月、エヴァンスは4度目の来日公演を果たした。帯同したのはマーク・ジョンソンとフィリー・ジョー・ジョーンズだったが、前売りチケットにマイケル・ムーアの名前が印刷されていたのは、こうした経緯のためである。

エヴァンスの4回の来日公演は常にハードなスケジュールだったが、このときも7日から松本市のコンサートを皮切りに、26日の郵便貯金会館まで日本全国の15会場を回る、休みのほとんどない日程だった。

2008年のインタビューで、マーク・ジョンソンはエヴァンスが彼を採用する決め手になったアプローチはなんだったのかと訊かれ、次のような内容の発言をしている。

「ビルの演奏では、ドラマーが4／4拍子をキープしているなら、ベーシストは同じことをする必要はありません。時間や形式を感じつつ曲の構造に留意していれば、異なった演奏をしてもいいのです。ベースが、曲の輪郭をはっきりと描くのではなく、曲の形式に緩く沿った演奏をするのが特徴です。オーディションで私はこうした考えに基づいて演奏をしましたが、それをビルははっきりと聞き取ったのでしょう」

ジャズに限ったことではないが、アンサンブルでリーダーの目指す方向と共演者の個性は鶏と卵のような関係にある。マイルスのような強力なリーダーでさえ、最初に頭で描いたプラン通りに進み続けられるわけではない。期待外れもあれば、思いがけないケミストリーが得られることもあるだろう。ましてや、共演者とのデモクラティックな関係を標榜していたエヴァンスはなおさらだった。

マーク・ジョンソンとの出会いは、エヴァンスが進むべき道を照らし出したのではなかったろうか。それは、リズムの置き換えや先取音や曲のリハーモナイズ（和声づけ）を駆使して、時間や和声を繊細にコントロールし、陰影に富む多彩な色調を産み出す演奏である。

この音楽には先例があった。エヴァンス自身がその20年前にスコット・ラファロ、ポール・モチアンとともに繰り広げたパフォーマンスである。彼らの演奏には、「グロリアズ・ステップ」「ソラー」「マイルストーンズ」など、3人が異なるリズムを同時に嵌め込んだかと思うと、ほかのメンバーがやったリズム割りを直後に誰かが模倣するといった離れ業が随所にあり、あたかも、映像でいう、めまいショット（ドリーズーム）のように、時間が奇妙に伸び縮んだかのようなスリルがもたらされていた。

この日本公演を最後にして、フィリー・ジョー・ジョーンズはトリオを離れた。ジョー・ラバーベラがヴィレッジ・ヴァンガードでエヴァンス・トリオのオーディションを受けたのは10月だった。当時ラバーベラはギタリストのジョー・ピューマと演奏していたが、ピューマはエヴァンスの競馬友だちだったことがオーディションにつながったようだ。本採用が決まったのは1979年1月で、翌年の9月にエヴァンスが病に倒れるまで活動を続けたこのユニットは、俗にラスト・トリオと呼ばれる。

エヴァンスにとってピアノ・トリオとは

エヴァンスはことあるごとに、ラスト・トリオはスコット・ラファロ、ポール・モチアンとのファースト・トリオに性格が似ていると発言していた。あるインタビューでは、マーク・ジョンソンのことを話している途中で、思わず「スコットは」と言い間違えたことさえあった。

ラスト・トリオは約20か月間存続したが、ついにスタジオ録音をひとつも残さなかった（トリオにトランペットとサックスを加えたアルバムは1枚ワーナーにある）。今日ラスト・トリオのCDは多いが、それらの音源は、ライブ・パフォーマンスのプライベート録音か放送用録音のどちらかだ。

例外はただひとつ。１９８０年6月にワーナー・ブラザースがヴィレッジ・ヴァンガードで製作したライブ盤『ターン・アウト・ザ・スターズ』（9362-45925-2）は、レコード化をあらかじめの前提として作られた唯一のラスト・トリオの公式録音である。

マーク・ジョンソンとジョー・ラバーベラが揃ってから、ヴィレッジ・ヴァンガードのライブ録音までは、実に1年半が過ぎていた。これほど録音に慎重だったのは、トリオの発展を日々実感していたエヴァンスが、いわば途中報告を提出したくなかったからだった。それに、もっと単純で商業的な理由もあった。

１９７０年代にはそもそもピアノ・トリオのレコードは売れ行きがそれほど見込めず、レコード会社は二の足を踏まざるをえなかった。１９７０年代の10年間に発売されたエヴァンスのレコードを再確認しても、そのなかにトリオは、『モントルーⅡ』（CTI）、『ザ・ビル・エヴァンス・アルバム』（コロムビア）、『ライブ・イン・トーキョー』（CBSソニー）、『シンス・ウィー・メット』（ファンタジー）の4枚しかないことが物語っている。しかも、見ての通りライブ録音ばかりで、スタジオ録音は『ザ・ビル・エヴァンス・アルバム』１枚だけという有様だ。

さらに、ラスト・トリオが始動した１９７９年の時点で、ファンタジーに残した『アイ・ウィル・セイ・グッバイ』に加え、ワーナー・ブラザースの『ユー・マスト・ビリーブ・イン・スプリング』という１９７７年に製作した2枚のトリオによるレコードがまだ発売を待っていた。これでは、いくらエヴァンスが新しいトリオを結成したといえ、レコード会社が録音を怯んだとしても無理はない。

それにもまして、そもそもエヴァンスにとっては、レコードはレコード、ライブはライブであった。言い換えると、エヴァンスはレコードが日常的な演奏活動を反映すべきだとは考えていなかったのである。

エヴァンスは生涯を通し、レギュラー・グループはベースとドラムスとのトリオ編成を貫いた。ホーン奏者を入れたことは一度もない。エヴァンスはその理由を、ダウンビート誌1979年10月号に載ったインタビューではっきりと説明しているので、次に要約する。

「ホーン楽器と時折共演するのは好きだ。しかし、ホーン楽器には支配的な性質があるので、演奏の方向を決定づけ、すべてを変えてしまいかねない。理想的な編成は、やはり自分で曲の形を決め演奏をコントロールできるトリオであり、それでやっていければキャリアとしても理想的だ」

とはいっても、それはあくまで日常的なクラブでの演奏についてのことであり、ジャズ・フェスティバルへの出演やレコード録音は別の話だった。たとえば、1978年のニース・ジャズ・フェスティバルでエヴァンスは、スタン・ゲッツ、カーティス・フラー、リー・コニッツなどのホーン奏者や複数のギタリストとステージをともにしている。

さらに、エヴァンスはヴァーヴ時代から常に、レコード録音では大編成オーケストラとの共演をはじめとする多彩な企画を強く希望していた。1962年からエヴァンスが亡くなるまでマネージャーを務めたヘレン・キーンも同じ意見だった。このインタビューでもエヴァンスは、「正直言って、ファンタジーは制作費がなかった。大がかりな企画は実現が難しかった。基本的に録音の予算がないんだが、今度ワーナー・ブラザースとずっと条件のいい契約を結んだ」と語っている。

要するに、エヴァンスは、レコードでは様々なミュージシャンとの共演を希望していたのであり、トリオのレコードはそのなかに時折あればよかったのだ。

ワーナー・ブラザースは、エヴァンスと契約した頃、ジャズ部門の強化を目指していた。エヴァンスへかけた期待の大きさを示すように、一連のアルバム製作には最高の環境と人材が提供された。

まず、『ユー・マスト・ビリーブ・イン・スプリング』では、ハリウッドのキャピトル・スタジオにエヴァンスを迎え、エンジニアはアル・シュミット（1930年4月生〜）が務めた。エヴァンスがワーナー・ブラザースと条件のよい契約を結ぶことができた背景には、このアルバムをヘレン・キーンと共同でプロデュースしたトニー・リピューマ（1936年7月生〜2017年3月没）の強い後押しがあったと言われる。

続く3つのアルバム、『未知との対話』『アフィニティ』『ウィー・ウィル・ミート・アゲイン』の製作はニューヨークへ移り、市内の「チャーチ」と呼ばれたコロムビアのサーティース・ストリート・スタジオ（スタジオC）で録音された。マンハッタンの30番街にあった教会《チャーチ》をそのまま録音スタジオに転用した伝説的な巨大空間は、かつてエヴァンスがマイルスと『カインド・オブ・ブルー』を録音した場でもあった。

3つのタイトルをサーティース・ストリート・スタジオで録音したのはコロムビアのミキシング・エンジニアで、名前をフランク・ライコ（1918年12月生～2013年4月没）という（Laicoの読み方は、ご遺族に確認したところ、「ライコ」「レイコ」のどちらでも構わないということだった）。

ライコは、マイルスの『ラウンド・アバウト・ミッドナイト』や『ビッチェズ・ブリュー』を録音した偉大なベテラン・ミキサーだった。また、ワーナーから出た『パリ・コンサート』の目醒ましいリマスタリングもライコの業績である。

そして、エヴァンス最後の公式録音となったヴィレッジ・ヴァンガードのライブ録音には、マルコム・アデイ（1933年9月生～）が起用された。アデイはイギリス人で、故国ではEMIでザ・ビートルズやシャドウズ、その後にアメリカでグループマーチャント・レーベルやミューズ・レーベルの膨大な数の録音に携わったミキシング・エンジニアである。

『ターン・アウト・ザ・スターズ』

晩年のエヴァンスは、洗練されたタッチとピアノのフルボディを鳴らすテクニックにいっそうの磨きをかけていた。ワーナー・ブラザースの諸作は、そのエヴァンスの手から生まれた、ヤマハの端正な音色、ハンブルク・スタインウェイの壮麗な輝き、ボールドウィンの艶を帯びたベルライク・トーンと、それぞれのブランドの特徴を鮮やかに記録している。それは、彼ら最高のスタッフならではの成果だったと言うことができる。

しかし、ワーナー・ブラザースも、マーケティングにはありがちな曲折があった。『ユー・マスト・ビリーブ・イン・スプリング』がお蔵入りになり、それが出ないまま、約3年ぶりのトリオ録音となったヴィレッジ・ヴァンガード・ライブは、その年の秋に発売が予定されていたが、またもやお蔵入りになった。

ヴィレッジ・ヴァンガードでのライブ録音は、2週間にわたる公演から終盤近くの2日間に行われる予定だったが、エヴァンスの希望でもう2日追加され、4日間で全97テイクがテープに収められた。その24トラック・アナログ・マスター・テープからのステレオ・ミックスダウンにはエヴァンスも自ら立ち会う入れ込みようで、予定では、彼自身が選曲した2枚組レコード・アルバムとして、1980年秋に発売されるはずだった。

キャンセルの理由ははっきりしない。あくまで推測だが、本人が不在になりプロモーション活動ができないことにワーナーが危惧を抱いたからではなかっただろうか。

このとき録音されたテープがついに日の目を見たのはそれから16年もあとのことだった。ワーナー・ブラザースは、58テイクを選び出し、限定盤ボックス・セット、『ターン・アウト・ザ・スターズ〜ファイナル・ヴィレッジ・ヴァンガード・レコーディングス』と題して、傘下のノンサッチ・レーベルから発売した。

当時のプレス・リリースによれば、発売に際してアルバムのプロデュースを担当したジェフ・レヴェンソンとビル・カークナーは、エヴァンスの遺した手書きのメモを発見し、それを基に選曲を行なったということである。エヴァンスは、すべてのテイクについてコメントを残していたのだろうか。

6枚のCDには、総計で約400分の演奏が収録されている。全編にわたって鬼気迫るパフォーマンスが繰り広げられているのは言うまでもない。エヴァンス自身は、演奏にいくつかの保留や悔いを述べていたが、それは彼のいつもの自己批判癖が顔を覗かせたことに過ぎないので、過大に評価する愚は避けたい。

それゆえに、大冊のボックス・セットとはいいながら、全97テイクから58テイクを抜粋した中途半端な量も、その58テイクをクロノジカルに並べた漫然とした構成にも、今となっては、小さくはない不満が残ると言わざるをえない。一旦発売が見送られた16年後にやっと日の目を見た偉大なレガシーには、コンプリートという選択肢が適切だったのではないだろうか。

１９８０年の録音時、現場でプロデューサーを務めたのはヘレン・キーンだった。しかし、ボックス・セットの発売に彼女は関わっていない。彼女は乳がんで１９９６年4月に世を去ったので、同年11月に発売されたセットを手に取ることもなかった。もし彼女がボックス・セットの発売に関わっていたとしたら、どんな構成になっていたのだろうか。

なお、ボックス・セットと同一の写真（阿部克自撮影）をリブレットに用いた『ターン・アウト・ザ・スターズ～ハイライト』という1枚もののCDも同時に発売された。CDの英題は「the artist's choice」といい、エヴァンスが自ら選曲した2枚組レコードを再現した構成に由来する。

とはいえ、その最終トラックの「ナルディス」が、イントロだけでフェイドアウトしているのはなんとも解せない。収録時間は56分であり、CDには余裕がまだ十分ある。2枚組レコードの構成の名残だとしても、やはり時間的余裕からは説明がつかない。まさか、エヴァンス自身がイントロで切るように指示したのだろうか。

Posthumous（遺作）

いずれにしても、エヴァンスが亡くなった１９８０年に発売された新譜は、結局（まだ存命中に発売された）ファンタジーの『アイ・ウィル・セイ・グッバイ』1枚だけだった。

なるほど、1960年代からジャズ誌の人気投票で、エヴァンスはピアニスト・ポールのトップを争っていた。しかし、それはあくまで専門誌を読むようなジャズ・マニアからの支持だった。エヴァンスが亡くなった時点でアメリカ国内での一般的な人気は、レコード会社から追悼盤が1枚も出ない程度だったと言わざるをえない。

しかし、翌1981年の春にワーナー・ブラザースが発売した『ユー・マスト・ビリーブ・イン・スプリング』は好セールスとなり、ビルボードの年間チャートでジャズ部門の9位を記録した。そこから潮目が大きく変わり始めたようだ。

同じ年、ファンタジーは、1974年のヴィレッジ・ヴァンガード・ライブ録音を、アルバム『リ・パーソン・アイ・ニュー』として発売した。これがエヴァンスの未発表録音発掘の嚆矢《こうし》となり、翌1982年には堰を切ったように、『カリフォルニア・ヒア・アイ・カム』（ヴァーヴ）、『ザ・インタープレイ・セッションズ』（マイルストーン）、『エロクエンス』（ファンタジー）と発掘盤が続いた。

ワーナー・ブラザースも、新たに興したエレクトラ・ミュージシャン・レーベルから、1983年に『パリ・コンサート・エディション・ワン』、1984年に『パリ・コンサート・エディション・ツー』を発売した。

エレクトラ・ミュージシャンは、コロムビアからブルース・ランドヴァルを引き抜いて創設したレーベルだった。数年後、ランドヴァルがブルーノートに移籍したためにエレクトラ・ミュージシャンは短命に終わった。ランドヴァルは、のちの２００１年に『パリ・コンサート』の権利を買い取ってブルーノートから再発した。

２枚の『パリ・コンサート』は、ラジオ・フランスが放送用に録音したテープを音源にしている。１９７９年11月から12月にかけて、エヴァンスはヨーロッパの21都市を24日間で回るツアーを行なった。『アフィニティ』で共演したトゥーツ・シールマンも随所に加わったようだ。トリオは11月26日にパリの劇場、エスパス・ピエール・カルダンで、２セット計16曲を演奏した。エヴァンスは、海外では日本やブラジルとともにフランスが好みの演奏場所だと公言していた。さらにこのときは、ホールに備え付けのハンブルク・スタインウェイ・ピアノに深く感激し、翌年の2月にパリの友人に託してフランスのスタインウェイの代理店に感謝を述べた手紙を送ったほどだった。

そのコンサートの録音テープが残っていることをランドヴァルに教えたのは、ラジオ・フランスのプロデューサーをしていたピアニストのアンリ・ルノーだった。テープを聴いたランドヴァルはさっそく販売権を取得し、テープをヘレン・キーンに委ねた。彼女は、ＬＰレコードで出すために曲順を大幅に並べ替え、収録時間の兼ね合いから2曲（「Ｍ*Ａ*Ｓ*Ｈのテーマ」「バット・ビューティフル」）をオミットした。

このとき、すでにＣＤは世の中に登場していた。しかし、ＣＤ化されるのはまだデジタル録音のものばかりで、アナログ録音のジャズがCDでも普通に出るようになったのは、日本が世界に先駆けて先鞭をつけた1985年以降のことである。

『パリ・コンサート』(は、初めて世に出たラスト・トリオのレコードだった。生前のライブに接した幸運なひと握りの人たちは別にして、世界中のファンは『パリ・コンサート』で初めてラスト・トリオの演奏を耳にすることができたのであった。そして、3人がスタジオ録音からは想像のつかない独自の境地へ踏み込んでいたことを知って驚愕した。

ラスト・トリオ

スタジオ(レコード)とクラブ(ライブ)で別人のような顔を見せるジャズ・アーティストは珍しくない。同時期のスタジオ録音とは異なった演奏スタイルでファンを驚かせたライブ盤は、直ちに頭に浮かぶだけでも、マイルス・デイヴィス『プラグド・ニッケル』(ソニー)、ジョン・コルトレーン『ライヴ・イン・ジャパン』(インパルス)、『ヴィレッジ・ヴァンガードのコルトレーンとドルフィー』(インパルス)、ウェザー・リポート『ライヴ・イン・トーキョー』(ソニー)、タル・ファーロウ『ファースト・セット』(ザナドゥ)などがある。

ラスト・トリオでエヴァンスは、ピアノの音域を上から下までフルに使い、音の強弱を大胆につけ、和音の密度を高めた演奏へと突き進んだ。その結果、彼の両手の下でピアノは、ラフマニノフやムソルグスキーのピアノ曲のようなシンフォニックな音響を響かせるようになった。

そして、多くの曲で、こうした特徴を縦横に発揮した無伴奏の長いイントロが奏でられ、始まった曲が何であるのか知ることを難しくしていた。しばらくすると、いつの間にかベースとドラムスが加わってテーマ演奏が始まるが、そこでも原曲の旋律はストレートに演奏されないことが多かった。聞き慣れた旋律は断片化され、あいだにアドリブ・フレーズが挟まれていた。

ラスト・トリオの演奏の舞台裏を、ジョー・ラバーベラは後年のインタビューで次のように語っている。


エヴァンスは曲の進め方について言葉で説明することはなかったが、曲がどこへ向かって行くかは演奏ではっきりと示してくれたので、それを手掛かりに随いていけば難しくはなかった。また、ある曲のクライマックスをどこにもっていくかは、自然に任せていた。

新しい曲を取り上げるときは、まずクラブでサウンドチェックのときに演奏し、エヴァンスがそれを聴いて判断を下した。そのあとで、客の入りが悪い日などに試しにステージにかけてみた。

また、エヴァンスは曲の進行（キー、ハーモニー、テンポなど）を常にパターン化していた。たとえば、あるときクラブで「枯葉」を取り上げたが、マーク・ジョンソンも自分もエヴァンスと「枯葉」を演奏するのはそのときが初めてだった。しかし、アレンジ（構成）が『ポートレイト・イン・ジャズ』に収録された演奏と同一だったので、問題はなかった。エヴァンスが同じアレンジを使い続けたのは、あらかじめ知っているアレンジを用いれば、即興そのものに集中できるはずだという理屈だった。

ラバーベラの説明は以上のようなものだが、これがあくまで彼の主観的な見方であるのは指摘するまでもないだろう。つまり、客観的に見れば、エヴァンスの意図を演奏を通して即座に読み取れなかったり、音楽がどこへ向かっているかを指示されなければわからなかったりといったレベルのミュージシャンでは、共演する資格は最初からないということである。

ラスト・トリオの演奏には、このように、具体的な言葉による打ち合わせのない暗黙の了解に基づく約束ごとが多くの局面に存在した。そして、こうした工夫は、エヴァンスが指示したり誘導したりするのではなく、あくまで各人の自発性に任されていた。そうラバーベラが明確に証言している。

約束ごとのなかでも、ポリリズムの多用や、高度に即興的な進行（たとえば「マイ・ロマンス」の大胆なテンポ・チェンジ）といった特徴は、エレクトリック期のマイルス・デイヴィス・バンドに通じるものがある。

同時に、演奏のなかで、イントロからテーマ、テーマからアドリブ・パートへという遷移をスムーズにつなげ、変わり目で大きな段差を感じさせないようにする方法論も、ルーツはマイルスに遡ることができるだろう。

バップ時代以降、テーマとアドリブのあいだには明らかな段差が生じていたが、そのことに早くから問題意識をもって演奏に取り組んでいたジャズ・ミュージシャンには、ジョン・ルイスやチャールズ・ミンガスなどがいた。なかでも熱心だったのが、マイルスだった。1950年代にマイルスが録音した「マイ・ファニー・ヴァレンタイン」や「枯葉」には、この問題へのみごとな回答を聴くことができる。

さらに、意表をつくイントロやテーマを断片化する方法論も、マイルスの演奏の大きな特徴だった。その実現のために、マイルスはレッド・ガーランドに何種類もイントロを作らせたり、「ソー・ホワット」や『ラウンド・アバウト・ミッドナイト』では、ギル・エヴァンスにアレンジさせたスコアを用いたりした。

アナウンスメント

また、マイルスは、喉の持病もあって、ライブで曲名を告げないことでも(悪)名を馳せていた。さらに、1967年からは曲のあいだに休止を置かずメドレーでつなぎ、あたかもセット全体がひとつの組曲であるかのような印象をあたえるところまで行き着いた。１９７０年代になると、ＰＡの調整からいつしか演奏が始まるような印象の構成を好んでいた。マイルスが、このように曲の始まり（と移り変わり）を明確にするのを避けたのは、「その方が即興演奏により多くのスペースがあたえられるからだ」と説明していた。

マイルスに比べれば、エヴァンスはライブでまったくの無口だったわけでもないし、曲をメドレーでつなげたわけでもない。しかし、やはり曲名を告げないことが昔から多かった。あるときは妥協のつもりだったのか、作曲家の名前だけを客に告げたこともあった。こうした態度が大きな批判に晒されたことは言うまでもない。

「でも、それは演奏に集中しているからなんだ。クラシックのピアニストだって、合間にいちいち立って曲名を告げるなんてことはないだろう」というのがエヴァンスの言い分だった。

それでも、少なくともラスト・トリオのライブを残されたビデオやＣＤで聴く限り、曲名や曲の来歴を演奏のあとに告げるシーンは珍しいというほどではないことが確認できる。

最晩年の演奏となった『コンセクレイション』で、エヴァンスは最初から口を開かないまま演奏を続けるが、セットの中程で、「みなさんが知りたがっていらっしゃるようなので」と切り出し、それまで演奏した曲名をまとめて告げている。そして、「次はスタンダードなので、おわかりになるでしょう」と、やはり曲名をあらかじめは告げずに演奏に戻る。

時にはジョークを口にすることさえある。たとえば、「Ｍ＊Ａ＊Ｓ＊Ｈのテーマ～自殺は痛みがない」という曲名を述べると、「それには議論の余地がありますが」と続け、客席の笑いをとっている。さらには、「ニット・フォー・メリー・F」や「ティファニー」のようなオリジナル曲では、演奏の前に曲名を告げるだけでなく、曲の由来まで詳しく説明している。ポール・サイモン作曲の「君の愛のために」も、ジャズマンが取り上げるには意外な曲であるためか、演奏の前に曲名を告げ説明も加えている。

エヴァンスが曲名をオーディエンスに細かく告げなかった公式の釈明は先ほど紹介した。しかし、本音は別のところにあったのではないだろうか。ラスト・トリオで容易に予測のつかないイントロを長々加えたのと同様に、マイルスがかつて自分の演奏について述べた説明を借用すれば、演奏が分析的に聞かれるのを嫌い、音楽の本質に耳を傾けてほしかったからだろう。

別の言い方をすれば、エヴァンスは、オーディエンスが最初の音を聴いて、「ああ、あの曲だ。それなら知っている」という予断をもつことを嫌い、常に新鮮な気持ちで演奏に接してくれることを望んだのだろう。

長くゆっくりとした自殺

これは、エヴァンス後期の演奏がもつ、ある種の「わかり難さ」とも同根の関係にある。ラスト・トリオ期のエヴァンスは、リヴァーサイドやヴァーヴ時代のようなジャズ・ピアノらしい管楽器的フレーズへの興味が薄れ、その代わりに、ハーモニー（和声）の色彩を重視するようになった。

その端的な例が、彼が最晩年に作曲した「ユア・ストーリー」で、テーマはリズミックな短いモティーフの繰り返しで出来ている。アドリブ部になっても、旋律的にはほとんど発展せず、音域やハーモニーを変化させることで曲は進んでいく。

ハーモニーを重視する傾向をエヴァンスは、１９７０年代初頭からはっきりと自覚していた。１９７２年のあるインタビューでは、「16世紀フランスのある作曲家」（名指しはないが、おそらくジャン＝フィリップ・ラモー）を引いて、「音楽のすべてはハーモニーから生まれるという。その作曲家が言っているのは水平のハーモニーのことであるが、垂直のハーモニーのことだという意味で、同感だ」という内容の発言をしている。

また、これはマイケル・ムーアが紹介したエピソードだが、彼が共演した時期（１９７８年前半）にエヴァンスは、批評で自分の演奏が「ビューティフル」とか「メロディック」とかいったことばで形容されることは侮蔑的だとさえ感じていたという。

こうしたエピソードは、エヴァンスの目指すものが、それまでのような聴き手に心地よさをあたえる音楽から、聴き手の意識をどこかで脅かし、演奏について考えさせるような音楽へと移ったことの現れではなかっただろうか。言い換えれば、ラスト・トリオでエヴァンスは、エンタテインメントとしての音楽から文芸的な音楽へと舵を切ったのではなかったろうか。

1975年にスイングジャーナル誌がミュージシャンの座談会を企画した。その席でエヴァンスは、「わたしにとって肝心なことは、聴衆の多さを競うことよりも、聴きに来てくれる聴衆の質が問題なのです」と発言し、司会の児山紀芳を驚かせている。

亡くなるひと月前に行われた短いインタビューのなかでは、さらに一歩を踏み出し、より俯瞰的な発言をしている。「観客の反応は大事だけれど、それがすべてではありません」「より良いものを求める人たちは、少ないながらもいる。彼らの存在が芸術を育む揺り籠になるだろう」

想像を逞しくすれば、ますます悪化する健康状態も、こうした心境への変化を後押ししたのかもしれない。迫り来る死を前にして、エヴァンスが世俗的な評判や利益よりも自らの欲する音楽だけに向き合う意を強めたとしても少しも不思議はない。

最晩年のエヴァンスは、黄疸の症状が誰の目にも明らかで、その様子を見て驚く人に、「もう死にそうだ（Oh I'm gonna die!）」とおどけてみせたという。また、コカインの静脈注射が慢性化し、夜はあまり眠らなかったとローリーは証言している。

トッド・バルカンも、キーストン・コーナーのオフィスに到着したエヴァンスを見るなり病院に行くことを勧めたが、エヴァンスはそれを断った。ちょうどオフィスにはキーストン・コーナーの出資者のひとりで医師のジム・ポークが居合わせた。ポークはエヴァンスの手がまるで水をいっぱいに詰め込んだゴム手袋のように腫れあがっているのを目の当たりにして、「よくこれでピアノが弾けるものだ」と驚き、「このままではもって2週間が精一杯だろう」と思った。そして、この「診断」は的中した。

バルカンはのちに、「エヴァンスが自分から医者にかかって治療に時間を使いたくないのは明らかでした」と述べている。エヴァンス自身もこのことを裏づけるように、この時期には、「このトリオで演奏するのがこれ以上なく楽しいんだ」と繰り返し発言していた。

ジョー・ラバーベラは、少し別の角度からの観察を述べている。「エヴァンスが生きる意志をなくしたのは、兄のハリーが1979年4月に拳銃で自殺したときでした」。「(キーストン・コーナーに出演したときには)エヴァンスは死が迫っているのを覚悟し、そのことを受け入れていました。彼が演奏するためだけに生きているのは明らかでした。朝、目が覚めて、ピアノを弾けるだけで幸せだったのです」

こうした晩年のエヴァンスを指して、ジャズ批評家で友人のジーン・リーズ(1928年2月生~2010年4月没)は、「音楽史上最も長くゆっくりとした自殺(the longest and slowest suicide in musical history)」と呼んだ。このフレーズは、ことの核心を突いていたためだろう、エヴァンスの死後、多くの場所で引用されることになった。

『コンセクレイション』の底知れぬ魅力

動機や背景はどうあれ、悪化の一途を突き進む体調に逆行するかのように、エヴァンスはラスト・トリオを率いてひたすら音楽の蒸溜を進めた。音域、強弱の差、テンポの緩急のような要素は、どれもあとになるほどワイドになった。リズムやハーモニーは洗練され、冒険的になった。かつての特徴であったレニー・トリスターノ（1919年生〜1978年没）譲りの長い流麗なメロディラインは後退し、代わりに短いモティーフとその発展に重きが置かれるようになった。タッチはいよいよ澄みわたり、エモーションの表出も深みを増した。

ラスト・トリオは同一曲を繰り返し演奏することが多かったため、その変遷が掴み易い。「マイ・ロマンス」や「ナルディス」は言うまでもない。ヘンリー・マンシーニ作曲の「酒とバラの日々」も、トリオの成長を記録した感動的なベンチマークになった。

エヴァンスの「酒とバラの日々」で、そのプッチーニ風のドラマチックなメランコリーは、のちの演奏になるほど（つまり、死に近づくほど）甘美さを増していった。そして、急速調のビートはいよいよドライブと切れ味を増し、ついにキーストン・コーナーでは、さながら鉄球を水銀に投げ入れたかのように、重量感をもったリズムがふわりと浮き上がる倒錯的な感覚をもたらす境地にたどり着いた。

こうして、ラスト・トリオは最後まで成長の歩みを止めず、その到達点を克明に記録した『コンセクレイション』は、エヴァンスの芸術の絶頂を刻んだ一大金字塔になった。バド・パウエルから出発したピアノ・トリオという様式は、30数年をかけて、ここでひとつの高みに到達したと言うことができる。

とはいえ、ここでいくらラスト・トリオや『コンセクレイション』について賛辞を連ねようとも、大多数の人にとって最大の関心事は、果たして選集で十分なのか、それとも、すべての演奏を収めたコンプリート・コレクションを手に入れるべきなのかということだろう。

なるほど、『コンセクレイション』では、同じ曲がいくつも並んでいることに危惧を覚える人はいるかもしれない。すでに紹介したようにジョー・ラバーベラでさえ、そこには否定的だった。しかし、実はそれこそ『コンセクレイション』がもつ底知れぬ魅力の源泉にほかならない。

エヴァンスは、チャーリー・パーカーやマイルス・デイヴィスやソニー・ロリンズに並ぶ第一級のインプロバイザーだった。キース・トン・コーナーで同じ曲を日によって演じ分けたエヴァンスの即興演奏は、まさに圧巻の一語に尽きる。だから、エヴァンスの大ファンなら、迷わずコンプリート・コレクションを手に入れた方がいいと心の底から進言したい。

一例として、『コンセクレイション』のDISC6とDISC7に収録されているふたつの「マイ・フーリッシュ・ハート」を聴くとよい。DISC6の演奏では、テーマとその変奏がスタイリッシュに現れ、ジャズ的なリズムも印象的に登場する。それがDISC7では、テーマの演奏は抽象的になり、耽美的な前半とドラマチックな後半の対比が強調されている。

こうした同一曲の多様な解釈も尽きせぬ楽しみだが、コンプリート・コレクションにはもうひとつの強みがある。ワーナー・ブラザースは、ラスト・トリオのライブ盤をパリとヴィレッジ・ヴァンガードの2種発売したが、すでに述べたように、曲順をまったく並び替えたり、曲を抜いたりしている。そのため、エヴァンスがプログラム・ビルディングに託した意図は大きく棄損されている。

いっぽう、『コンセクレイション』コンプリート・コレクションは、CDの1枚毎に1日（1セット）の演奏を丸ごと収めている。その結果、先述したようにバルカンが恣意的に編集した疑義は残るものの、エヴァンスの意図したプログラム構成をCDでも追体験することができる。

ミルトン・ジェフリーズ

『コンセクレイション』は、録音についても指摘すべきことが少なくない。

キーストン・コーナーのエヴァンス録音は、最初に述べたように、バルカンがプライベートなアーカイブを目的として残したもので、もともとハイファイ・サウンドを狙ったものではない。録音からCD化まですでに10年近くを経ていたテープの保存状態も完璧とは言い難い。テープのフラッターも認められる。

けれども、『コンセクレイション』が、ラスト・トリオのサウンドをストレートに、そしてきわめて誠実に記録していることに疑いをもつ必要は少しもない。

バルカンはキーストン・コーナーの小部屋をサウンド・ブースとして、そこにミキシング・コンソールやテープレコーダーを備え付けていた。残念ながら、コンソールのブランドやインプット数など詳細はまったく不明だ。エヴァンスを録音したときに使ったテープレコーダーはティアック製だったことがわかっているが、これも機種は不祥である。

キーストン・コーナーのサウンドマンは、11年のうちに4、5人が代わったが、エヴァンスが登場した1980年の時点では、ミルトン・ジェフリーズとマーク・J・ロメロだった。彼らは録音ミキサーではなく、サウンド・リインフォースメントを専門とするエンジニアだった。

サウンド・リインフォースメントとは、ライブやコンサートで、楽器の音をマイクで拾い上げ、コンソールでミキシングした音を会場に備え付けられたスピーカーからリアルタイムで流すことをいう。いわゆるPAだが、サウンド・リインフォースメントは特に音楽を目的としていると考えればよい。

キーストン・コーナーのステージ写真を見ると、ステージ前縁の左右両脇には柱が建てられていて、それぞれ上方に大きなスピーカーが設置されている。『コンセクレイション』のマスターテープは、そのスピーカーから流すためのミックスをそのまま収録したもので、いわゆるサウンドボード録音である。

ジェフリーズは昔気質のミキサーで、マイクの数はできるだけ抑え、楽器の前に置いたマイクでも不要と見れば躊躇なく回路を閉じた。楽器の収録も、アンプを避けて生音を主体とし、ドラムスの連打でピアノが隠れてしまわないくらいの補強（リインフォースメント）で十分だと考えていた。

1983年にキーストン・コーナーが店じまいすると、ジェフリーズはダウンタウンのキンボールズというジャズ・クラブに移って、同じようにサウンド・ミキサーを続けた。亡くなったのがいつだったかはわからないが、ブランフォード・マルサリスが1999年にサンフランシスコを訪れ、コンサートで彼の「レクイエム」をジェフリーズの想い出に捧げて演奏したという記録が残っている。

ジェフリーズはキーストン・コーナーの最後の数年間に、知り合いに頼まれ、その娘で、サウンド・リインフォースメント・エンジニアを志望する19歳のクラウディア・エンゲルハートに仕事を一から教えた。

キーストン・コーナーの店じまい後、エンゲルハートはニューヨークへ移り、今や、ビル・フリゼール、ウェイン・ショーター、ハービー・ハンコックのライブでサウンド・リインフォースメントを仕切るトップ・サウンド・エンジニアになった。彼女は、無口な人間だった師ジェフリーズの「ゆっくりと動き出して、じっくりと構え、そしてすべてを録音せよ」という教えを今も大切にしている。

ライブ・ステージ

『コンセクレイション』では、エヴァンスが弾いたピアノそのものについても、録音と併せて語る価値がある。

キーストン・コーナーのギグのため、ボールドウィンはいつものようにエヴァンスのため自社ピアノを搬入した。おそらく、7フィート(2・1メートル)の長さのボディをもつSF10だったと思われる。そのよく調整、整音された音色も、『コンセクレイション』のかけがえのない魅力の大きな一翼を担っている。

たとえば、「ローリー」「ユア・ストーリー」「ティファニー」はどれもラスト・トリオになってからのエヴァンスの自作曲で、和声的色彩を重視した性質が特徴だ。それぞれのテイクには、独特の艶を帯びた音色がたっぷりと聴かれ、思わず、これぞボールドウィンのサウンドだと呟きたくなる。

ポール・サイモンのバラード、「君の愛のために」も、ラスト・トリオになってからのレパートリーだ。エヴァンスは、再現主題をシングルトーンでトランペットのように高らかに鳴らし、この曲のもつ繊細なコード進行の織りなす微妙な色彩と鮮やかに対比させているが、日によってそのシングルトーンのタッチを変えているのにも唸らずにいられない。

もちろん長年弾き込んだレパートリーにも、新鮮なパースペクティヴがあたえられている。「リ・パーソン・アイ・ニュー」はもともと1962年に初演された自作曲だが、DISC4の演奏では、ピアノ胴体の深い奥行きをまざまざと感じさせるディープスロートな音色にざわっと鳥肌が立つ。

ジェフリーズの録音はこうした特徴をよくとらえている。ベースのサウンドには今ひとつの明瞭さが望まれるが、致命的というほどではない。ドラムスも生なましく再現される。クラブの空間の描写にも不足はない。

キーストン・コーナーでエヴァンスが演奏中のステージ全景をとらえた写真は、マイルストーン盤『コンセクレイション』のブックレットに掲載されたもののしか見たことはない。ただし、その写真は画面が暗く細部があまりはっきりしていないのが残念だ。

それで判断する限りでは、ピアノにはマイクが2本、ドラムスには1本が向けられている。ベース用のマイクは見当たらないが、ダイレクト・インジェクションとは考え難い。おそらく、アンプの前に1本があったと思われる。

しかし、エヴァンスの3年前にキーストン・コーナーに出演したレッド・ガーランド・トリオの写真があり、幸いなことに、それにはマイク配置が比較的明瞭に写っている。

まず、ピアノには少なくとも4本のマイクが向けられている。ベースには、アンプの前に1本のマイクが据えられている。そして、ドラム・セット周辺には、オーバーヘッドの2本、バスドラム、スネア、タム、ハイハット・シンバルに各1本と、少なくとも6本のマイクが見える。

マイクのブランドも、あくまで参考として申し上げると、写真に見える形状から判断する限りAKGのコンデンサー・マイクやダイナミック・マイクのようだ。ピアノに向けたマイクは、D-1000Eに見える。ドラムスのオーバーヘッドは、C-451Eだろうか（念のために繰り返すが、以上はガーランド・トリオの録音についての観察である）。

ところで、エヴァンスとガーランドの二葉のステージ写真を並べると、ベーシストの位置の違いが最も目を引く。ガーランド・トリオのリロイ・ヴィネガーはアンプを後壁ぎわに置き、自身もその脇にいる。いっぽう、マーク・ジョンソンはステージの前方にいて（アンプは彼のすぐ背後にある）、3人の位置関係はほとんど横一線になっている。

これはエヴァンス・トリオが昔から基本としていたステージ配置で、時にはベーシストをほかのふたりより前に出したこともあった。おそらくプレイヤー相互の独立性と平等性を音響的心理的に高める狙いがあったと考えられるが、ガーランド・トリオのようなトライアングル配置に比べると、ベーシストからはピアニストとドラマーを一望に収めることができず、アイコンタクトが難しくなるといったデメリットも生じる。

3人の配置ということでは、ミキシングについても触れておかなければならない。エヴァンスもガーランドも、トリオのステージ上の配置は、客席から見て、ピアノが左、ベースが中央、ドラムスが右という並びになっている。ピアノは、蓋（反射板）の開口部が客席に向かうように置くと自ずからこうなるので、標準的な置き方だと言える。

しかし、ジェフリーズによるミキシングを聴くと、ピアノが左右に大きく広がり、中央にベース、その左側にドラムスが聞こえる。これは「現実」とは異なるが、ピアニストが右手で弾く高音部のメロディと、ベース&ドラムスが奏でるリズムを対比させる意図がうかがえる。何よりも、当時のジャズ録音にはままあるスタイルだった。

繰り返すが、『コンセクレイション』の録音は、そもそもが洗練されたスペクタキュラー・サウンドではない。しかし、シンプルなサーキットのおかげで、トリオの演奏が生なましく再現され、良質の装置で再生すれば、あたかも１９８０年のキーストン・コーナーに駆けつけたかのような臨場感がもたらされる。そんなエヴァンスの録音が、いったいほかにいくつあるだろうか。

リマスター

ただし、ここで強調しなくてはならない重要な申し渡しがある。残念ながら、『コンセクレイション』と題されたCDならどれを聴いてもそう言えるわけではない。これまで述べた音の特徴は、すべて初出の1989年アルファ・ジャズ盤を前提としたものであり、のちに出直したリマスター盤はこの限りではないと断言する必要がある。

すでに述べたように、アルファ・ジャズは、『コンセクレイション』リマスター盤（ALCB-3918）を1997年に発売した。そのライナーノートには、誇らしげに「ただの焼き直しではない」とリマスターのセールスポイントが意気揚々と謳われていた。

その主なセールスポイント3つを次に抜き書きする。

●イコライザーで、ノイズ部分の周波数帯をピン・ポイントでカット
●コンプレッサーなどで音を引き締める
●一部のファンから気になるという声も聞かれていたピッチの問題も解決

まず、3つ目の「ピッチの問題」とは、『コンセクレイション』の音が本来の高さから「半音のさらに半音」＝4分の1音ほど上にずれているというクレームである。これはマイルスの『カインド・オブ・ブルー』で生じた問題と原理的に同一で、録音時にテープレコーダーの速度がやや遅かったことが原因とされる。

アナログ・テープレコーダーでは、テープスピードのある程度の機械的誤差は避けられない。JIS規格C5562で定められた許容範囲は、オープンリール、カセットを問わず、民生用機はプラスマイナス2％で、業務用はこの1／10。現代の一般的な基準とされるA＝440へ

ルツの演奏が正確に録音されたテープを再生した場合、2%の偏りを周波数に換算すると、およそ上は448・8ヘルツまで、下は431・2ヘルツまでとなる。

『コンセクレイション』で生じた約4分の1音という誤差は、ちょうどJIS基準いっぱいくらいだろうか。ただし、プラスマイナス2%というのははかなり〝緩い〟数字で、1970年代当時、メーカーは自主基準で1%程度までに抑えていたようだ。

ライナーノートには、「ジャスト半音であればまだしも、半音のさらに半分という微妙なピッチは、絶対音階をもつ者には不快に聞こえる」とある。実際には絶対音感の持ち主でも許容(調整)できる人とできない人がいるので一律には言えないが、もちろん修正するに越したことはない。ちなみに、エヴァンス自身は絶対音感の持ち主ではなかった。

ただし、この問題については、ピアノがなんらかのアクシデントでもともと高めに調律されていた可能性を完全に排除できるのかどうか、最後のところはよくわからない。バルカンのアナウンスの声も高めになっているとして、それを証拠にあげる人もいるが、残念ながらバルカンの声を直接聞いたことは一度もないので、これも判断基準にしかねる。

いずれにせよ、リマスター盤は、マスタリング・スタジオのテープレコーダーに装備されたバリアブルピッチを用いて、マスターテープの再生時にスピードを落として修正を図ったと推測される。つまり、アナログ領域での手作業だったと考えられる。

いっぽう、「ノイズ部分の周波数帯をピン・ポイントでカット」というライナーノートの記述や「ノイズやピッチなどの問題を最新のデジタル技術で処理」という当時の広告の文面からは、フィルタリング、イコライズ、コンプレスなどの作業は、90年代に世界中のスタジオに普及したプロ・ツールスを用いたデジタル・マスタリングだったと推測される。

コンプレッサー

その評価はあとで述べるが、まず一般論として、コンプレッサーという一般には馴染みのないデバイスについて説明する必要があるだろう。コンプレッサーという機材は、その名が示す通り、大きな音を圧縮する機能をもつ。音楽の録音には欠くことができない便利なツールだ。

コンプレッサーの威力が最も発揮されるのは、実は、複数の楽器が集まったアンサンブルの録音である。

そもそも、楽器というものが種類によってそれぞれのもつ音量が異なるのは言うまでもない。声やドラムスや金管などはきわめて大きな音が出るが、ギターやチェンバロのような楽器は、いくら演奏者が頑張っても、音量には限界がある。そのため、複数の楽器が集まったアンサンブルを録音するときには、音量の大きな楽器を基準にレベルを設定すると、音量の小さな楽器はマスキングされてしまう。こんなとき、コンプレッサーをうまく用いると、音量の異なる楽器を両立させるミックスが可能になる。

　コンプレッサーと似たような機能をもつデバイスにリミッターがある。ある時代のカセットデッキにはたいてい付属していたことを覚えている人も多いはずだ。コンプレッサーもリミッターの一種だが、リミッターが基本的に、ある音量から上の音を一律に潰すよう作動するのに対し、コンプレッサーは、効き始めの音量やタイミング、潰す深さなど多くのパラメーターを微細に調節できる点で大きく異なる。

　コンプレッサーは、こうした複雑な調整機能を上手に操れば、使ったことがわからないように音量の幅を狭めることができる優れた機材だ。そして、それこそが録音ミキサーの腕の見せ所である（現実には、「だった」というべきか）。

　アナログ・コンプレッサーにはもうひとつの重要な特徴がある。コンプレッサーは、構成する素材や設計による機種固有の音色をもち、それが録音に独特のフレーバーを付け加えていたことだ。特に真空管で構成されたヴィンテージ・タイプのコンプレッサーは、大きな入力に対し素子自体がコンプレッサーとして作動することもあり、結果的に、生の演奏には存在していないが、とても魅力的なフレーバーを再生音に付け加えることができた。

　ジャズのいわゆるオリジナル盤の音も、ヴィンテージ真空管式コンプレッサーに負うところがきわめて大きい。その最たる例こそは、ルディ・ヴァン＝ゲルダー（1924年11月生～2016年8月没）がカッティングしたブルーノートやプレスティッジのオリジナル盤である。

ヴァン＝ゲルダーが自分のスタジオで使っていたミキシング・コンソールは、彼がレイン・ナーマ（1923年生〜2011年没）に依頼して作らせたカスタムメイドだった。ナーマはエストニアに生まれ、第二次世界大戦時にアメリカへ移住したエンジニアで、今日では、ギタリストのレス・ポールの依頼で設計したコンプレッサー、フェアチャイルド660とそのステレオ・バージョンである670の設計者として伝説的な存在とされている。

660は、20本の真空管、30のシステム、11のトランスから構成され、重量は30キロにおよぶ。ヴァン＝ゲルダーだけでなく、EMIのエンジニア、ジェフ・エメリック（1945年12月生〜2018年10月没）が愛用したことでも有名で、彼が手がけたザ・ビートルズの録音セッションでは、声や楽器の録音やミックスダウンのすべての段階で使われていた。リンゴ・スターのあのドラム・サウンドは、まさに660の賜物だった。エメリックが初めてビートルズを手がけた『リボルバー』にいたっては、660を使い過ぎて、全体的な歪みを生んでいるくらいだ。

660は生産終了までに総計800ユニットが製造された。最初の10ユニットはナーマが手作業で作り上げたが、その第一号機を購入したのがヴァン＝ゲルダーだった。ヴァン＝ゲルダーは、660／670のレシオ（圧縮比）を8〜10対1というきわめて高い数値で用いて音を強く潰し、録音とマスタリングの両ステージで大きく活用した。あのパンチの効いたヴァン＝ゲルダー・サウンドは、660／670なくしてはありえなかった。

現在、オリジナルの660／670は、その希少性と人気から、とてつもないプレミアム価格で取引されている。状態のよい個体の相場は日本円で7桁の金額に達する。その音を模したデジタル・プラグインもあるが、実物のもつテイストを完全に再現するのはもちろん無理だ。

ただし、ヴァン＝ゲルダー自身は、当時のほかのエンジニアと同じく、コンプレッサーはカッターヘッドのような機材への過負荷や、レコードの針飛びを避けるためにやむをえなく使っているに過ぎないのであって、できれば使わずに済ませられたらと考えていた。

ヴァン＝ゲルダーがマスタリング時にもコンプレッサーで強い音を大幅に潰したのは、結果的にオリジナル盤ならではのあの独特のサウンドを作り出すことになったが、現実には当時の安物レコード・プレーヤーでかける顧客を考慮した妥協以外の何ものでもなかった。

ヴァン＝ゲルダーが、自分の生み出したブルーノートやプレスティッジのオリジナル盤の音にいかに大きな不満を抱いていたかは、巻末のヴァン＝ゲルダー・インタビューを併せてお読みいただきたい。

コンプレッサーによるダイナミクスの圧縮に加え、ヴァン＝ゲルダーは録音時にもカッティング時にも大量の人工エコーを追加していた。さらにカッティング時には、フィルターで音楽の50ヘルツ以下と12キロヘルツ以上をばっさりとカットし、イコライザーで5キロヘルツを5デシベル以上もち上げた。そして、録音時に発生した歪みを目立たなくするために8キロヘルツから上を緩やかに抑えた。これがブルーノートやプレスティッジのオリジナル盤のサウンドを生み出した基本レシピである。

音圧競争

　ところで、大きな音を抑制するコンプレッサーがなぜパンチの効いた音を生み出すのかと訝しがる人がいるかもしれない。それは一言でいうと、人間の耳（感覚）がマイクのようにリニアな特性をもっていないところに理由がある。ことばを換えれば、人間の耳は物理的に大きな音をそのまま心理的に大きな音と感じるようにはなっていない。音を一旦壁にぶつけてピークを潰した方が、大きい音だと感じるものなのである。

　繰り返すが、コンプレッサーは、目的にあわせて正しく使われれば、音量の異なった複数の楽器をミックスするための上質の溶媒になり、レコードの音に固有の厚みや音色を付け加えてくれる魔法のようなデバイスになりうる。料理でいえば、隠し味に喩えられるだろう。ひとつまみの甘味が、さじ加減次第で、甘味を加えるだけでなく、旨味や酸味を同時に引き立たせるようなものだ。

　ところが、音楽業界はある時期からCDのサウンドに〝甘味〟を際限なくぶちこむようになった。デジタル技術がそれを可能にした。その兆しは１９８０年代にもあったが、本格化したのは１９９０年代で、半ば以降には完全に一般化した。しかし、甘味も過ぎれば苦味でしかない。この現象は、音圧競争（ラウドネス・ウォー）として知られるようになった。

音圧競争とは簡単に言うと、音量を一聴大きく感じさせるために、曲のなかで大きな音を潰し、同時に小さな音をもち上げて全体の音量差を圧縮（狭める）したうえで、あらためて全体の音量をもち上げる処理が、世界中で際限なくエスカレートしていったことを指す。

1990年代以降、音楽業界にはリマスターCDの一大ブームが訪れた。しかし、その実態はこうした紋切り型の加工がほぼすべてだったというのは少しも言い過ぎではない。その結果、本来は強弱のある音量が均一化され、音楽はのっぺりと平坦に響くようになった。

もちろんそれを主導したのはメーカーだったが、ミュージシャンも、音圧競争のなかで自分の作品が埋没することを恐れ、積極的に支持した。ミュージシャン本人が監修したリマスター盤や、契約によりリマスターの結果にミュージシャンの承諾を要するケースのほとんどが、今日的なラウド・サウンドの土壌になっているのはそのためだ。ミュージシャンは自分の旧作が〝古い〟音に聞こえてほしくないものなのだ。

そして、評論家も「リマスターCDの音がアナログに近づいた」と昔も今も手放しで賞賛した。もちろん、一般のマーケットも大歓迎した。だからこそ、この傾向は今日にいたるも衰えずに続いているのである。

ダイナミック・レンジを狭め、音圧を高めたリマスターは、なぜ一般の音楽ファンからオーディオマニアまで漏れなく好意的に迎えられたのだろう。実は、そこにもやはり人間の耳のもつ性質が関係している。

理由を探るために、音楽録音の歴史を簡単におさらいしたい。

1930年代のSPレコードは、実効値で最大およそ15デシベルのダイナミック・レンジを再現できた。ものによっては、ピークピーク値で50デシベルを超えた例さえある。この枠内にビッグバンドの演奏を収めるため、エンジニアは光学式コンプレッサーでピークを圧縮し、ドラムスのマイクにはリミッターを充てた。

念のために言うと、実効値の15デシベルというのはかなり大きなダイナミック・レンジであり、昨今のCDは大半が蒼ざめる数値である。

LPレコードになると、技術的にはさらに大きなダイナミック・レンジの収録が可能になった。その数値には諸説あるが、ピークピーク値で60デシベルとも65デシベルとも言われる。

とはいえ、これはあくまで理論値に過ぎない。それどころか、大きな音を潰さずにレコードにカッティングしても、実際には多くのプレーヤーでは針飛びが生じる結果を招くことになり、また、先ほど述べたような耳の性質により、大きな音だとはかえって感じてもらえなくなってしまうことも避けられない。

そこで、レコード会社は、LPレコードのカッティング時にコンプレッサーで大きな音を潰し、針飛びを予防した。それは、先ほど述べたように、いわゆる「レコードらしい」サウンドを生み出すことにもなった。

1982年にはCDが一般に発売された。そのダイナミック・レンジは理論上96デシベルに達した。この数字（の取り方）は問題なしとしないが、理論値はそうなる。CDはレコードのような大音量による針飛びの心配もないので、この大きな容量を生かし、ソースがデジタル録音であろうとアナログ録音であろうと、マスターテープのダイナミック・レンジにそれほど手をつけずに収録した例もあった。

ところが現実には、これが大きな不評の種となった。というのも、ピークを矯《た》めずに収めたCDは、その分大きなヘッドルームを開けておかねばならず、相対的に基本レベルは低下する。人間の耳は、音量が低いと周波数の高低両端が相対的に下がって聞こえる。その結果、かえって「レコードに比べて音がやせて、生気がない」という評価を招いてしまうことになった。そこで業界は、ほんのひと握りの例外を別にすれば、のびのびと広がったダイナミクスをもった録音を、あえて「コンプレッサーなどで音を引き締め」る方向へ一斉に歩調を揃えた。

音を引き締める、つまり、平均的なレベルを上げて聴感上の音圧を稼ぐために、強音を潰し弱音を底上げしたCDは、「ラウドなCD」と呼ばれる。これは皮肉な名前だ。素直にとれば「大きな音」という意味だが、実態はその名とは逆に、ダイナミック・レンジを狭めているのだから。

いっぽう、鋭いピーク成分をできるだけそのまま残したCDは、先ほど述べたように、全体的な音量は低くなる。これが、いわゆる「クワイエットなCD」である。クワイエットなCDは、人間の耳のもつ性質により高域と低域が減り、痩せて帯域の狭い音に聞こえる。それを防ぐには、再生時にボリウムを普段より上げる必要がある。

デジタル・マスタリング

『コンセクレイション』を例にとると、1989年盤は、まだプロ・ツールスが普及していなかった時代の産物であり、エヴァンスの弾くボールドウィンの美しいフォルテが抑えられることなく、自然なまま収録されている。その壮麗なサウンドと鋭敏なタッチが聴けるのは、エヴァンスのファンにとり至福そのものだ。

しかし、それと引き換えに、大きな瞬間的ピークを収める余裕を空けておくため、平均的な音量はかなり下げられていた。その結果、普通のボリウム位置では小さな音（クワイエット）になるので、十分な音量にもっていくにはアンプにそれなりの出力が要求される。さらに、音量レベルを十分に上げると、ピークそのものはもちろんのこと、アンビエンス情報やピアノの低音のレベルも上がるため、歪みのない十全な再現には大型のスピーカーや電源の強力なアンプが望まれることになる。

いっぽう、1997年のリマスター盤は、自ら宣言した通りのラウドなCDだった。ピークを抑え、平均レベルを高くしたので、それほどボリウムを上げる必要がないし、良質の装置の方が有利ということも特にない。弱音を底上げしているために、「1989年盤では聞こえなかった小さな音が聞こえるようになった」という印象をもつ人は多いだろう。

だが、それこそはリマスターCDの典型的な陥《おと》し穴だ。一般論として、リマスターCDを聴いて、「今まで聞こえなかった細部が初めて聞こえた」と感じたら、控えめに言っても、90％以上は、新型のA／Dコンバーターの恩恵により解像度が増したのではなく、デジタル・リマスタリングのもたらす〝フェイク〟だと思った方が安全だ。

さらに、マスタリング時、意図的にイコライザーで高低の両端をもち上げた結果、デジタル・コンプレッションと相まって、エヴァンスらしいシャープなタッチは雨雲のように重苦しく変わり果てた。エヴァンスの手から放たれたピークはことごとくがぐしゃっと醜く潰れた姿を曝している。このようなリマスター盤のブルーノートもどきのサウンドに、「ジャズらしい」迫力が増したと喜ぶ人は多いのかもしれないが。

しかも、ノイズ処理のためフィルターで一旦削った空気感や倍音成分をイコライザーやコンプレッサーで再度もち上げていて、それらの要素は元通りになったどころか、さらにくっきりと感じられるだろう。だが、それはもはや自然な空気感や倍音ではない。おぞましい何かだ。エヴァンスの肉体は滅んでも、発掘された『コンセクレイション』に彼の音楽は生き続けた。しかし、リマスターCDで、ついに音楽もが死を迎えたのであった。

２００２年に出た『コンセクレイション』マイルストーン盤のマスタリングは、現物を聴いたことがないので、具体的に指摘できることはない。クレジットから判断する限りは、１９９７年リマスターを基にアメリカでさらに手を加えたもののようだ。

いっぽう、『ザ・ラスト・ワルツ』のマスタリングは、２０００年の初出時のものが唯一で、ヴァリアントは存在しない。マスタリング・エンジニアは、ファンタジー・レコードのジョー・タランティーノだった。

　セカンド・セットをまとめた『ザ・ラスト・ワルツ』では、夜中のジャズ・クラブらしい開放的な気分が、ファースト・セットに比べるとワイルドな演奏に結実している。セットを締めくくるクロージング・ナンバーとして、「ナルディス」が全部で6テイク収録されているが、いずれも15分を超える。最終日ではなんと20分近い（これが現在聴くことのできるエヴァンスの生涯最後の演奏である）。それが聴けるだけでも、やはり『ザ・ラスト・ワルツ』は、エヴァンスのファンにとって掛け値なしのマスト・アイテムだと言わざるをえない。

　演奏に最上の価値があるのを認めたうえで言うと、『ザ・ラスト・ワルツ』のサウンドには、そのメタリックな音色にマスタリングされた時代の刻印がくっきりと感じられる。楽器のフォルテは力づくで壁に押しつけられたようにべったりと頭を打ち、低域と高域をブーストした品のないイコライザー処理と相まって、エヴァンスが放つ打鍵のいちいちが金属的に耳を刺す。これは、『コンセクレイション』１９８９年盤ではなかった現象だ。

　ドラムスも、バスドラムとシンバルのぎらついた音色は悪趣味きわまりない。ラバーベラはまるで戯画化された楽器を叩いているかのようだ。

　このように、『ザ・ラスト・ワルツ』は、いかにもデジタル・コンプレッサーを使用したらしい人工的なサウンドが特徴である。しかし、これが世の中に存在する唯一の『ザ・ラスト・ワルツ』である以上、どんなに不満があろうと選択肢はほかにないので、受け入れるしかない。

タランティーノは、1950～60年代のリヴァーサイドやプレスティッジ録音を復刻したOJC（オリジナル・ジャズ・クラシックス）盤の多くで、マスタリング・エンジニアとして名前が見つかる。それらの復刻盤の多くは、ストレートなサウンドが印象的だった。けれども、『ザ・ラスト・ワルツ』のマスタリングは、まるで別人の仕事かというくらいラウドそのものだ。

この絶望的な違いを産み出した原因は、つまるところ時代の違いに求められるのだろう。OJC盤の多くと『ザ・ラスト・ワルツ』のあいだには、1990年代が横たわっている。先ほど述べた通り、マーケットが求める音がはっきりと変化を遂げた時期だ。タランティーノは、プロフェッショナルとしてその都度時代のニーズに応えただけに過ぎない。

トッド・バルカンは、『ザ・ラスト・ワルツ』が発売された2000年に、サンフランシスコの新聞から取材を受け、キーストン・コーナーの演奏が「エヴァンスの白鳥の歌になることはわかっていました」と語った。そのひそみに倣って言えば、彼自身がプロデューサーとしてマイルストーンから発売した『ザ・ラスト・ワルツ』とリマスター盤『コンセクレイション』は、ラウドなマスタリングにより喉を無慈悲に締めつけられ絶命した白鳥に譬《たと》えられるのではないだろうか。

ピアノ・トリオの到達点

音質上の問題や細かな不満はさておき、エヴァンスが最晩年に残した3つのボックス・セット、『コンセクレイション』『ザ・ラスト・ワルツ』、そして、『ターン・アウト・ザ・スターズ～ファイナル・ヴイレッジ・ヴァンガード・レコーディングス』は、ジャズ・ピアノが到達した最高峰のレガシーとして計り知れない価値があることは疑いがない。

にもかかわらず、今やすべてが廃盤だ。

できるなら、『ターン・アウト・ザ・スターズ』が完全なコンプリート・セットになり、『コンセクレイション』が、悪くてもオリジナル・マスタリングのままか、あるいは適切なリマスタリングを施されて復活を遂げ、『ザ・ラスト・ワルツ』がクワイエットなリマスタリングで登場する日は来ないものだろうか。

現代の業界を取り巻く状況を考えると、どれも実現する可能性は、低いどころか、まずないだろう。それでも、ファンのひとりとして、エヴァンス最高の遺産が理想的な音質でマーケットに還ってきて、できるだけ多くの人の耳に届くことを心の底から願わずにいられない。

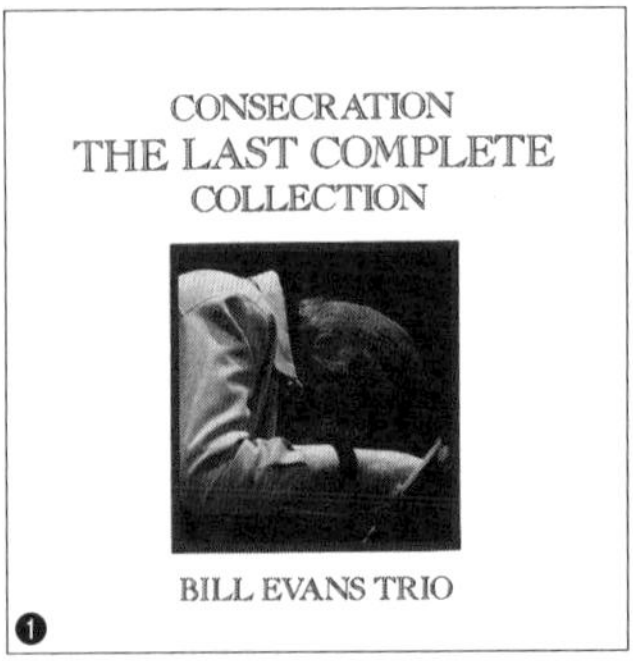

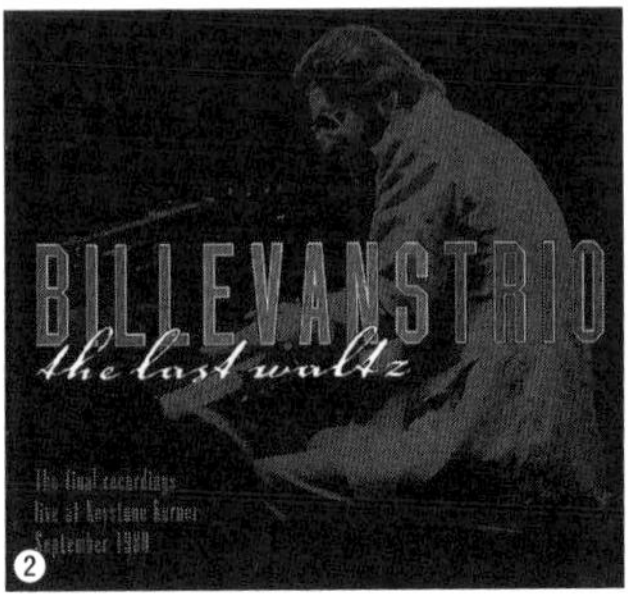

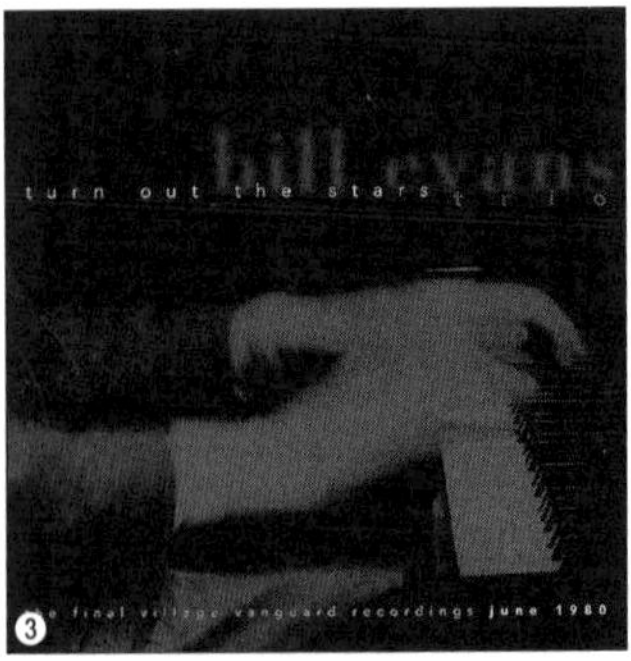

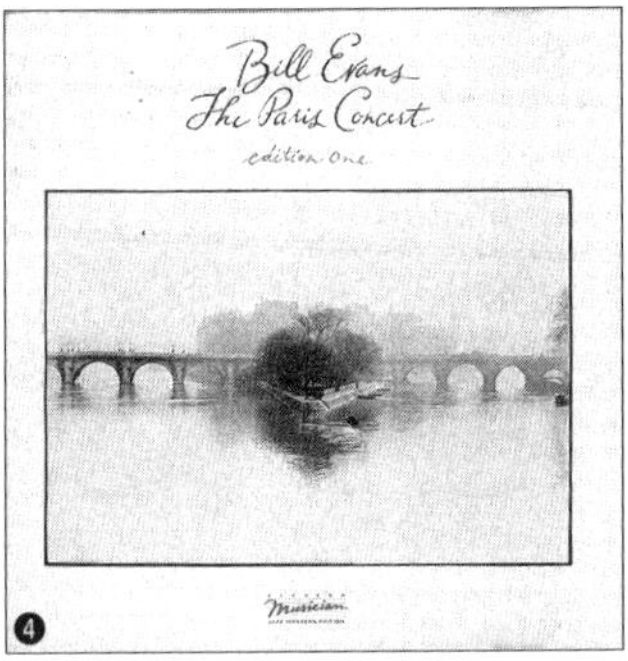

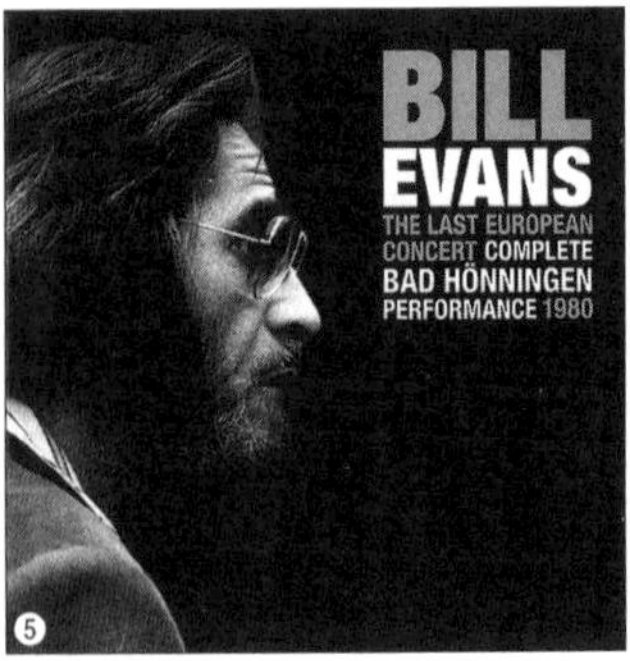

❶ビル・エヴァンス『コンセクレイション』
（アルファ・ジャズ 00R2-61 ～ 68）

❷ビル・エヴァンス『ザ・ラスト・ワルツ』
（Milestone 8MCD-4430-2）

❸ビル・エヴァンス
『ターン・アウト・ザ・スターズ』
（Nonesuch 9-45925-2）

❹ビル・エヴァンス『パリ・コンサート』
（ワーナー・パイオニア 28P2-2478）

❺ビル・エヴァンス
『ザ・ラスト・ヨーロピアン・コンサート・コンプリート』（Gambit 69243）

第２章

深海の二重奏

ビル・エヴァンス＆ジム・ホール
『アンダーカレント』の暗流する低音

ビル・エヴァンスとギタリスト

自分が昔に録音したレコードを聴き返す習慣は、ビル・エヴァンスになかった。しかし、晩年に考えを変えたのは、そこから学べることがあると思うようになったためだった。

「だって昔はやっていたが今はやらなくなったことがあるから。その逆もある。それでね、最近は、昔のレコードを聴いているときでも、自分の演奏を、他人が聴くように客観的に聴けるようになった。で、自分の演奏をたくさん聴いている」亡くなるひと月前のインタビューで、エヴァンスは理由をこう語った。

ローリー・ヴァホーミンから直に聞いた話だが、晩年のエヴァンスは日本製のラジカセ（1970年代後半に流行した巨大なタイプ）で、自分のライブや自宅での練習（ジャズやクラシック）を録音していた。自宅にいるときは、そのカセットテープを詰め込んだショッピング・バック（レジ袋）を傍に置き、ヘッドホンで長い時間聴いていた。（エヴァンスの亡くなったあと、カセットはすべてマーク・ジョンソンに譲られた。）

エヴァンスが最後に耳にした自分の演奏は、亡くなった日にアパートから出かける前、ローリー・ヴァホーミンがかけたレコードで、おそらく『アンダーカレント』だった。「おそらく」というのは、ローリーが「ビルとジム・ホールが共演したアルバムのひとつ（one of Bill's albums with Jim Hall)」とだけ言っていたからだ。

これは、「ジム・ホールとのアルバム」と言えば誰もが『アンダーカレント』を思い浮かべることを前提にした発言だと考えて問題はないだろう。ビル・エヴァンスとジム・ホールが共演したアルバムは全部で7枚あり、録音順に並べると、次のようになる。

ジョン・ルイス『拳銃の報酬』*（ユナイテッド・アーティスツ、1959年7月録音）
ジョン・ルイス『ジャズ・アブストラクションズ』（アトランティック、1960年12月録音）
ビル・エヴァンス＆ジム・ホール『アンダーカレント』（ユナイテッド・アーティスツ、1962年4＆5月録音）
ビル・エヴァンス『インタープレイ』（ヴァーヴ、1962年7月録音）
ビル・エヴァンス『ルース・ブルース』（マイルストーン、1962年8月録音）
ゲイリー・マクファーランド『ゲイリー・マクファーランド・オーケストラ・フィーチャーリング・ビル・エヴァンス』（ヴァーヴ、1962年12月＆1963年1月録音）
ビル・エヴァンス＆ジム・ホール『インターモデュレーション』（ヴァーヴ、1964年4＆5月録音）

＊同じレーベルにあるモダン・ジャズ・カルテットの演奏したレコードとは別のサウンドトラック盤（UAS 5061）

ジム・ホールとの共演は以上ですべてだが、このあとエヴァンスとスタジオで録音を残したギタリストは3人いる。しかし、そのなかのふたり（スティーヴ・ブラウンとサム・ブラウン）はオーケストラ・セッションで顔を合わせただけで、実質的には1976年5月録音の『クインテッセンス』（ファンタジー）で共演したケニー・バレルしかいない。

ケニー・バレルとエヴァンスは古い顔馴染みで、1958〜9年に録音されたリヴァーサイドのチェット・ベイカー・セッションや、1978年のニースやモントルーのジャズ・フェスティバルでも共演していた。バレルはアーシーな表現から抑制の効いた演奏までを楽々とこなすヴァーサタイルなスタイルの持ち主で、エヴァンスとの相性がとても良好だったことは疑いがない。しかし、ジム・ホールとの場合のように絶妙なケミストリーまでは期待できないだろう。

そもそも、エヴァンスが『インター・モデュレーション』を最後にギターとのデュオ・アルバムを作らなかったことや、ローリーが寝たきりになったエヴァンスを元気づけるためにかけたレコードが『アンダーカレント』だったことは、エヴァンスがジム・ホールと作ったふたつのデュオ・アルバムにいかに満足していたかを物語っているのではないだろうか。

スタジオとピアノ

エヴァンスは、リヴァーサイドへの初録音でありファースト・リーダー・アルバムでもある

『ニュー・ジャズ・コンセプションズ』以来、リーダーであるかサイドマンであるかを問わず、リヴァーサイドの録音セッションにはリーヴス・サウンド・スタジオを使っていた。

これはリヴァーサイドがリーヴスと契約を結んでいたためだった。リーヴスは、スタジオが空いている夜中の録音セッションで格安のディスカウント料金をリヴァーサイドに提示し、リヴァーサイドは、それに飛びついたのだった。リーヴスのコントロール・ルームは、セロニアス・モンクのリヴァーサイド盤『セロニアス・ヒムセルフ』のジャケット写真で見ることができる。

しかし、歪みが一面にまとわりついた『エブリバディ・ディグス・ビル・エヴァンス』を聴けばわかるように、リーヴス／リヴァーサイドのピアノ録音にはいろいろな問題がつきまとっていた。その原因の多くは、スタジオや機材の問題以上に、ジャック・ヒギンズとレイ・フォウラーという、リヴァーサイドの録音をしていたミキサーにあった。

ルディ・ヴァン＝ゲルダーもそうだったが、彼らはピアノを録音するとき、狭いスタジオに置かれたピアノの音を大きくして目立たせるために、マイクを楽器のすぐそばに近づけて、さらに録音レベルを上げ、仕上げにコンプレッサーやイコライザーを過剰に用いた。

しかし、彼らが使っていた西ドイツ製ノイマンのマイクは、もともと楽器から距離を置いて周りの空間の音も拾いながら使うように設計されていた。加えて、当時のアメリカのマイク・プリは、低出力のアメリカ製マイクを基準にしていたので、ノイマンの高出力に到底耐えられなかった。その結果、ヴァン＝ゲルダーやヒギンズやフォウラーが録音したピアノの音は変形し、潰れ、歪んだ。

リヴァーサイドはこのあと、リーヴスとの契約が切れると、今度はプラザ・サウンド・スタジオを使うようになった。しかし、ヒギンズとフォウラーはそのままリヴァーサイドの仕事を続けたので、問題はいっこうに解消されなかった。

問題はピアノ自体にもあった。1959年12月、ビル・エヴァンスはプラザ・スタジオで『ポートレイト・イン・ジャズ』を録音したが、スタジオ備え付けのピアノが気に入らず、すっかりいやになってしまった。それが直接の原因かどうかは不明だが、その後エヴァンスは実に13か月にわたって、ほかの会社に録音はしても、リヴァーサイドには一度も録音しなかった。

エヴァンスがようやくリヴァーサイド録音に復帰したのは1961年1月で、ジュリアン・キャノンボール・アダレイ（1928年9月生〜1975年8月没）との共同リーダー作、『ノウ・ホワット・アイ・ミーン』のセッションだった。

『ノウ・ホワット・アイ・ミーン』は、大手のベル・サウンド・スタジオで録音された。スタジオ使用料はリーヴスやプラザより嵩《かさ》んだが、リヴァーサイドはふたりのスターのために財布の紐を緩めた。エヴァンスは、ベル・サウンド・スタジオのピアノに満足し、立て続けに同じスタジオで自分のトリオのアルバム、『エクスプロレイションズ』も録音した。

その数か月後にエヴァンスは、ヴィレッジ・ヴァンガードで伝説となるライブ録音を行なった。しかし、1961年7月6日にスコット・ラファロが突然の事故で命を落とすと、そのショックに打ちのめされ、しばらくのあいだピアノに触ろうとすらしなかった。

エヴァンスが録音に復帰したのは、同年10月のマーク・マーフィのリヴァーサイド・セッションだった。そのセッションで、エヴァンスは、プラザ・スタジオのピアノをいやいやながら弾いた。その後は、リヴァーサイドのほかにも、エピック、アトランティック、オーディオ・フィデリティの録音セッションでサイドマンを務めた。

1962年4月4日には、やはりプラザ・スタジオで初めてのソロ・ピアノ録音セッションも経験した。しかし、士気は上がらず、お気に入りのピアノではなく、ヘロインからも抜け出せずという体たらくでは、たいした仕上がりになるはずもなく、4曲を録音したところで録音は打ち切りになった。

同月24日、エヴァンスは、ユナイテッド・アーティスツ・レコードの誘いを受けて、ジム・ホールの録音に参加するために、マンハッタンのサウンド・メーカーズ・スタジオを初めて訪れた。これが、『アンダーカレント』を生み出すことになるセッションである。

ふたつのセッション

奇妙なことに、『アンダーカレント』は、かつては録音日が1959年5月15日とされていた。

マイケル・カスクーナとマイケル・ルプリもディスコグラフィーに、「『ドリーム・ジプシー』と『マイ・ファニー・ヴァレンタイン』は1959年5月録音」と記していた。エヴァンスは5月12日にボブ・ブルックマイヤーズと『アイボリー・ハンターズ』を録音している。そのレーベルがユナイテッド・アーティスツだったので混同されたのだろうか。それでも3日違うが。

『アンダーカレント』は計2回のセッションで完成した。第二回のセッションは1962年5月14日と、ややあいだが空いているが、ペッティンガーの伝記によれば、2回のセッションは最初から予定されていたことだったという。

ジム・ホール（1930年12月生〜2013年12月没）は、2010年のインタビューで、「『アンダーカレント』や『インター・モデュレーション』を録音したときに、コンセプトを明確にするためのリハーサルをしたか」を訊かれると、それを否定し、「一度か二度、エヴァンスのアパートに行って軽く打ち合わせした程度だった」と答えた。「打ち合わせ」と訳した英文は go over で、「チェックする」くらいの意味である。

この発言からは、打ち合わせがあったのが、第一回セッションの前だったのかあとだったのかは、はっきりしないが、もはや関係者は全員他界し、確認のしようもない。

第一回のセッションでは3曲が取り上げられたが、完成したアルバムに収められたのは、最後に演奏した1曲「アイ・ヒア・ア・ラプソディ」だけだった。ボツになった2曲（「星へのきざはし」と「ぼくはセンチになったよ」）は1988年にブルーノートから発売されたCD

のボーナス・トラックとして初めて公開されたが、それを聴くと、ふたりのインタープレイはまだ不発で、あいだに隙間を感じさせる。

それが、第二回のセッションでは互いの隙間に相手を呼び込みながら陰陽太極図のような重なりを見せるようになっている。この変化を見ると、「打ち合わせ」は、3週間も離れたふたつのセッションのあいだにあったのではと想像したくなってしまう。

5月のセッションでは全部で5曲、7テイクが残された。4月に演奏された3曲は、どれも第二次大戦前のスタンダードで、ジャズや映画が好きなアメリカ人なら知っているような曲だったが、第二回のセッションでおきた変化は、この日の選曲にも見ることができる。

5曲のうち、「マイ・ファニー・ヴァレンタイン」「ダーン・ザット・ドリーム」の2曲は、第一回セッションを引き継いだスタンダード・ナンバーである。これは完成したアルバムのトップとラストに置かれた。

それから、ミステリアスに展開するワルツ「ドリーム・ジプシー」。この曲については、ジュディス・ヴィーヴァースという作曲家の来歴も含め、何ひとつ情報がない。

ジョン・ルイスの影

『アンダーカレント』の本質を読み解く鍵は、残りの2曲、「スケーティング・イン・セントラル・パーク」と「ローメイン」に籠められている。

ここでもう一度、エヴァンスとホールの共演歴を確認したい。ふたりの最初の出会いは、ハリー・ベラフォンテ主演、ロバート・ワイズ監督の映画『拳銃の報酬』（原題『Odds Against Tomorrow』）の音楽録音セッションだった。作曲者のジョン・ルイス（1920年5月生～2001年3月没）は、言うまでもなく、モダン・ジャズ・カルテットのピアニストである。

ルイスは、この日スタジオでオーケストラの指揮に回り、代わりにピアノを任せたのがエヴァンスだった。その22人編成のオーケストラのなかにジム・ホールもいた。そして、このセッションで演奏した曲のひとつが、「スケーティング・イン・セントラル・パーク」だった。『アンダーカレント』録音セッションで、「スケーティング・イン・セントラル・パーク」は一番最後に演奏され、あっさりとワン・テイクで完成した。エヴァンスは、ジョン・ルイスを真似てポツポツと間を開けた単音で旋律を弾き、ルイスへの敬意を表している。

もう1曲の「ローメイン」はジム・ホールの作品だが、初演（初録音）者はモダン・ジャズ・カルテット（MJQ）だった。アルバム『ピラミッド』（アトランティック）のラストを飾っている。

録音日は1959年8月で、『拳銃の報酬』セッションのわずか1か月後。「ローメイン」はそもそもジョン・ルイスがジム・ホールに委嘱した曲だったのかもしれない。ジョン・ルイスはジム・ホールをとても気に入っていて、多くのセッションに呼んでいた。『アンダーカレント』に収められたヴァージョンでは、テーマのあと、まずホールがソロをとる。続いて、MJQ風の対位法によるふたりの絡みがあり、その後にエヴァンスがソロを弾く。

このように、「ローメイン」と「スケーティング・イン・セントラル・パーク」は、ジョン・ルイスという共通分母を有する曲であることが明らかになった。さらに、共演リストからはもうひとつの可能性も見えてくる。

『拳銃の報酬』の次にふたりが共演したのは、アルバム『ジャズ・アブストラクションズ』のための録音セッションだった。このアルバムは、1960年12月19日と20日の2日間で録音され、ジャケットのトップには「ジョン・ルイスが送る現代音楽」と大きく謳われている。

ところが、ジョン・ルイスは演奏はしていないし、20日にはスタジオにもいなかった可能性が高い。というのも、この日はセッションがダブルブッキングになっていて、ルイスは『ジャズテットとジョン・ルイス』(アーゴ)の録音セッションにコンダクターとして参加していたのである。

19日に録音されたのは「アブストラクション」「ギターと弦楽器のための小品」の2曲だが、どちらの曲もピアノ・パートはない。しかし、ジョン・ルイスがダブルブッキングになった20

日はピアニストが必要だった。スタジオはふたつともニューヨーク市内だったので、ルイスが時間をずらして両方のセッションに立ち会った可能性は残るが、20日に『ジャズ・アブストラクションズ』の録音セッションに呼ばれてピアノを弾いたのがビル・エヴァンスだった。

「アブストラクション」の導入部では、ホールを含む7人の弦楽器奏者たちが演奏している。彼らは短い断片をやりとりしながら、やがてオーネット・コールマンやドラムスを含んでリズミカルな合奏に入っていくのだが、面白いことに、「マイ・ファニー・ヴァァレンタイン」のホールによるオブリガードは、「アブストラクション」で彼が見せた現代音楽っぽい旋律の切断と対位法的な受け渡しを彷彿させるのである。

念のために言っておくと、エヴァンスは「アブストラクション」には参加していないし、ましてや、ふたりが、『『マイ・ファニー・ヴァレンタイン』のテーマは『アブストラクション』でいこう」と打ち合わせたなどと主張したいわけではない。それは、いくらなんでも度が過ぎている。

とはいえ、少なくとも、ビル・エヴァンスとジム・ホールの1回目と2回目の共演をお膳立てしたのはジョン・ルイスであったことと、3回目の共演になった『アンダーカレント』の5曲中少なくとも2曲がジョン・ルイスにゆかりのある曲だということは抜き差しならない事実である。（4回目の共演盤である『インタープレイ』のベーシストは、モダン・ジャズ・カルテットのパーシー・ヒースだが、それは数える必要がないだろう。）

そもそも、『アンダーカレント』のような、いわゆる「室内楽ジャズ」と呼ばれるジャンルを、1950年代に確立したのがジョン・ルイスその人であったことを忘れるわけにはいかない。人によっては、「ドリーム・ジプシー」で滑らかな強弱の増減を繰り返すジム・ホールの名技に、ミルト・ジャクソンへのオマージュを感じることもあるかもしれない。

ホールは1991年のインタビューで、『アンダーカレント』や『インター・モデュレーション』を作る前から、ぼくはビルの演奏に影響を受けていた。やってみたら、ぼくらは簡単に合わせられることがわかった」と語っている。そのふたりを引き合わせ、ふたりが共有する音楽の背景を与えたのが、ジョン・ルイスであった。『アンダーカレント』は、ジョン・ルイスという名の影に覆われた作品だと言っても過言ではない。（なお、エヴァンスは亡くなる5か月前にハーヴァード大学のサンダース劇場で開いたコンサートのなかで、ルイスと3曲のピアノ・デュオを演奏している。）

ビル・シュワルトウ

『アンダーカレント』が録音されたサウンド・メーカーズは、この前年の1961年1月にマンハッタンにオープンしたばかりの新しいスタジオだった。チーフ・エンジニアはビル・シュワルトウ（1926年生～1985年没）という。彼の前歴は、かのフィル・ラモーンが1959年にA&Rレコーディング・スタジオをオープンしたときのチーフ・エンジニアだった。シュワルトウがA&R在籍時に手がけた有名な録音には、レイ・チャールズやミルト・ジャクソンのアトランティック盤がある。

『アンダーカレント』を製作したレーベル、ユナイテッド・アーティスツは、もともと同名の映画会社がサントラ盤を発売するために設立した会社である。前述した『拳銃の報酬』も、ユナイテッド・アーティスツが配給した映画だった。

ユナイテッド・アーティスツ・レコードは、当初からジャズ録音にも積極的だった。エヴァンスが参加した、アート・ファーマー『モダーン・アート』やボブ・ブルックマイヤー『アイボリー・ハンターズ』をはじめ、ミルト・ジャクソン『バグス・オパス』、アイリーン・クラール『バンド・アンド・アイ』などのレコードを製作した。

これらのプロデュースはジャック・ルイスが担当したが、1962年のある時期、ユナイテッド・アーティスツでは、アラン・ダグラス（1931年7月生～2014年6月没）がプロデューサーとして一連のジャズ・レコードを製作した。『アンダーカレント』も、そのなかの1枚だった。

ダグラスは、のちに1970年代半ばから20年間、ジミ・ヘンドリクスの未発表音源を様々な編集盤として出したことで悪評を買ったが、1960年代は、このあともFMレコードやダグラス・レコードで、エリック・ドルフィーやジョン・マクラフリンのアルバムをプロデュースしていた。また、1969年には、マイルス・デイヴィス、ジミ・ヘンドリクス、ポール・マッカートニー、トニー・ウィリアムズというカルテットでレコードを作ろうと動いたこともあった。（これはポール・マッカートニーが休暇中だったために返事がなく、実現しなかった。）

ダグラスがプロデュースし、シュワルトウが録音したユナイテッド・アーティスツのディスクには、ほかにデューク・エリントン『マネー・ジャングル』、ケニー・ドーハム『マタドール』がある。

しかし、シュワルトウのサウンド・メーカーズ録音では、ジャズではないが、アルバート・グロスマンをプロデューサーとして、ワーナー・ブラザース・レコードが出したピーター・ポール＆マリーの一連の録音の方がはるかに有名だろう。

ピーター・ポール＆マリーは言うまでもなく、「花はどこへ行った」や「パフ」で知られる、3人組フォーク・グループである。彼らの初期のアルバム3枚『ピーター・ポール＆マリー』『ムーヴィング』『イン・ジ・ウィンド』は、サウンド・メーカーズで生まれた。

ピーター・ポール＆マリーのピーター・ヤーロウは、近年、これらデビュー当時の録音を振り返って、次のように述べた。

スリートラック・レコーダーは技術的な制約が大きく、現代のようなダビングの繰り返しは不可能だった。しかし、そんな昔の録音にも恩恵があった。「大切なのは、スタジオの演奏が、現実のライブで客を前にしたときと同じ種類の興奮を感じさせたことだった」「初期のスリートラック録音では、今日のように多層的に、あの声とこの声を重ねるとか、ストリングスをオーバーダブするとかいうのは無理で、テイクの編集に頼るしかなかった」「ビル・シュワルトウは編集の天才だった。シュワルトウは卓越したエンジニアで、フィル・ラモーンの先生でもあった」

シュワルトウが編集の名人だったことはほかにも証言がある。彼が編集したマスターテープを実際に手にした人は、そのつなぎ目を聴いても、編集の痕跡がまったく感じ取れないことに驚嘆したという。

プロデューサーのグロスマンは、ピーター・ポール＆マリーの3人の声を真ん中に集めるのではなく、ステレオの左中右に広げて並べることを提案した。「その結果、初期の（引用者注：シュワルトウが録音した）レコードでは、3人のあいだを歩くことができるようなサウンドになった」

ピーター・ヤーロウはシュワルトウの録音には「ライブ的な性質」があると言ったが、それこそが真骨頂にほかならない。数年前にオーディオ・フィデリティからSACDとして再発されたファースト・アルバムと『イン・ジ・ウィンド』（ともに廃盤）では、その驚くべきサウンドが実感できる。スタジオ空間と3人がそこにぽっかりと現れるような感覚は、ゾクゾクするほど圧倒的だ。

揺れ動く低音

だが、それに比べ、『アンダーカレント』の録音は問題が山積みだ。そう考える人は多いだろう。『アンダーカレント』は、コレクター泣かせで有名な一枚でもある。オリジナルのユナイテッド・アーティスツ盤を聴いても、ステレオだろうがモノだろうが、再発盤より少しはましな程度で、のっぺりと平面的な音はあるべき迫力に欠けている。

おまけに、いわゆる「耳」マーク（筆記体のP＝ブルーノートと同じプレス工場のサイン）のある盤は、サックス・ラベルだろうと黒ラベルだろうとノイズと歪みがつきまとう。「耳」がなくても、プレスティッジの一部の紫ラベル盤のようにノイズまみれの盤もある。『アンダーカレント』でシュワルトウは録音をしくじったのだろうか。

そうではない。ダイナミックなピアノと呟くようなギターの組み合わせが録音エンジニアにとっていかに難物であろうと、シュワルトウは『アンダーカレント』を目をみはるようなサウンドにしてみせた。

しかし、その真価の全貌を聴くには、オリジナル盤でも再発盤でもなく、１９８６年に東芝ＥＭＩが世界に先駆けて出したＣＤを、大型の良質な装置で聴く必要がある。しかも、フルボリウムで。

デジタルに変換された『アンダーカレント』のマスターは、少なくとも3種類が存在する。まず世界で初めてCD化された東芝EMIの1986年リバティー盤。次に、マルコム・アデイ（エヴァンス晩年のヴィレッジ・ヴァンガード・ライブを録音したエンジニア）による1988年ブルーノート盤。そして、ロン・マクマスターによる24ビット・リマスタリングの2002年ブルーノート盤。

後二者は、それぞれのマスタリング・エンジニアがオリジナルの3トラック・マスターから新たにデジタルの2チャンネル・マスターを製作したことが明記されている。ほかにもいろいろあるかもしれないが、それらは後二者のいずれかを基にしたヴァリエーションのはずだ。

3つのCDのなかでも、1986年盤の音は、文字通り次元が違う。異常と呼んでもいい。演奏が始まると、楽器の音もさることながら、スタジオの巨大な空間がさあっと目の前を覆い尽くし、空気がグラグラと揺れ動き、地震か津波のようにリスナーをぐいぐいと圧迫する。特に5月セッションの5曲に顕著で、「ホログラフィックに揺れ動く空気」という、世にも珍しい音響を聴くことができる。

振動と風圧が遠慮なく押し寄せるなか、エヴァンスの弾くピアノは中央の奥で左右にどっしりと広がる。低音域が右、高音域が左から聞こえる。その前方中央に、ジム・ホールがいる。ギターの胴体の厚みとそこから生まれる共鳴。弦の共振。柔らかでスイートなトーンが、ピシリと決まったギターの音像から活き活きと送り出される。

乗り物酔いに弱い人がこのＣＤを聴くときには、比喩や冗談ではなく、嘔吐に備えた用意が必要になる。もちろん、低域が十分に再生される装置が前提だが。マルコム・アデイやロン・マクマスターがこの異常な大量の低音をマスタリングで切ったのも当然の処置だろう。なぜなら、これは常識的には立派なノイズ以外の何ものでもないのだから。

そこからは、オリジナル盤の音がなぜ冴えないのか、その理由も見えてくる。１９６２年にこのレコードのカッティングを担当したエンジニアは、カッティング・マシンの前で、さぞかし頭を掻きむしったことだろう。こんなマスターテープが回ってきても、当時のレコード・カッティング技術と機材では、低音も高音もバッサリと切り捨てるほかに選択肢はない。そして、その結果、バランスを致命的なまでに失った音が残るのは必然だ。かわいそうなカッティング・エンジニア！

水の音楽

ところで、『アンダーカレント』の幻想的なジャケット写真は、収められた音楽とあまりに完璧な調和を見せている。しかし、この写真は『アンダーカレント』のために撮られたオリジナルではなく、ファッション誌に載った古い写真の流用だった。初出は「ハーパーズ・バザー」

1947年12月号で、女流カメラマンのトニ・フリッセル（1907年3月生〜1988年4月没）が撮影した。彼女がこの作品にあたえたキャプションは、「真夏の夜の夢」といった。

彼女は亡くなる前に、多くの自作の著作権を放棄したので、この写真も今日では許可を得ずに使うことができる。近年多くの本やレコードに、この写真が時には改変されて用いられているのはそのためである。

トニ・フリッセルが写真を撮影した場所は、フロリダ州に今もあるウィーキー・ワチー・スプリングス・ステート・パークという公園だった。水泳興行師のニュート・ペリー（1908年1月生〜1987年11月没）が道路沿いに、泉を覗くことのできるアトラクション小屋を建て、人魚の扮装をしたスイマーが空気の出るゴムホースで息を継ぎながら泉のなかで踊るショーを始めたのは、写真が撮られたのと同年だった。写真で水中に浮かんでいるモデルも「人魚」のひとりなのかもしれない。

また、光と水の揺れを描写した裏ジャケットは、ユナイテッド・アーティスツ・レコードのアート・ディレクターをしていた画家のフランク・ゴウナの作品である。ジャケット全体のデザイン担当には、彼とアラン・ダグラスの名がクレジットされている。

このようなデザインから「暗流」や「意識下」を意味するタイトルにいたるまで、このアルバムに「水」にまつわるイメージをあたえたのは、アラン・ダグラスだったと見て間違いないだろう。

「それこそは、ダグラスがスタジオでシュワルトウの録音したマスターテープを聴いたからだ、あの驚くべき低音の動きに湖底の水の揺らぎを連想した結果にちがいない」。そう言えれば話は手っ取り早いのだが、現実には、当時のスタジオのモニター・スピーカー（おそらくアルテック）の性能で、あの深海を思わせる振動とその動きが再現できたかと考えると疑わしい。というより、間違いなく無理だった。

現実はその逆なのだろう。ダグラスとシュワルトウは、スタジオでホールとエヴァンスの幻想的で沈思的な演奏を耳にした。その演奏が、ダグラスにフリッセルの写真を選ばせ、シュワルトウに、暗流渦巻く海の底を思わせる立体的大空間を収録させた。

おそらくシュワルトウは、自分がこんな低音を記録したことに自覚がなかったとさえ思われる。彼は低音を記録しようと考えたのではなく、ビル・エヴァンスとジム・ホールのあいだでエンパシーが飛び交うその場（スペース）を収録しようと考えた。その帰結として、半ばアクシデントのような巨大な低音が入る結果になったのだろう。

だが、原因はいずれにせよ、1962年当時のレコードにこんな低音を入れるのは技術的に絶対に無理だった。仮に可能だったとしても間違いなく針飛びを誘発するので、商業的に許されるわけもなかった。そんな意識下の暗流で終わるはずだったサウンドが、CDの無邪気なマスタリングを通じて、図らずも現実の音として剥き出しになってしまった。これは、そういう事件である。

とはいえ、十分な低音が再生できる現代のオーディオシステムでその音を愉しむことには、もちろん何も問題がない。

水の音楽といえば、ジョン・ルイスが『拳銃の報酬』以前、初めて音楽を手がけた映画は、水の都ヴェネチアを舞台にしたロジェ・ヴァディム監督の『大運河（グランカナル）』（1957年）だった。その演奏は、モダン・ジャズ・カルテットが担当した。ヴァイブラフォンをフィーチャーした室内楽ジャズのクールな感触に、ヴァディムは水との親和性を求めていたのかもしれない。なお、『アンダーカレント』1986年版CDに収録されているのはレコードと同じマスター・テイクの6曲のみで、「星へのきざはし」などのボーナス・トラックや別テイクはひとつも収録されてはいない。CDはたった30分で終わる。

1988年盤CDは、ふたつの別テイクをマスター・テイクに並べて置き、未発表曲2曲を途中に挿入しているが、かと言って、10トラックは録音順に並べられているわけでもない。さすがに批判があったのだろう、2002年盤CDでは、ボーナス・トラックはマスター・テイクが終わったあとにまとめて置かれるようになった。

悪名

サウンド・メーカーズ・スタジオでエヴァンスが『アンダーカレント』を録音したのは、ラファロの事故から9か月が過ぎ、立ち直りつつある時期だった。その半年前にエヴァンスはトリオの新たなベーシストにチャック・イスラエルを迎えたが、エヴァンスはなかなかこのトリオで録音スタジオに入ろうとはしなかった。

エヴァンスがスタジオ入りを渋ったのは、トリオの成熟を待つという音楽上の理由だけではなかったはずだ。リヴァーサイドが1956年にマンデル・ロウの紹介を通してエヴァンスと契約したとき、エヴァンスは一般にけ、まだ無名のピアニストに過ぎなかった。しかし、1958年にマイルス・デイヴィスのコンボに加入したことで、エヴァンスは一躍大きな脚光を浴び、その結果、人気と待遇のあいだには深刻な溝が生じることになった。

当時のアメリカで、マイナーレーベルが録音セッションでリーダー・アーティストに支払うギャラは定額制で、サイドメンの時間給はジャズ・クラブの出演料といい勝負だった。しかも、スタジオで時間を超過して演奏しても、その分の払いなどなかった。それどころか、レコード会社が、宣伝費やスタジオ使用料や、時には制作費などあれこれ名目をつけて経費を増やし、アーティストへの支払い額を減らすのは日常茶飯事だった。信じられないことに、レコード録音をしたら、ギャラを貰うどころかいつの間にか借金が出来ていた、そんな事態も珍しいことではなかった。

この点では、ブルーノートもプレスティッジも大した違いはなく、ミュージシャンに十分な支払いなどはしていなかった。それでも、リヴァーサイドがなかでも悪名高かったことはその界隈では知られていた。

リヴァーサイドは、ミュージシャンへの支払いが渋いだけではなかった。たとえば、ヴィレッジ・ヴァンガードにいるエヴァンス・トリオの有名な写真がある。3人がテーブルを囲み、その横でオーリン・キープニューズがドリンクの注文を帳面につけているが、あれは、3人が注文したドリンクや食事の代金を経費としてギャラから差っ引くために記録していたのだった。しかも、帳面は二重帳簿になっていて、ミュージシャンは実際より高い払いをさせられる仕掛けだった。

こんな有様なので、一般論としても、マイナーレーベルに所属していて儲けることができたのは、腕のいい弁護士を雇えるスター・プレイヤーくらいだった。当時この悪習に加担しなかったレーベルのオーナーは、ノーマン・グランツなどきわめて例外的にしかいなかった。かと言って、RCAやコロムビアのようなメジャーレーベルは、基本的にモダン・ジャズに関心がなかった。マイルスがコロムビアと30年間の長きにわたって契約を更改し続けたのは、まさに例外中の例外だった。

エヴァンスがラファロの死後、なかなかリーダー・アルバムを作らなかったのには、こんな環境に嫌気がさしていたことがあったとしても不思議ではない。

それでも、エヴァンスはサウンド・メーカーズのピアノや設備にとても満足したようだった。『アンダーカレント』の録音を完了した3日後、彼はトリオの復帰セッションのため、再びサウンド・メーカーズを訪れている。さらに、月末の29日と翌月5日にサウンド・メーカーズで録音を続け、『ムーンビームス』『ハウ・マイ・ハート・シングス』という2枚のトリオ・アルバムを完成させた。

エヴァンスはそのあと、7月にはトミー・ノラ・スタジオで『インタープレイ』、8月には未発表に終わった『ルース・ブルース』と、リヴァーサイドの録音セッションを矢継ぎ早に続けた。

この反転した動きは、ひとつには、キープニューズもはっきりと指摘していたように、エヴァンスがヘロインを買うためにどうしても現金が必要になったからだった。ちなみに、『アンダーカレント』から『ルース・ブルース』までの5タイトルのうち、トリオ・アルバムを除く3タイトルすべてにジム・ホールが参加しているのは目を引く。

録音を量産し出した理由はもうひとつあって、エヴァンスにリヴァーサイドとの契約枚数を早く消化する必要が生じたためでもあった。それ以前からエヴァンスは、インパルスのセッションで知り合ったプロデューサーのクリード・テイラーに公然と接触し、テイラーが当時運営していたヴァーヴへの移籍を画策していた。『インタープレイ』と『ルース・ブルース』セッションのあいだには、早くもヴァーヴへ録音を始めていた。

まもなく、ヴァーヴとリヴァーサイドのあいだで話し合いがもたれた。結局、ヴァーヴはエヴァンスの契約の残りを金銭で買い取り、11月にはさっそく、録音済みの『エンパシー』を、エヴァンスが「リヴァーサイドのご厚意により出演」する形で発売した。

リヴァーサイドには、翌1963年のうちにアルバムをあと2枚録音する権利が残った。キープニューズは、2枚のうち1枚は、あのヴィレッジ・ヴァンガード・ライブの続編という思いを籠め、当時のレギュラー・トリオのライブ盤に。もう1枚は、まだ作ったことのなかったソロ・ピアノ・アルバムにすることを決めた。

前者は5月に録音された『アット・シェリーズ・マン・ホール』となり、後者は、1月に録音は終えたものの未発表に終わった。後者のスタジオは再びサウンド・メーカーズで、録音ミキサーはシュワルトウだった。このセッションが陽の目を見たのは1984年で、エヴァンスのリヴァーサイド全録音を集めたコンプリート・ボックスに収められていた。

暗流

1963年12月、リヴァーサイドの経営者であったビル・グロウアーが心臓病で急死すると、1964年夏、レーベルは任意破産に追い込まれた。カタログはABCレコードが引き継ぎ、キープニューズはその後の数年間をフリーランスのプロデューサーとして過ごした。

1964年には、サウンド・メーカーズ・スタジオも歴史の暗流に飲み込まれた。この年に出た数枚のレコードを最後に、ビル・シュワルトウとサウンド・メーカーズ・スタジオの消息はふっつりと途切れている。

不思議に思って訊き回ったところ、あるアメリカの著名な録音エンジニアから情報が寄せられた。当時シュワルトウはまだ30代半ばだったが、酒を手放せず、重度のアルコール依存症になってしまった。とうとうスタジオの仕事を続けられなくなり、ついにホームレスとして生涯を終えたという。

❶ビル・エヴァンス＆ジム・ホール
『アンダーカレント』（東芝 EMI CP32-5187）

❷ジョン・ルイス
『ジャズ・アブストラクションズ』
（WPCR-27208）

❸『ピーター・ポール＆マリー』
（Audio Fidelity AFZ 161）

❹ピーター・ポール＆マリー
『イン・ジ・ウィンド』
（Audio Fidelity AFZ 181）

❺ビル・エヴァンス
『インタープレイ』（ビクター VDJ1546）

第3章
ルディ・ヴァン=ゲルダーとロイ・デュナンは間接音にいかなる対処を試みたのか
知られざる録音史の探究

エコーの時代

1950年代から60年代にかけて、レコードの製作者たちは、今となっては考えられないほど大量のエコーやリバーブ（残響）を、レコードの音溝に封じ込めた。もちろんルディ・ヴァン＝ゲルダーの作ったブルーノートやプレスティッジのオリジナル盤も例外ではない。それどころか、ヴァン＝ゲルダーは誰よりもエコー＆リバーブに執着し続けた録音ミキサーだった。ジャズ＝オーディオ・ファンの多くは、ブルーノートを筆頭に、モダン・ジャズ黄金時代である1950～60年代のレコードからは楽器の直接音をたっぷり記録したガッツのあるサウンドが聴けると感じているだろう。特に、オリジナル盤なら、いっそうそうだと考えている人は多いに違いない。でも、それはせいぜい半分しか正しくない。

まず理解すべきは、1950～60年代は、大小を問わず事実上すべてのレコード会社がリバーブやエコーのような間接音をレコードに入れるのが流行った時代だったということである。いや、「入れた」どころではなく、「押し込んだ」と言った方が適切だ。なにしろ、当時のレコード製作者たちは、録音時に発生する自然な残響だけでは満足できず、人工的な手段にも手を延ばし、エコー・ルームからエコー・マシン、そしてテープ・ループと、あらゆる加工を駆使して間接音を追加したのだから。

なぜそうなったのか。それを知るためには、レコード録音の歴史を紐解く必要がある。

エコーの追放

ＳＰのアコースティック録音時代には、楽器の直接音を収録するのが精一杯で、録音現場のリバーブやエコーのようなアンビエンス情報まで収めるのは技術的に難しかった。しかし、１９２５年に電気録音が始まると、アンビエンス情報を十分に録音することが可能になり、どれだけどのように取り入れるかは、レコード会社に課せられた新たな課題になった。

米コロムビアは電気録音が始まると、スタジオのリバーブを積極的に取り入れた録音をするようになった。また、ＲＣＡビクターも、教会を改装したスタジオで録音し、美しいナチュラル・リバーブをたっぷり含んだ音のレコードを出したことがあった。イギリスでも、レイ・ノーブルが映画用の巨大なスタジオで録音したレコードは、いったいどうやってこんな豊かな響きを実現させたのだろうとアメリカ人を不思議がらせた。

ところが、このトレンドは、１９３４年12月を境に一変する。この月に全米ジュークボックス従業員協会がレコード会社に公開書簡を送付し、教会のようなナチュラル・リバーブの多い場所で録音をしないように要請した。当時のジュークボックスの性能では、リバーブを多く含んだ録音は音が小さく聞こえてしまうためだった。

それ以降、レコード録音の大勢はいっせいにデッドな音へと傾いた。ＲＣＡは残響をさらに抑えるため、録音時にハイカット・フィルターを採用した。アメリカほどではないが、イギリスやドイツの録音も、それまでのような豊かなナチュラル・リバーブを減らす方向に進んだ。

全米ジュークボックス従業員協会が公開書簡を出した１９３４年12月は、ジャズの歴史に即して言うと、スウィング黄金時代の夜明け前にあたる。ベニー・グッドマンがバニー・ベリガンやジーン・クルーパを従えて、「キング・ポーター・ストンプ」「サムタイム・アイム・ハッピー」をＲＣＡビクターに吹き込んだのは１９３５年７月１日。グッドマン・オーケストラが爆発的な人気を得た伝説のパロマー・ボールルーム出演が同年８月21日だった。全米ジュークボックス従業員協会の要請から半年後、スウィング黄金時代は突如到来し、熱病のようにアメリカを覆い尽くしたのであった。

こうした歴史的経緯の結果、スウィング時代のレコード録音では、残響を抑えるために小さな容積のスタジオが好まれ、その壁や床は反射を抑えるためにカーテンやカーペットで覆われることになった。スウィング全盛期の録音をＳＰで聴くと、デッドだが直接音の優ったスムーズでパワフルなサウンドがほとんどなのは、このためだ（ただしあとで述べるが、ＬＰレコードの復刻盤はまた別の話である）。

このように理由自体は音楽の内容とは直接関係のないことではあったが、とにもかくにもスウィング・ジャズ全盛時代の録音は、直接音ばかりで残響のない音が完全に主流になった。当時の常識では、残響はリスナーがレコードや放送を再生する自分の部屋の響きで調節するものとされたのである。

１９３８年、ＲＣＡはスタジオ録音のハイカット処理をやめた。その結果、スウィング時代後期のＲＣＡ録音は以前の明瞭さを取り戻すことになった。ところが折悪しく、１９４２年にＡＦＭ（アメリカ音楽家連盟）が著作権の増額を求めた末に、８月にはストライキに突入。レコード会社は新しい録音ができなくなり、しばらくは旧譜の再発で凌がざるをえない状況に追い込まれた。

この時期は、ちょうどチャーリー・クリスチャンやディジー・ガレスピーのような若いミュージシャンがビーバップ＝モダン・ジャズをクラブのアフターアワーズに演奏し始めたが、ストライキのためその黎明期が録音される機会が失われたことでも知られている。

ストライキは2年以上続き、１９４４年11月にやっと解除された。ところが、その頃になると、何年も続く戦争に疲れを感じたアメリカ国民はメロウなサウンドを好むようになっていた。同時に、録音技術も大きな変化を迎えた。ＲＣＡビクターを例にとると、それまでのようにワックスに直接音楽を録音（ダイレクト・カット）するのではなく、33 1/3rpm のトランスクリプション・ディスクに一旦録音したあとで、ベスト・テイクをＳＰに移すように変わっていったのである。しかも、当時の好みに合わせるため、その段階でコンプレッサーを強くかけるようになったので、結果的にサウンドは潰れて濁ってしまったのであった。

ＳＰの材料である良質のシェラックが戦争の影響で不足したことも、この傾向に拍車をかけた。そして、戦後になって物資不足が解消されても、録音の主流はダイナミクスを抑えた音のままで、元のダイナミックなサウンドに戻ることはなかった。

いっぽう、もうひとつの大会社であるコロムビアも、１９３８年に経営母体がＣＢＳ放送（Columbia Broadcasting System）に変わると、独自のスタジオや技術を追求し始めた。しかし、その試みもむなしく、ことごとくＲＣＡビクターの後塵を拝するだけに終わった。

１９４７年12月、2度目のストライキが始まり、ＡＦＭは全米に再び録音禁止令を出した。業界にはそれから丸1年にわたる空白が生じたが、ＲＣＡビクターもコロムビアも、その間を利用してスタジオで新しい機材の入れ替えを行なった。

そして、１９４８年6月にはコロムビアがＬＰレコードを、１９４９年1月にはＲＣＡがＥＰレコードをそれぞれ発表することになる。ストライキが明けて新録音が再開されると、アメリカのメジャー・スタジオでは、マスターはそれまでのようなディスクではなく、磁気テープを使う技法が主流になった。とは言っても、それらはあくまでメディア・フォーマットの変化に過ぎなかった。たしかに収録時間は延びたが、それで録音自体の質や音のトレンドが大幅に変わったわけではなかったのだ。

エコーとハイファイ

ところが、こうした常識は1951年12月、一夜にしてひっくり返った。革命をおこしたのは、マーキュリーがこのときから発売を始めた一連のシカゴ・シンフォニー・オーケストラ（クーベリック指揮）のレコードだった。

伝説的エンジニアのロバート・ファインが録音した、鮮明極まるオーケストラの楽器群とホールのナチュラル・リバーブがたっぷり生々しく聞こえるサウンドは、人々を驚嘆させた。その圧倒的なサウンドは、リビング・プレゼンスというキャッチフレーズで呼ばれるようになった。

リビング・プレゼンス録音がプロから一般まであたえたインパクトはあまりに巨大だった。今日へと続く「ハイファイ」はこのとき、1952年に幕を開けたのである（念のために付け加えると、以上は録音現場で発生するナチュラル・リバーブやエコーについて述べている。エコー・チェンバーやエコー・マシンを用いた人工エコーはまた別の話である）。

さらに補足しておくと、1934年12月以降のレコード業界も、100％がデッドな録音一色に塗りつぶされたわけではなく、例外も少なからず存在していた。具体例を挙げれば、ブルースやフォークソングのように、スタジオではなく、地方に出張して現地で録音したレコードの音には、その録音場所固有の自然なアンビエンスが含まれていた。また、メジャー・レーベルのスタジオでも、教会をそのまま転用したコロムビアの伝説的なサーティース・ストリート・スタジオのような例外もあった。

人工エコーについても少々触れておく。その研究は、早くも1920年代に始まっていた。1929年には、主にラジオや映画産業の特殊効果用にその効果が認められ使われるようになっていた。さらに、レコード業界でも自社スタジオにエコー・ルームを作った会社があった。そして、1947年には、ビル・パットナムがシカゴのユニバーサル・オーディオ（のちのUREI）で、ノベルティ効果を狙い、エコー・ルームで作った人工エコーを録音に実用化したことは広く知られた歴史的事実である。

とはいえ、ハイファイ時代が始まるまでは、人工エコーやリバーブは安っぽいギミックに過ぎないというのが一般的な認識だった。ところが、リビング・プレゼンス録音がおこした革命を経てハイファイ・ブームが高まるにつれ、価値観はここでも180度反転し、人工エコーはハイファイの重要な要素と考えられるようになったのであった。

かくしてレコード会社はこぞって録音現場にあった本来のナチュラル・リバーブやエコーだけでなく、人工的に生成したエコーやリバーブをレコードの音に追加するようになった。それというのも、何よりも、一般の多くの人々がそれを求めたからだった。1960年代のステレオ装置に、エコーを付加し可変するつまみが付いていたことを覚えている人もいるだろう。

これはアメリカに限った話ではない。程度の差こそあれ、世界中の人々がハイファイとエコーを結びつけて考えるようになった。高まる需要に応え、人工エコーも独自の発展を遂げた。エコー・ルームは物理的に大きな設備を必要とし、不確定要素も大きい。そこで、比較的手軽に使えるEMTのエコー・プレート・マシンが広く普及し、しかも、それ自体の魅力的な音色をもつようになった。また、テープ・ループを利用したエコーも普及した。

なお、これらの手法は単独で用いられることもあったが、実際の現場では、マイルス・デイヴィスやビートルズの録音のように、エコー・ルームのあとでテープ・ループを通すといったように、様々に組み合わされて使われるのが普通だった。

人工エコーについての話が長くなってしまったので話題をハイファイ時代の到来に戻すと、アルフレッド・ライオンがギル・メレの持ってきたマスターテープを通してルディ・ヴァン＝ゲルダーの存在を初めて知ったのが、まさに1952年だった。ヴァン＝ゲルダーによるブルーノート・サウンドは、まさにエコーの時代とともに訪れたのである。

ルディ・ヴァン＝ゲルダー

よく知られているように、当時ヴァン＝ゲルダーは、両親が住むハッケンサックの自宅リビングルームを録音スタジオにしていた。民家のリビングルームとしてはかなり広かったようだが、彼が望んだ大量のリバーブは得られなかった。そこでヴァン＝ゲルダーは、録音しながらEMTエコー・マシンを稼働させて、そのエコーをマスターテープにダビングしていた（このため、ＥＭＴエコーはテープに録音されてしまっていて取り除くことができない）。さらにマスタリング（レコード・カッティング）時にも、ＥＭＴエコーを重ねてふんだんに追加した。

このエコー&リバーブだが、ヴァン＝ゲルダーが録音したブルーノートやプレスティッジのＬＰやＣＤを聴いて、スタジオのナチュラル・エコー&リバーブと、追加されたＥＭＴエコーを区別するのは、少しも難しくはない。少なくとも、複数の異なる質の残響がつけ加わっているのはすぐにわかるはずだ。

ただし、少し前にも述べたように、録音に人工エコーを幾重にも加える方法は、特にヴァン＝ゲルダーのオリジナル手法というわけではなかった。当時の一般的なレコードの作り方であったことは忘れてはならない。

１９５９年、ヴァン＝ゲルダーはイングルウッド・クリフに待望の自分のスタジオを新築したが、そのときに（ナチュラル）リバーブとエコーがたっぷりと得られるような構造にしたのは言うまでもない。石煉瓦の壁と約12メートルにおよぶ高い天井を米松で組み、ミニ教会風の形状をもった新しいスタジオは、ヴァン＝ゲルダーがいかに豊かなエコーやリバーブに憧れたか、その欲望の具現化にほかならなかった。

この新しいスタジオで、ヴァン＝ゲルダーはエコー・リバーブの追加に変わらぬ執着をみせた。ハッケンサックの自宅スタジオを使っていたときと変わらず、録音中にＥＭＴマシンを稼働させそのエコーをマスターテープに収録した。さらにマスタリング（レコード・カッティング）時にもう一度ＥＭＴエコーを追加することも、それまでと変わらなかった。

このように、ブルーノートに限らず、ヴァン＝ゲルダーの録音したレコード（彼がカッティングしたオリジナル盤）には、スタジオのナチュラル・エコーとリバーブ、録音時に加えたＥＭＴエコー、そしてマスタリング時のＥＭＴエコーが層を重ねて収録されている。ヴァン＝ゲルダー録音のオリジナル盤の音が間接音（エコー）まみれだというのは、比喩でもなければ誇張でもない。単純な事実である。

ヴァン＝ゲルダーは録音エンジニアであるだけでなく、マスタリング・エンジニアでもあったが、もちろん、他人が録音したマスターをリマスタリングするときにも気前よくたっぷりとエコーを追加した。

具体例を挙げよう。マイルス・デイヴィスのプレスティッジ盤『ディグ』は、１９５１年にニューヨーク市のエイペックス・スタジオで録音された。ヴァン＝ゲルダーがプレスティッジの録音を始める2年前のことである。『ディグ』のオリジナルは25㎝盤で、１９５６年に曲を追加して30㎝盤で再発されたときに、ヴァン＝ゲルダーがリマスタリングを施した。ところがそのリマスターの音は、これでは演奏が二重に聞こえるのではないかと危ぶまれるほどＥＭＴエコーがこってりと塗りたくられていた。これは、現在流通しているＣＤやＬＰでも確認できる。

繰り返すが、この時期にリマスタリングでエコーを追加したエンジニアはヴァン＝ゲルダーだけではない。それはごく一般的な行程だった。たとえば、前に述べたように、スウィング時代のレコードはナチュラル・リバーブのないデッドな音で録音されたが、1950年代になってLPに復刻されたとき、レコード会社を問わず、流行りの音に近づけるため、カッティング時に新たな人工エコーが追加された。

それでもなお、ヴァン＝ゲルダーはなかでも抜きん出てエコーに熱心だったと言える。彼の名前が知られるようになったのは、彼が1953年にブルーノートの録音を手がけてからだった。同年6月からはサヴォイでもヴァン＝ゲルダー録音が始まった。1952年から早くもさぐりを入れていたボブ・ワインストックも、1954年1月からプレスティッジの新作録音と旧作のリマスタリングをヴァン＝ゲルダーに任せるようになった。さらに、1955年1月に新録音を始めたリヴァーサイド・レーベルも、さっそくヴァン＝ゲルダーに録音を依頼した。

こうした経歴がはっきりと示す通り、録音ミキサーおよびマスタリング・エンジニアとしてヴァン＝ゲルダーが瞬く間にジャズ・シーンで引く手あまたになったのは、マーキュリー録音に端を発するハイファイ時代の到来とまさしく軌を一にした出来事であった。彼が時代の寵児として、間接音（エコー）の申し子だったことは疑うべくもない。何よりの証拠が、彼が録音とマスタリングを行なったオリジナル盤が聴かせるエコーまみれの音そのものである。

彼は自分が録音した音源を再発するときにも、エコーをつけ加えた。当初25㎝盤で発売されたマイルスやモンクのプレスティッジ盤を自身がリマスターした30㎝盤で聴くと一聴で瞭然だ。

25㎝盤を聴くと、粗悪な盤質による荒々しいサーフェースノイズのなかから、ロリンズやマイルスが目の前でホーンを吹いているような鮮烈な音がくっきりと立ち上がる。続いて、その同じ演奏を、オリジナル30㎝盤、または（現在も流通している）ヴァン＝ゲルダーによるリマスター版で聴くと、まるで楽器が二重写しになったのではと思われるほど楽器の周りにEMTエコーがまとわりついている。自然な感触と音色の生なましさは後退し、代わりにコンプレッサーの操作により、ミッドレンジに独特の重さが加わっている。

念を押すと、この変化は、エンジニアの個性の違いもさることながら、レコード購買者の好みが数年のあいだに、直接音主体のデッドな音から大量の間接音を伴う音へと一変したことの反映にほかならなかった。ルディ・ヴァン＝ゲルダーが、そうした間接音を歓迎する人たちの期待に応えながら大きな人気と信頼を得た歴史的事実は何度でも強調しておく。

もうひとつ、わかり易く、手軽な例を出そう。ソニー・ロリンズの『プラス・フォー』(プレスティッジ)の実質は、マックス・ローチ&クリフォード・ブラウン・クインテットそのものである。ボブ・ワインストックは、プレスティッジの専属であったロリンズをマーキュリー／エマーシーの録音に貸し出す代わりに、プレスティッジでもロリンズをリーダーとしてクインテットのレコードを同じ枚数録音できるバーター契約を押しつけた（この契約は、クリフォード・ブラウンの事故死により、1枚だけで立ち消えになった）。

『プラス・フォー』の録音は、プレスティッジと契約していたヴァン＝ゲルダー・スタジオで録音された。そのＯＪＣ盤は、ヴァン＝ゲルダーが録音したマスターテープそのものを用いた良心的な造りのＣＤだ。

これを、同じメンバーによるエマーシーの『クリフォード・ブラウン＆マックス・ローチ・アット・ベイジン・ストリート』のＣＤ（１９８０年代盤）と比べると面白い。『プラス・フォー』は、ヴァン＝ゲルダーにしては追加エコーが少ない方だが、それでもエマーシーのドライな録音と比べると、その違いは火を見るより明らかだ。

実は、ヴァン＝ゲルダーがブルーノート録音でいつも過剰なエコー付加をすることには、アルフレッド・ライオンもしょっちゅう文句をこぼしていた。ライオンは、マスターテープを聴いて、これではいくらなんでもエコーが過ぎると感じたときには、テープを収める箱にジョークとしてRudy specialと書きこんでいたほどだった。

小さなエピソードだが、ここからはふたつの事実が読み取れる。自然な残響だけだった時代の古いジャズ録音を知っていたライオンは、人工エコーまみれのヴァン＝ゲルダー・サウンドに少なからず違和感を抱いていたこと。もうひとつは、「自分はライオンの望む通りの音を作っていただけ」というヴァン＝ゲルダーの有名な言説はこの点で、彼の思い込み、捏造された記憶、あるいは後づけのフィクションだったという誹りを免れないことである。

たびたびの繰り返しになるが、1950〜60年代にエコーまみれの音がするレコードを作っていたのはヴァン＝ゲルダーだけではなかった。この時代に、間接音の呪縛から逃れることのできた録音／マスタリング・エンジニアは、事実上皆無と言ってよかった。

ロイ・デュナン

コンテンポラリー・レーベルの優秀録音で知られる録音エンジニア、ロイ・デュナンも、やはり間接音を求める声に応えたのは言うまでもない。ところが、コンテンポラリー時代のデュナンは、この点でいうと、ヴァン＝ゲルダーに比べて大きな不利を余儀なくかこっていた。なぜならコンテンポラリー・スタジオのアコースティックは、最初から絶望的にデッドだったからである。

というのも、コンテンポラリーの「スタジオ」は、事実上名ばかりの空間であり、その実態は手狭なシッピング・ルーム（商品を発送する荷造り部屋）に過ぎなかった。要するに、よくある物置であり、モルタル打ちっ放しの壁の前には雑多な荷物を積んだラックが置かれたままだった。録音にはその片隅を使っていたことが、残された写真から見てとれる。

問題を解決するために、デュナンはEMTマシンでエコーをつけることにした。そして、デュナンらしいことに、このエコーの加え方は年代により細かに変化を見せることになった。

まず当初は、ヴァン＝ゲルダーと同様に、スタジオに置いたＥＭＴ鉄板エコー・マシンを稼働させて、演奏中にマスターテープにダビングした。この時期の録音の例としては、シェリー・マンの有名な「マイ・フェア・レディ」がある。レコードを聴くと、全体的にエコーのベールがかかっているのが確認できる。

やがてデュナンは、録音中にＥＭＴエコーをホーン楽器にかけるだけに留め、リズム・セクションはストレートに録音するようになった。これはおそらく、リズムのアーティキュレーションを明瞭に保つためだろう。

この時期の代表例は、ソニー・ロリンズの『ウェイ・アウト・ウェスト』である。そのマスターテープには、ロリンズのテナーサックスにだけＥＭＴエコーがつけられていて、ベースとドラムスはドライな（エコーをつけない）まま記録されている。

さらに数年後になると、デュナンは録音中にＥＭＴエコーをつけ加えることをまったくやめた。その一例は『アート・ペッパー・プラス・イレブン』である。マスターテープに、人工エコーはまったく入っていない。

もちろん、マスターにＥＭＴエコーが記録されているかいないかにかかわらず、どの場合でも、レコード・カッティング（マスタリング）の段階で、デュナンはあらためてＥＭＴエコーを追加していた。また、デュナンはモノラルとステレオ・マスターはそれぞれ別のテープレコーダーで録音していたが、エコーの入れ方は同じだった。つまり、モノラルのマスターテープにも、今述べた3つの例で言うとふたつ目までEMTエコーが入っているということである。

デュナンはコンテンポラリーのマスターテープを収めた箱に、追加エコーについての注意を用心深く書き留めていた。たとえば、『ウェイ・アウト・ウェスト』のテープ箱に貼られたラベルには、「* Echo already on tape / so very little added」(エコーはすでにテープに入っているので、追加は少しにすること)という手書きの文字が見える。

1960年代初頭、デュナンは家庭の事情でアリゾナ州へ引っ越すことになり、コンテンポラリーを離れた。その後、CD時代になっても、彼が残した注意書きはしっかりと守られた。たとえば、アラン・ヨシダがリマスターしたXRCDのコンテンポラリー復刻盤は、CDのマスタリング時にデジタル・エコーを加えている。これはオリジナルの意図を遵守した結果らしいが、デュナンの残した指示が、ジョン・ケーニグ(コンテンポラリーを創立したレスター・ケーニグの息子)をはじめ、現存する関係者にとって破るべからざる戒律に等しいのはしかたのないところだろう。

ところが、きわめて例外的ながら、マスタリング時にエコーを追加しなかった「ドライ」なままのサウンドを聴くことのできるコンテンポラリー復刻CDを見つけることができる。『ウェイ・アウト・ウェスト』でいえば、知る限り少なくとも3種が存在する。そのうち2種はすでに数十年前に廃盤になったが、幸いなことに、現在手に入るSACD(STEREO SOUND SSCR-006~010)は、3種のなかでも最も理想的なマスタリングと言える。

『ウェイ・アウト・ウェスト』は、なぜか録音自体、つまりマスターテープの段階で、テナーサックスとベース&ドラムスのあいだで音の質感が異なっている。前者は比較的堅めの音色で収録されているが、後者は少しソフトな音色だ。上記の廃盤になった2枚のうち、1枚はほぼマスターテープのまま、もう1枚は全体をソフトな音色に寄せていた。SACDのマスタリングは、それぞれに適切なイコライジングを施し、すばらしいバランスを達成している。

サックスとベース&ドラムスという組み合わせは、そのまま左右のチャンネル配置でもある。つまり、サックスが左チャンネル、ベースとドラムスが右チャンネルから聞こえるようになっている。

こうしたステレオ初期の楽器の配置について、直接の答えではないが、デュナンの意図を探るのに好個の発言が残っている。「リスナーをミュージシャンのいるスタジオ現場に連れて行くような録音をどうやって作ったのか」と訊かれ、デュナンは次のように述べた。

「計算してできることではありません。そんなふうにやろうと思ったことは一度だってなかった。楽器間のバランスを整えて、みんながステレオだと思ってくれるようにセパレーションをもたせただけです」

デュナンの初期のステレオ録音は、『ウェイ・アウト・ウェスト』のように、しばしば楽器が左右のチャンネルに寄っていてセンターが抜けていると批判する人たちがいる。しかし、それは半分しか正しくない。というのも、デュナンの発言でもわかるように、それは意図的なことであったし、また、空になっているというのも「誤解」に過ぎないからだ。

デュナンが設計したコンテンポラリー・スタジオは、録音セッション中の写真が少ないながらも残っている。最も有名なものは、『アート・ペッパー・ミーツ・ザ・リズム・セクション』の裏ジャケットに載っていて、それを見ても、録音中のミュージシャンは互いに距離を置かずに配置されていることとや、その彼らのあいだに衝立が一切ないことがわかる。このため、あるひとつのマイクには、向けられた楽器以外の楽器の音も遠慮なく飛び込んでいたし、床や壁からの反射音も入っていた。

その結果、『ウェイ・アウト・ウェスト』でいえば、サックスに向いていたマイクと、ベースまたはドラムスに向いていたマイクが、左右一対のステレオ・ペアを形成することになり、このいわば仮象のペア・マイクが、スタジオ全体のアンビエンスをステレオで収録したのであった。つまり、これはいわゆるマルチ・モノ録音ではないことを意味する。

だから、SACDを水準以上の再生装置で聴きさえすれば、左右のスピーカーのあいだにはナチュラル・リバーブが渦巻く3Dスペースが現出するし、さらに優秀な装置なら、3人の後方にスタジオの壁面が見えてくる。

それに、レイ・ブラウンがベースに合わせて呟くハミングも、気味が悪いほどの生なましさでセンターから聞こえてくるだろう（シェリー・マンの「気合い」も右チャンネルから聞こえる）。

そして、演奏中に動き回ることで有名なロリンズは、ここでもひと時もじっとせず、あちこち向きを変えながら吹いている。ある時は正面を向いて。ある時はスピーカーの外縁を超えて左側に。またある時はセンターの空間に向かって。

もしSACDを聴いて、センターが何もないように聞こえたとしたら、それはまったく再生側の問題と断言しなければならない。

もちろんLP・CDを問わず、すべての『ウェイ・アウト・ウェスト』には、このナチュラルなアンビエンス情報が収録されている。ところが、皮肉なことに、デュナンが指示した人工エコーはそのアンビエンス情報をマスキングしてしまった。この点で、追加エコーのない上記の3枚は、ほかに比べると決定的と言える有利な性質をもつことになった。

では、デッドな音響のスタジオで、デュナンがなぜこれほどの「間接音」が飛び交う3D空間を収録できたのか。そのポイントをヴァン＝ゲルダー録音との比較で見てみよう。

類似点と相似点

まず、よくある誤解を訂正するところから始めたい。よく「ヴァン＝ゲルダーはマイクを楽器に近づけて録ってあの独特のサウンドを得たが、デュナンはそれに比べると云々」という類の文章を見かけることがある。

しかし、アート・ペッパーの録音セッションの写真をもう一度見てほしい。デュナンが、マイクをサックスの間近に据え付け、ピアノの蓋のなかに突っ込んでいるのが一目瞭然だ。コンテンポラリーで録音したジャズマンのなかには、これではマイクが楽器に近過ぎると驚く人もいたほどだった。

つまり、デュナンとヴァン＝ゲルダーけどちらも当時の常識を超えた近接マイク録音を採用していたのである。ふたりの違いはそこにはない。

また、ふたりが主に使っていたマイクも重なっていた。コンテンポラリー録音では、2種類のマイクが使われていた。どちらもヨーロッパ製で、そのうち、オーストリア製AKG社のC12はヴァン＝ゲルダーのコレクションのなかにはなかったが、もうひとつの西ドイツ製ノイマンU47は、ヴァン＝ゲルダーのメイン・マイクだった。

U47が1949年に初めてアメリカに輸入されたとき、ふたり目に購入した客がヴァン＝ゲルダーだった。いっぽう、デュナンが使っていたU47は、レスター・ケーニグが、おそらく映画（オードリー・ヘップバーン主演『ローマの休日』）の仕事でヨーロッパに行ったとき、ドイツの友人から直に購入したものだった。

この時代、ヨーロッパ製のマイクはアメリカ製マイクに比べ、出力がずっと高かった。U47も例外ではなく、当時のアメリカのスタジオでスタンダードだったRCAのリボン・タイプより、はるかに高出力だった。そのため、リボン・マイクを基準に設計された当時のアメリカ製マイク・プリはU47の出力に耐え切れず、大音量ですぐに歪みが発生するので、到底使い物にならなかった。

そこで、ヴァン＝ゲルダーは、当時ゴッサム・オーディオで働いていたエンジニアのレイン・ナーマにU47の回路を改造してもらい、なんとか使えるようにした。それでも、トランペットやサックスやドラムスのアタックでは、過大入力による歪みが容赦なく発生したことは、ブルーノートやプレスティッジのレコードに明らかな痕跡として残っている。

ヴァン＝ゲルダーはこの歪みを隠すため、レコードをカッティングする際に、イコライザー操作で8Kヘルツを起点に高域を犠牲にしても下げ、同時に音が痩せないように中域をもち上げた。このため、そうした「補正」がないCDや復刻レコードでは、歪みが遠慮なく耳に飛び込んでくる。この歪みは、補正のあるオリジナル盤であろうと補正のない再発盤であろうと、残念ながら再生装置が優れていればいるほど耳につくのは言うまでもない。

とはいえ、こうした歪みは、機材にすべての理由を押しつけられるとは言い難いところがある。そもそも最大の原因は、ヴァン＝ゲルダーが歪みがあっても構わずマイクのフェーダーをいっぱいに上げていたことだった。ヴァン＝ゲルダー録音からこの種の歪みがなくなるのは、1960年代も中期に入ってからのことである。その後に録音されたブルーノートやプレスティッジやヴァーヴやインパルスの録音には、歪みの少ない澄んだヴァン＝ゲルダー・サウンドが聴けるのは言うまでもない。

いっぽう、コンテンポラリー・スタジオは、デュナンが自ら設計製作したミキシング・コンソールを使って録音していた。そのコンソールは、ポテンショメータ（可変抵抗）だけで構成され、増幅段（アンプ）をもたないパッシブ・タイプだった。

これは、豪華な回路を備えたコンソールを作るに足る予算がなかったこともあるが、デュナンはそれまで働いていたメジャー・レーベルのスタジオで、C12やU47がオーバーロードをおこした現場を嫌というほど体験していた。そこで彼は、マイクの出力を一旦アッテネッターで落としたあとで再びコンソールのプリアンプで増幅するのは無駄で意味がないと考え、パッシブ・タイプのコンソールを製作し、トランスを介してマイクを接続した。その結果、コンテンポラリーの録音は、マイク・プリで歪むことは物理的になく、あのピュアなサウンドを得ることができたのだった。

さらに、それ以上に大きかったのは、デュナンがメジャー・レーベルのスタジオ設計や録音の仕事を通して、アメリカの伝統的なサウンドや技術を直に学び、身につけていたことだった。彼は機材を（ヴァン＝ゲルダーのように）徹底的に追い込んで使うのではなく、機材のもつ性能をどうしたら最大限に発揮させせられるかを考えていた。

それは、自ら築き上げたスタジオでよくも悪くもアマチュアイズムを発揮していたヴァン＝ゲルダーとは対照的に、プロフェッショナルとしてアメリカの音楽録音の王道にいたデュナンならではのことだったと言うことができる。

エピローグ

ジャズの黄金時代でも、ナチュラルな残響の多いホールやスタジオで録音されたジャズの優秀録音は少なくない。なかでも筆頭に挙げられるのが、マイルス・デイヴィス『カインド・オブ・ブルー』やデイヴ・ブルーベック『タイム・アウト』やオムニバスの『ザ・サウンド・オブ・ジャズ』など、ニューヨークにあったコロムビアのサーティース・ストリート・スタジオで録音された諸作である。

ヴァン＝ゲルダーは、あるとき、他人が録音したジャズのレコードで好きな音のものはあるかと訊かれたことがあった。彼はまず、フレッド・プラウト、フランク・ライコ、バド・グラハムという3人のコロムビアに所属していたエンジニアの名前を挙げ、続いて、「彼らがサーティース・ストリート・スタジオで録音したものはみんな好きだ」と答えた。これも、ヴァン＝ゲルダーがいかに教会風の残響に憧れていたかを示すエピソードではないだろうか。

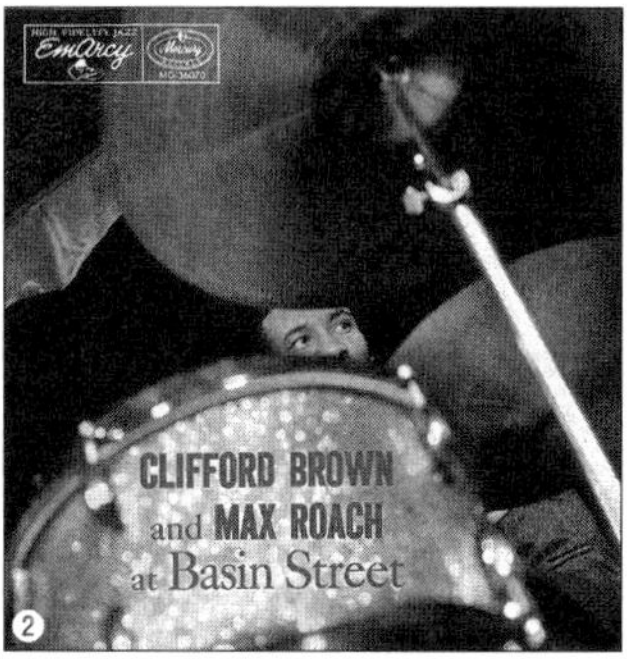

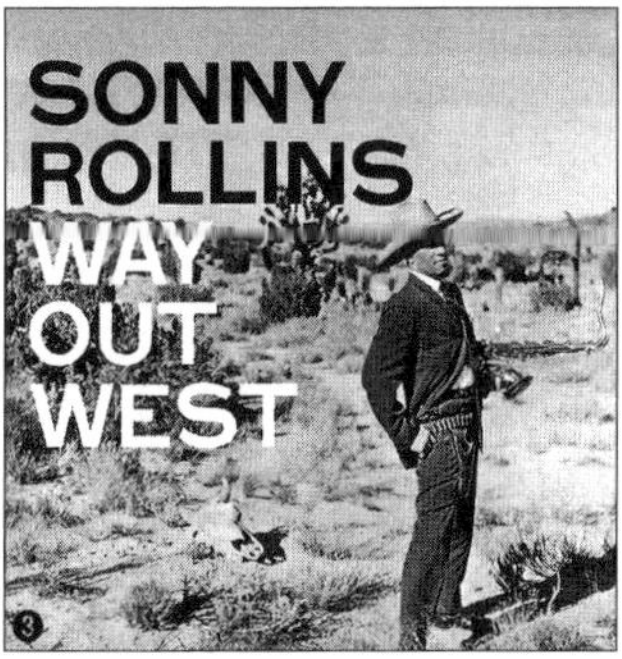

❶『ソニー・ロリンズ・プラス・フォー』
(Fantasy OJC243)

❷『クリフォード・ブラウン＆マックス・ローチ・アット・ベイジン・ストリート』
(814 648-2)

❸ソニー・ロリンズ『ウェイ・アウト・ウェスト』
(ステレオサウンド SSCR-006 〜 010)

❹シェリー・マン『マイ・フェア・レディ』
(ステレオサウンド SSCR-006 〜 010)

❺『アート・ペッパー・プラス・イレブン』
(ステレオサウンド SSCR-006 〜 010)

第４章

一休み、一休み

録音スタジオの最高峰、
サーティース・ストリート・スタジオと
フレッド・プラウトの名技が生んだ『タイム・アウト』

ミッチ・ミラーの慧眼

1960年代の半ば、日曜日に「ミッチと歌おう」というテレビ番組がNHKで放送されていた。これはアメリカNBCが製作した番組（Sing Along With Mitch）で、内容は30人近い男声合唱団が次々に歌を歌っていくだけであるが、カメラワークのシンプルだが大胆な演出を特徴にしていた。スタジオではコーラスの配置が次々と変わり、それをカメラがダイナミックに追うだけでなく、ホスト兼指揮者のミッチ・ミラー（1911年7月生～2010年7月没）は、常にカメラを見ていて、つまり視聴者の方に顔を向けて、タクトを振っていたのであった。

もともとミラーはイーストマン音楽学校を出たオーボエ奏者だった。シンフォニー・オーケストラの仕事をしていたが、そのほかにもオーソン・ウェルズが1938年に有名な「宇宙戦争」をラジオで放送したとき、その伴奏オーケストラの一員だった。また、チャーリー・パーカーの『ウィズ・ストリングス』の1949年セッションでオーボエを吹いていたのもミラーだった。

ミラーがレコード会社のスタッフに転身したのは、1940年代に入ってからで、まずマーキュリー・レコードのクラシック部門にプロデューサーとして入社し（パーカーの録音に参加したのはこのため）、のちにポピュラー部門のA&R部長になってパティ・ペイジやフランキー・

レインと契約を結んだ。1950年にはコロムビア・レコードに移り、そこでもポピュラー部門のA&R部長に就いた。

A&Rとは、アーティストを選んで契約し、何を録音させるかを決める役職である。コロムビアで強力な権限を掌握したミラーは、パーシー・フェイス、トニー・ベネット、レイ・コニフを獲得し、彼が着任する前からコロムビアにいたドリス・デイ、ジョー・スタッフォード、ダイナ・ショアは、さらに活躍できるようプロモーションに力を入れた。

ミラーには時代を読む独特の嗅覚があった。彼は、軽めの曲やノベルティ・チューンを好み、オーバーダビングなどスタジオ・ギミックを駆使した音楽作りを得意とした。これは多くのヒットを生み出すいっぽうで、たとえばフランク・シナトラとは衝突を生む原因になった。

コロムビアに在籍中、ミラーは多くの重要な功績を残した。ミュージカルの録音に力を入れベストセラーを次々生み出した。デューク・エリントンやデイヴ・ブルーベックと契約し、マイルス・デイヴィスを傘下に入れたのもミラーだった。録音製作の運営にも惜しみなく力を注いだが、なかでもサーティース・ストリート・スタジオ（30th Street Studios）への歴史的な貢献は見逃せない。

世界最高峰のスタジオ

サーティース・ストリート・スタジオは、コロムビア・レコードのスタジオで、かつてマンハッタンの207番地東30丁目に建っていた。音楽録音の歴史上でも最高峰と目されるスタジオである。

スタジオの建物は、もとは1975年に奉納された長老派教会だった。設計者はクリーヴランド・キャディという。最初のメトロポリタン・オペラ・ハウスや多くの教会も手がけた人物だった。

教会は敷地が約30メートル四方あった。チャペルの高さは最も高いところで15メートル、床はハードウッドで敷き詰められ、広さは約30メートル×17メートル。壁は漆喰で出来ていて、大きな襞のついたカーテンが下がっていた。

この建物はのちにドイツ・ルター派やアルメニア教会が引き継いだが、やがて借り手がいなくなり、放置されていた。そこに乗り込んだのがコロムビアだった。

ミラーはチャペルを視察して、不動産管理人にこう告げた。「この建物は感じ入ったので使いたいが、完全に現状のままで使うことができる場合に限る。汚れには手をつけず、カーテンも換えてはならない。何もかもそのままでなければいけない。業者を入れて、床を洗ってワックスをかけたり、壁を塗り変えたりするのはもってのほかだ」

コロムビアの重役会議でもミラーは同じ提案をしたが、その場の全員が、気でも違ったのかという目つきでミラーを見た。しかし、ミラーは一切かまわず、「そうでなければならないし、それができないならあの場所は諦める」と自説を押し通した。

コロムビアは教会を貸借契約すると、そのなかにふたつのスタジオを設えた。小さな聖具室はスタジオD、そして巨大なチャペルはスタジオCと名づけられた。チャペルのナチュラル・アンビエンスとエコーは豊かで美しかったが、そうした場所にありがちな音のこもりはまったくなく、音楽は常に明晰さを保つことができた。

奇矯に見えたミラーの提案が、実はいかに正しかったかは、ミラーが1965年にコロムビアを退職したとき明らかになった。ミラーが会社を去ってから2か月後のある日、コロムビアはサーティース・ストリート・スタジオに業者を入れ、チャペルの壁を塗り変え、床を洗ってワックスをかけた。作業が完了したあとでスタジオの業務が再開され、最初のセッションを担当した録音ミキサーはフランク・ライコだった。

ミュージシャンが音を出したとき、ライコはスタジオのサウンドが信じられないほど激変していたのに驚いて、すぐさま上司のヴィン・リーブラーに電話をかけた。「ミスター・リーブラー。ミッチ・ミラーが業者を入れさせるなと言っていたのは、まったく正解でした。ここに来て、ご自分で聴いてみてください。ありえないほど変わってしまいました。以前のようなサウンドに戻すことがいったい可能なのかどうか私にはわかりません」

ライコが抱いた危惧は現実となった。コロムビアはあれこれ策を講じたが、サーティース・ストリート・スタジオのサウンドがかつてのように戻ることはなかった。

かくしてサーティース・ストリート・スタジオから最も優れた録音が送り出されたのは、1949年から1965年のあいだになったが、特に1960年前後の数年間には歴史に残る優秀録音が大挙続出した。

ジャズ録音に限っても、『マイルストーンズ』、『ポーギーとベス』、『カインド・オブ・ブルー*』、『スケッチ・オブ・スペイン*』、『クワイエット・ナイツ*』、『サムデイ・マイ・プリンス・ウィル・カム*』、『サウンド・オブ・ジャズ*』、『ミンガス・アー・アム*』、『ミンガス・ダイナスティ*』、『マスターピース*』、『ブルース・イン・オービット*』、『フォー・ザ・ファースト・タイム』、『ブルー・ローズ』、『ピアノ・イン・ザ・フォア・グラウンド*』、『ニューポート1958*』、『エリントン・ジャズ・パーティ』、『コン・アルマ』、『リトル・スージー』、『レディ・イン・サテン*』、『J.J.Inc.*』、『フリー・フォール*』、『ウォーム・ウッズ』、『フィル・ウッズ・ウィズ・ジーン・クイル』、『ベン・ウェブスター＝スイーツ・エディソン』、『ワン・フット・イン・ザ・ガター』、『トゥー・フィート・イン・ザ・ガター』、『アレサ』、『ライブ・アット・サーティース・ストリート*』、『アウト・オブ・ザ・ブルー*』、『想い出のサンフランシスコ*』等々、文字通り枚挙に暇がない。

こうした一連の綺羅星《きらぼし》のなかでも、『カインド・オブ・ブルー』を筆頭に、*が付いたタイトルを録音したミキサーは、その名をフレッド・プラウト（1907年5月生〜1985年6月没）という。

プラウトこそは、のちに続いた世代の録音ミキサーに計り知れない影響を及ぼした、ルディ・ヴァン＝ゲルダーやロイ・デュナンとともにオールタイムのトップ録音ミキサーの座を争う至高のレジェンドである。彼の録音は、ナチュラルな音色、楽器のリアルな存在感、広大なダイナミクス、楽器と空間の３Ｄ的再現、楽器相互の理想的なバランス感覚、そして明晰なトランスペアレンシーを特徴とする。そして、誤解を恐れずに言えば、実物以上に美しい。

フレッド・プラウト

フレッド（フレデリック）・プラウトは、ブルーノート・レコードの社主アルフレッド・ライオン同様、ドイツからの移民だった。プラウトとライオンはまさに同時代人だった。プラウトは１９０７年ミュンヘン生まれ。ライオンは１９０８年ベルリン生まれ。亡くなった年も、プラウトが１９８５年、ライオンが１９８７年とあまり変わらない。

国籍や時代だけでなく、ふたりは、時代に翻弄された境遇も似通っていた。ただし、30歳を過ぎてからレコード・ビジネスを始めたライオンのいっぽうで、プラウトは20代のうちにパリで一流録音ミキサーとしてスタジオを経営し、すでに業界で名声を博していた。そして、零細ジャズ・レーベルの経営者として苦労し続けたライオンとは対照的に、プラウトは最期のときまでメジャー・カンパニーや名門大学という光の当たる場所を自らの舞台とした。

ふたりがマンハッタンで働く同じ業界人として、互いの存在を知っていたことは想像に難くない。少なくとも、共通の知人は山のようにいただろう。ただし、無数の亡命ユダヤ系ヨーロッパ人がいた業界で、ふたりのあいだにそれ以上の交流があったのかはわからない。

ライオンがアメリカに定着したのは1937年で、ブルーノート・レコードを創立したのは1939年1月だった。この時点でプラウトはまだパリにとどまっていたが、ナチス・ドイツのフランス侵攻が濃厚になった1940年1月、ついに意を決して、妻の母国であるアメリカへ逃れた。そして同年4月、ニューヨークでコロムビア・レコードに職を得た。

プラウトはやがてコロムビアの録音部長という地位に上りつめ、1972年に退職するまで30年以上のあいだ、メジャー・レーベルで、あらゆるジャンルの音楽を大量に録音し続けた。ルイ・アームストロングからピエール・ブーレーズまで、レナード・バーンスタインからテリー・ライリーまで、グレン・グールドからホロヴィッツまで、ジュリー・アンドリュースからカーメン・マクレーまで、バーブラ・ストライサンドからジュリアード四重奏団まで、ピート・シーガーからオラトゥンジまで、ストラヴィンスキーからチャーリー・バードまで、ウェスト・サイド・ストーリーからマーラー交響曲全集まで。

もちろんプラウトは、サーティース・ストリート・スタジオだけでなく、ニューヨーク市内のほかのコロムビア・スタジオでも数多くの録音を作ったし、カーネギー・ホールのライブ録音やほかの都市での出張録音も残した。それでも、サーティース・ストリート・スタジオこそ、彼が歴史に残る優秀録音を多数作った場所にほかならなかった。

変拍子ジャズ

デイヴ・ブルーベック（1920年12月生～2012年12月没）の代表作『タイム・アウト』も、サーティース・ストリート・スタジオでプラウトが録音したアルバムのひとつだった。プラウトのブルーベック録音には、ほかに『タイム・ファーザー・アウト』『アット・カーネギー・ホール』『タイム・チェンジズ』『カウントダウン』『日本の印象』がある。

『タイム・アウト』というアルバムのコンセプトは、デイヴ・ブルーベック・カルテットが1958年に敢行したワールド・ツアーが母体となった。このツアーは米国務省がスポンサーだった。カルテットはアメリカのジャズ大使として、2月上旬から5月中旬まで、イングランド、スコットランド、ドイツ、デンマーク、ベルギー、オランダ、ポーランド、トルコ、アフガニスタン、イラン、イラク、セイロン（スリランカ）、インド、パキスタンを回り、80回を超えるコンサートを開いた。

デイヴ・ブルーベックは、作曲家のダリウス・ミヨー（1892年9月生～1974年6月没）を生涯の師としてこよなく尊敬し、長男にダリウスと名づけたほどだった。ミヨーはユダヤ系フランス人であり、プラウトのようにナチス・ドイツのフランス侵攻を逃れて、やはり1940年にパリからアメリカにやって来た（なお、ブルーベック自身はユダヤ系ではない）。

ミヨーはブルーベックに、海外を訪れたときはその国の音楽に耳を傾けて自分の音楽に取り入れよと教えたことがあった。「トルコ風ブルー・ロンド」は、ブルーベックがイスタンブールで耳にした、辻音楽師が奏でる八分の九拍子を用いて作曲したナンバーである。そして、この変拍子（ジャズでは四拍子以外の拍子を指す）を、アルバム全編を貫くコンセプトに広げたのが『タイム・アウト』だった。

こうした経緯のため、コロムビアもブルーベック本人も、『タイム・アウト』は前衛的な試みになると考え、セールスに大きな危惧を抱いていた。コロムビアはリスクをヘッジするため、まずブルーベックにアメリカ南部にちなむ大衆路線を狙ったアルバム『風と共に去りぬ』を作らせたうえで『タイム・アウト』の製作にゴーサインを出したほどだった。『タイム・アウト』は、最初から宣伝もあまりしなかったし、批評家からの評価もからっきしだった。

ところが、『タイム・アウト』が発売されると、世評は満点で、ジャズの一級品として皆に愛され、ついにはジャズ・アルバムとして史上初のミリオン・セラーになった。社長のゴダード・リーバーソンは、「トルコ風ブルー・ロンド」と「テイク・ファイブ」をカップリングしたシングル盤を出すよう命じ、そのシングル盤はポップ・チャートの25位まで上った。

アルバム・タイトルの『タイム・アウト』は、ブルーベックによれば自分が発案したものだった。『タイム・アウト』には多くの意味がある。最も一般的なのは、スポーツの試合で進行を一時的に止めることだが、単に「一休み」という意味もある。ブルーベックは、このアルバムを一休みして聴き、リラックスしてほしいという気持ちと、通常の四拍子以外の拍子というふたつの意味を込めたのだという。

しかし、これには異説がある。ブルーベックはちょうどこのとき、コロムビアとの契約更改を迎えていた。その書類には、これから録音する予定のアルバムとして、『アウト・オブ・アワー・タイム（Out of Our Time）』という仮のタイトルが記載されていた。しかし、このままではどうにも響きが野暮ったいということで、数週間後、プロデューサーのテオ・マセロがすっきり刈り詰めて『タイム・アウト』と言い換えた。どうやら、これがほんとうのところのようだ。

『タイム・アウト』に収録された7曲のうち、6曲はブルーベックが作曲した。残りの1曲である「テイク・ファイブ」は、カルテットのドラマー、ジョー・モレロ（1928年7月生〜2011年3月没）をフィーチャーするためにポール・デスモンドが作曲したナンバーだった。ちなみに、「テイク・ファイブ」という曲名も本来は「一休みする」という成句だが、ここでは「五拍子で演奏する」という意味をかけた頓知である。

前述したワールド・ツアーでカルテットは訪れた土地のミュージシャンと接触し、ジャム・セッションを行なったり、民俗音楽のレッスンを受けたりした。インドのデリーでジョー・モレロが会ったゴア州出身のドラマー、レスリー・ゴーディンホは、モレロの前で五拍子でスイングしてみせた。のちに、ブルーベックはデスモンドに、モレロが刻む四分の五拍子に載せてメロディを作ってみることを勧めた。こうして生まれたのが「テイク・ファイブ」だった。『タイム・アウト』のプロデューサーは、前作『風と共に去りぬ』(ロスアンジェルス録音)からブルーベックの担当になったテオ・マセロ(1925年10月生〜2008年2月没)だった。ちなみに『風と共に去りぬ』は、マセロのコロムビアにおける初プロデュース作である。

驚くべきことに、『タイム・アウト』は当初ニュージャージーのクラブでライブ録音するプランが進められていたらしい。しかし、関係者たちの議論の末、さすがにそれはリスキーに過ぎるという結論になり、結局スタジオで録音することが決まった。

チャーチ・サウンド

ブルーベック・カルテットはサーティース・ストリート・スタジオで、1959年の6月から8月にかけて3回のセッションを行い、『タイム・アウト』は完成した。スタジオではアルバムに収録された曲のほかに、スタンダード・ナンバーも演奏されたことがわかっている。

3日間のスタジオ使用時間は、トータルで、13〜14時間だった。ちなみに、その年の3月と4月に、プラウトは同じスタジオでマイルス・デイヴィスの『カインド・オブ・ブルー』を録音したばかりだった。そちらはトータルが9時間だった。

『タイム・アウト』には、録音セッションを写したカラー・スチルが存在する。しかし、それは実はあらかじめ公開を目的として撮影されたフェイクで、整然と位置する4人の周りやあいだにはレフ板やバッフルがひとつもない。

いっぽう、実際のセッションを写したスチルもあり、今ではいくつかのCDのブックレットで見ることができる。そこでは、ベーシストとドラマーの背後にそれぞれ背の高いバッフルがあり、前者の高さは2メートル超、後者は4〜5メートルある。また、ベースの前方には1メートル足らずのレフ板が置かれていた。そして、ピアノは周囲をバッフルが覆い、ピアニストの前方に向かった一方が開いていた。

特徴的なのはマイクと楽器のあいだの距離で、ポール・デスモンドに向けたノイマンM49は、サックスの上空30〜50センチの高さに吊るされた。ピアノには、弦に向けたM49がバッフルとピアノの蓋の中間に置かれた。ベースには、ノイマンU47を駒から30センチのところに。そして、ドラムセットには、スネアを狙った1本のAKG C12が、前方50センチ、高さ1・5メートルの中空に置かれた。この適切な距離を置いた4本のマイクで、プラウトは楽器全体の振動と楽器の周りの空気とハーモニーを美しく収録した。

4本のマイクの信号は、コントロール・ルームに備え付けられたコンソールに送られた。コンソールはコロムビアのカスタム・メイドで、回路には主に双三極管を使用。外付け機器には、RCAの1951年製BA－6Aコンプレッサー（圧縮レシオは2対1*）やパルテック製イコライザーなどがあった（*2対1とは、ある設定した値を超えた信号が入ると、コンプレッサーが2分の1に圧縮して出力することを指す数値である。3対1では3分の1。8対1では8分の1になる）。

プラウトは、演奏をリアルタイムでステレオとモノラルにミキシングした。その信号はアンペックスのスリートラック・デッキ300－3とフルトラック・デッキ350－1に送られた。両機にそれぞれバックアップが付いていたので、4台のテープデッキが同時に回っていた。これはサーティース・ストリート・スタジオに限らず、当時のコロムビアのスタジオにおける慣習だった。

余談になるが、プラウトは8トラック録音が主流となった1960年代後半には、バックアップとしてスリートラック・デッキを回していた。のちに、マスタリング・エンジニアのマーク・ワイルダーはそのスリートラック・テープを聴いて、楽器や声のバランスとブレンドがあまりに完璧だったのに驚いたという。

ブルーベック・カルテットを録音したスリートラック・マスターテープは、プラウトが2チャンネルにミックスダウンしてステレオ・マスターになった。これが最も一般に馴染みの深い『タイム・アウト』のサウンドを収めたテープである。CDでも、1996年にリマスターされるまでは、この1959年版プラウト・ミックスがそのまま使われていた。

サーティース・ストリート・スタジオの広大なスペースが生み出したアンビエンスのことはすでに触れたが、このスタジオにはさらに「秘密」があった。教会の地下には、床が3・7メートル×4・6メートル、天井の高さが2・4メートルあるコンクリート造りの物置があった。フランク・ライコは、そこにスピーカーと1本のU47を設置してエコー・ルームにした。

言うまでもなく、スタジオCのチャペルには固有のリヴァーブがたっぷりあった。しかし、エコー・チェンバーがあれば、様々なサイズのアンサンブルに合わせてエコーを制御するのに便利だったし、楽器ごとにエコーの量を調節することも可能になった。

のちにライコは、ギタリストのレス・ポールから、彼がテープ・レコーダーを併用してエコーの長さを伸ばしていることを聞きつけた。自分でも試してみると、暖かくスムーズな音を得ることができたので、さっそくコロムビアの録音にも取り入れた。

こうして生まれたコロムビアのレコードのサウンドは世界中で大きな反響を呼び、その秘密を探ろうと、多くの業界人がスタジオCを訪れた。当時、コロムビアと提携していたイギリスEMIからはマルコム・アデイが派遣された。

「EMIのエンジニアが、サ・ビートルズのレコードに聞かれるエコー・バランスと音色を望み通りに達成するまでには、長年の整形手術を要した。正直に言うと、われわれが目指していたのはコロムビアのサウンドだった。われわれは、コロムビアのサウンドがどうしてああも特別なのかを知るために、サーティース・ストリート・スタジオに行きもした。そしてついに、あのサウンドに肉薄した」と、アデイはのちに述べている。

『タイム・アウト』のサウンドは、プラウトの名技とサーティース・ストリート・スタジオのアコースティックから生み出された。特に、チャーチのナチュラル・アンビエンスとエコー・チェンバーのリターンをブレンドしたドラムスのサウンドは、ジャズ録音の歴史でも最高の成果となった。

アルバムのなかでも「テイク・ファイブ」のドラム・ソロは、その特徴が遺憾なく発揮された、まぎれもないハイライトに数えられる。スネアの強打、キック・ドラムの大爆発がチャペルのリッチな空気を揺らして長い尾を引く。迫力と滑らかさがこれほど矛盾なく同居したドラムスは滅多に聴けるものではない。

プラウトはステレオ・ミックスで、ドラムスとスタジオのナチュラル・エコーをステージの左側に置いているが、エコー・チェンバーのリターンはディレイを伴って（モノラル信号のため）中央に聴こえるので、両者を聴き分けるのは容易だ。

『タイム・アウト』SACD

『タイム・アウト』のSACDは、1999年にアメリカでシングル・レイヤー盤が出た（CS 65122）。これはソニーの第一弾SACDのなかのひとつだった。1959年のオリジナル・ストリートラック・マスターからマーク・ワイルダーが新たにミックスダウンした音源をDSD化しているが、これはアナログ・デッキの信号を、テープ・ダビングを介さず、2チャンネルにミキシングしたサウンドをリアルタイムでDSDにコンバートしたと考えられる。

手元にあるSACDは2004年頃に出たヨーロッパ盤（CH 65122）で、ハイブリッド盤である。現在ではアメリカ盤もヨーロッパ盤も廃盤のようだ。数年前に香港でハイブリッド盤（88875098552）が復活した。CS 65122やCH 65122とマスタリングはおそらく同一と思われるものの、確証はない。

国内ではシングル・レイヤー盤（SRGS 4535）が2000年に出た。これは今もカタログに載っている。おそらく欧米盤と同じ、マーク・ワイルダーの1999年版マスターを用いていると思われる。ただし、この盤には、ほかのSACDにある5・1チャンネル・サラウンド・ミックスは付いておらず、2チャンネル・ステレオのみである。

『タイム・アウト』には、さらに2012年にアナログ・プロダクションズから出たハイブリッドSACDもある。これは、もちろんこれまで紹介したソニー製SACDとはまったくの別物である。やはりスリートラック・マスターから新たにミックスダウンしたステレオ・マスターをDSD化したもので、マスタリング・エンジニアはバーニー・グランドマン。現役盤である。

ソニーとアナログ・プロダクションのSACDは、どちらも満足すべき高い水準にある。最初に断っておくと、どちらを採るのかは最終的には好みの問題になる。

両者の音はいろいろな点で異なっているが、なかでも帯域バランス（イコライジング）と付加エコーという2点は特徴的だ。ざっくりまとめると、ソニー盤は低域が強くダイナミックなサウンドであり、アナログ・プロダクション盤は高域の美しさに特徴があり、やや明るめの色調をもっている。そして、ソニー盤はマスタリング時の追加エコーがないが、アナログ・プロダクション盤は追加エコーがはっきりと聞かれる。

アナログ・プロダクション盤のアルトサックスやシンバルの美しさは捨てがたい。しかし、個人的にいうと、いつも手が伸びるのは、サーティース・ストリート・スタジオのアコースティック・スペースとエコー・チェンバーの威力をより身近に体験でき、強烈な低音が聴けるソニー盤SACDの方だ。モレロがヒットするスネアやバスドラのサウンドがチャーチの大空間をあちこち散乱する様子は、何度聴いてもスリリングで心地よい。

サーティース・ストリート・スタジオの終焉

フレッド・プラウトは、1972年にコロムビアを退職すると、その後はコロムビア大学やエール大学に招かれて教鞭をとった。彼は写真家としても歴史に名を残した。プラウト夫妻は長年にわたってニューヨークの音楽社交界の中心的存在であり、プラウトは周囲にいた音楽家の貴重な写真を撮り続けた。彼は海外に出かけたときも、音楽家だけでなくピカソやモラビアのような文化人の写真も撮った。こうしてプラウトが撮った写真は、ニューヨーク近代美術館や展覧会で展示されたり、内外の有名な雑誌の誌面を飾ったりした。

1982年、サーティース・ストリート・スタジオのオーナーはコロムビアに土地と建物の買い取りを打診した。しかし、周囲に一般の住宅が増えたせいで夜間の録音を禁じる条件がついたため、コロムビアは二の足を踏んだ。りっきょく建物はほかのデベロパーに売られ、世界最高と謳われたスタジオは栄光の歴史を閉じた。それから数年後、教会の建物は取り壊された。現在その土地にはマンションが建っている。

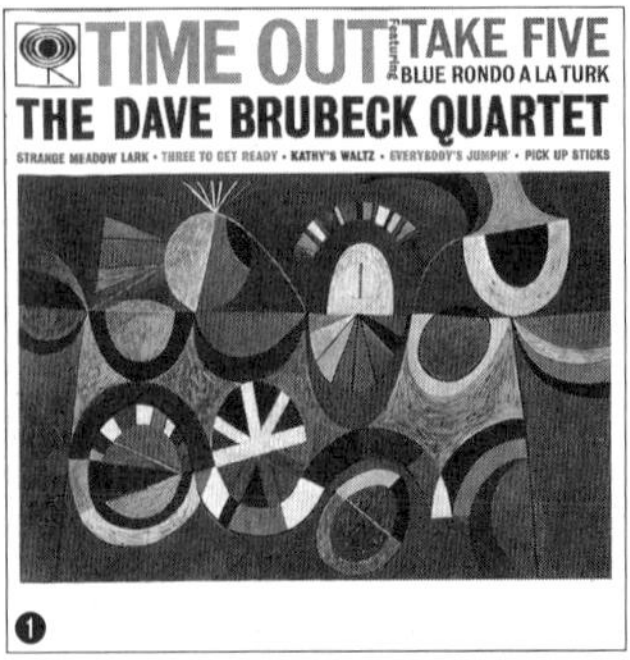

❶

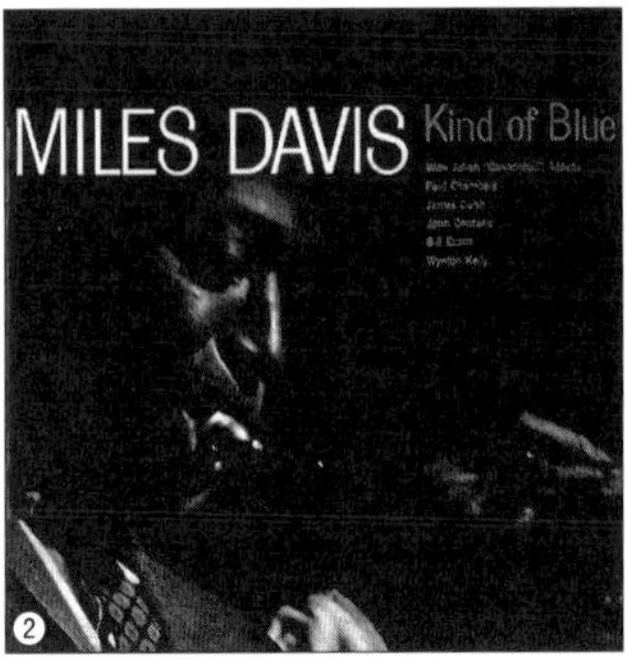

②

③

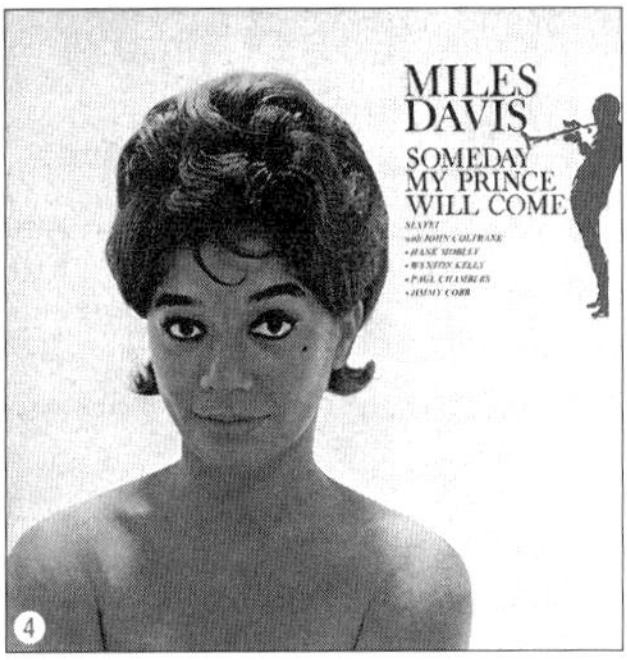

④

⑤

❶ デイヴ・ブルーベック『タイム・アウト』
(COLUMBIA / LEGACY CH 65122)

❷ マイルス・デイヴィス
『カインド・オブ・ブルー』
(CBS ソニー 35DP62)

❸ マイルス・デイヴィス
『スケッチ・オブ・スペイン』
(CBS ソニー 35DP63)

❹ マイルス・デイヴィス
『サムデイ・マイ・プリンス・ウィル・カム』
(CBS ソニー 35DP64)

❺ オラトゥンジ『ドラムス・オブ・パッション』
(COLUMBIA / LEGACY CS 66011)

第5章

ストレイト、ノー・チェイサー、バット・リミックス

装置の限界に挑戦。
セロニアス・モンクとスタインウェイの鬩《せめ》ぎ合い

ＳＡＣＤの興亡

ソニーはＳＡＣＤのオリジネイターだったにもかかわらず、早い段階で興味を失ってしまった。もっとも、正確に言えば、最初からやる気まんまんだったのはオーディオ機材を製造していた方のソニーだけだった。いっぽう、レコード会社のソニーミュージックは最初からそれほど興味がなかった。両者はまったく別個に動いていた。

前者のソニーはやむなく、マイナーレーベルを中心に機材やノウハウのライセンスを積極的にあたえるキャンペーンをはって、彼らがＳＡＣＤを出すように促した。しかし、文字通り足元がおぼつかない体勢で普及が進むのは難しく、ＳＡＣＤは数年のあいだにどんどん先細りになってしまった。これが当時の世界史的な見取り図である。

それでも、１９９９年にＳＡＣＤを立ち上げたとき、ソニーミュージックが名うての名盤をずらっと揃えた豪華なラインアップは壮観だった。率直に言うと、クラシックのタイトルのなかには音質的にマスターテープの選定やマスタリングに少々問題を抱えたものが少なからず含まれていたが、ジャズやロックやポピュラーには、今なお聴く価値のあるディスクがたくさんあった。

それらのＳＡＣＤも数年～10年後には廃盤になってしまった。そのなかから今でも推薦すべきタイトルをジャズ・レパートリー限定で選び出すとしたら、ツートップは、チャールズ・ミンガス『ミンガス・アー・アム』（CS65512）とセロニアス・モンク『ストレイト、ノー・チェイサー』（CS64886）。トップ下はマイルス・デイヴィス『カインド・オブ・ブルー』（CS64935）にデイヴ・ブルーベック『タイム・アウト』（CS 65122）という布陣になるだろう。

ミンガス盤とモンク盤は録音された時代も少し違うし、それに従って録音の性格も異なり、単純な比較はできないが、ここでは、明快な音が魅力的なモンク盤を採り上げる。モンク盤は、SACD化されたことで、デモンストレーション・ディスクとしての性格がよくも悪くも強まった。そこが特別な面白みになっている。

1996年版CD

セロニアス・モンクは1940年代から活動を始めたが、運に恵まれないこともあって、長い雌伏の時を過ごさなければならなかった。1950年代の終わり頃やっと注目を浴びるようになり、1962年9月にはメジャー・レーベルのコロムビアと契約を結んだ。そこから知名度は急上昇し、ついには1964年にタイム誌2月28日号の表紙を飾るところまでいった。

コロムビアでセロニアス・モンクは、スタジオ録音ライブ録音を併せ多くのレコードを作った。スタジオ録音だけでも1962年から1968年にかけて8枚がある。8枚のアルバムでプロデューサーを務めたのは、マイルス・デイヴィスの諸作で有名なテオ・マセロ（1925年10月生〜2008年2月没）だった。

アルバム『ストレイト、ノー・チェイサー』は、1967年に発売された。モンクのコロムビア・スタジオ・アルバム第6作に当たる。録音場所は、全曲ともニューヨーク市内のコロムビア・サーティース・ストリート・スタジオ（30th Street Studios）。録音ミキサーは、フランク・ライコ。録音日は、1966年11月14日、同15日、そして年をまたいだ1967年1月10日の3日間だった。

『ストレイト、ノー・チェイサー』がCD化されたのは比較的遅く、やっと実現したのは1996年8月だった。再発盤のプロデューサーは、セロニアス・モンクのリヴァーサイド時代の録音をプロデュースしたオーリン・キープニューズだった。実は、キープニューズは1967年のレコードでオリジナル・ライナーノートを書いていたのだが、自分でもすっかり失念していた。1996年の再発時に、参考のため取り寄せたレコード・ジャケットの裏を何気なく見ると、そこに自分の名前があるのに気づいてとても驚いたという。

キープニューズは、3日間に録音されたセッション・マスター（スタジオで録音時に回っていたテープ）を調査し、3つのボーナス・トラックを新たに付け加えた。このうち、「ディス・イズ・マイ・ストーリー、ディス・イズ・マイ・ソング」は、1979年に出たモンクの未発表テイクを集めたコンピレーション・アルバム『オールウェイズ・ノウ』ですでに世に出ていたが、「アイ・ディドゥント・ノウ・アバウト・ユー（別テイク）」と「グリーン・チムニーズ」は未発表のままで、1996年のCDが初出になった。

CDで変わったのはボーナス・トラックだけではなかった。実はレコードでテオ・マセロは6曲中3曲に大幅なテープ編集を施していた。キープニューズはCD化に際して、これらをすべてスタジオで演奏された通りに完全に復元した。

テオ・マセロは、1970年代のマイルス・デイヴィスの録音では、原演奏を徹底的に編集し、再構成したことでも知られている。それは、いわばマイルスが録音した断片を組み合わせて新たな作品を作り上げるような作業だったが、この場合はそれとは違い、単純に技術的な理由で生じたカットだった。モンクがスタジオでノってしまい予定を超えて演奏を続けたため、1枚のレコードに入りきらない長さになってしまったのだ。

レコードのA面でいうと、タイトル曲が1分カットされ、収録時間は約24分になった。B面では、「ウィー・シー」が3分近く、「荒城の月」は6分近くがカットされたが、それでもトータルは27分を超えていた。B面の1曲はソロ・ピアノで、ベースやドラムスのような低音楽器がなかったため、その分音溝の幅を抑えることができた。それで、なんとかレコードの片面に詰め込めたのだった。

テオ・マセロがカットしたのは、ベースやドラムスのソロは言うに及ばない。「荒城の月」

ではピアノとテナーサックスのソロを、「ウィー・シー」ではピアノのソロをそれぞれ部分的に切り詰めていた。しかし、巧みな編集のおかげで、演奏がカットされていたことには誰も気づかなかった。

コロムビアは編集作業において、セッション・マスター・テープそのものに鋏を入れていた。これは、テープ・ダビングによる音質劣化を避けるためであった。演奏を元の長さに戻す修復作業は、テープを再びつなぎ直したのではなく、もう1台同時に回していたバックアップ・マスターをそのままで用いたと考えられる。もちろん、バックアップ・マスターはメインのものと音質的に同一である。

そのマスターテープだが、『ストレイト、ノー・チェイサー』を録音した1966年になると、サーティース・ストリート・スタジオでは、録音セッションにフォートラック・テープデッキを使っていた。そこでCD化に際して、マスタリング・エンジニアのマーク・ワイルダーは、ふたつの未発表テイクも含め、フォートラック・セッション・マスターからあらためて全体を2チャンネルへミックスダウンする必要があった。こうして作成された9つのトラック、76分を収録したマスターがPCMへ変換され、CDのマスターになった。念のために繰り返すが、以上は1996年の話である。

愛すべきデモ・ディスク

それから3年が経った1999年にはSACDが出た。言うまでもないが、9トラック、76分という内容はCDに準じていた。SACDのマスタリングもマーク・ワイルダーが担当した。アナログ・マスターを（おそらくアンペックスATR‐102で）再生した信号はダイレクトにEMMラボのコンバーターに送られ、そこでDSDへ変換され、それがSACDのマスターとなった。

『ストレイト、ノー・チェイサー』の録音は、インディペンデンス系スタジオでは不可能な、メジャー・レーベルならではの人的、物的リソースの惜しげもない投入が生み出した産物だったと言うことができる。具体的には、優れたエンジニアの手腕。厳格に調律、整音されたスタインウェイのフルコンサート・グランドピアノ。ノイマンのM49、U47マイクを筆頭とする機材の充実したラインアップ。そして美しく深みのあるアコースティックを伴った巨大なスタジオの空間。こうした要素の集積が生み出したサウンドだったということである。

とりわけスタジオのアコースティックがもたらした恩恵は大きい。サーティース・ストリート・スタジオは、もともと19世紀に建てられた教会だった。チャペルの天井は15メートルもの高さがあり、そこから生まれた豊麗なナチュラル・アンビエンスと長く尾を引く美しいエコーは、クラシックからポップスまで、ここで製作された無数の録音に無類の輝きを添えていた。

デモンストレーション・ディスクとして、『ストレイト、ノー・チェイサー』ＳＡＣＤは、音楽も録音も隅々まで明快で、誰にでもわかり易い良さを特徴としている。特に演奏には、モンクのリヴァーサイド時代の作品のような予測のできないとっつきにくさは、もはや見当たらない。

録音も、わかり易く、とっつき易い。カルテットの４つの楽器は、それぞれがたっぷりとしたボディを感じさせ、颯爽とした力感がみなぎっている。ダイナミクス表現は痛快そのもので、ボリウムをいくらでも上げることができる。そして、上げれば上げるほど、活き活きとした音になる。

特にモンクのピアノはボリウムを上げれば上げるほどパーカッシブなタッチがますます魅力的になるので、装置の限界に挑戦したくなるのは請け合いだ。モンクが叩き出す強烈な打鍵と、美しい音を保とうとするスタインウェイとの凄まじい鬩《せめ》ぎ合いである。そのスペクタクルを大音量で再生すれば、思わず手に汗がにじむことだろう。

録音ミキサーのフランク・ライコは、４つのトラックをそれぞれ４つの楽器に振り当てて楽器のセパレーションを強調している。それぞれの楽器の音像イメージは完全にモノラルで、それを任意に、左、センター、右という３つのチャンネルにハードパンしている。これは当時の時代様式の反映というべき性格が濃厚だ。

楽器の配置は、ドラムスが左チャンネル、ピアノがセンター、ベースとテナーサックスが右チャンネルになっている。ただし、11月15日に録音された「ロコモティヴ」だけは、なぜかベースが中央に入っている。

また、ふたつあるソロ・ピアノのトラックは、ピアノがモノラルではなく、低音部が主に右から、高音部が左から聞こえるように録音されている。これは、ピアノがステージに置かれる標準的な向き、つまり、ピアノの蓋からの反射が客席に向かうように置かれた際のイメージを再現したものと言える。

こうして録音された楽器の音像はどれもソリッドで、まるで楽器がリスナーの目の前にあるかのようだ。もちろん、自然なサウンドステージと引き換えではあるが、それでもスタジオのナチュラル・アンビエンスがたっぷりと収録され、楽器の周りを覆っているのは大きな救いになっている（ただし、サックスには、録音時にマスターテープに刻まれたエコー・チェンバーからのリターンがたっぷりとまとわりついている）。

楽器相互の被りはほとんどない。セロニアス・モンクの足踏みを、床の振動を通してベースのマイクが拾っているのが目立つくらいか。被りはないが、楽器のマイクがモンクとベーシストのラリー・ゲイルズの唸り声も拾っていて、前者はやや遠くに、後者は近くに、ぽっかりと浮かび上がる。「ウィー・シー」では、7分21秒からコレクティヴ・インプロヴィゼーションが始まるが、8分23秒からはふたりの声がデュエットで聞こえてくる。

また、ライコは楽器をほぼ横一列に並べている。その結果、サックスとピアノの立場がほぼ対等になり、モンクの右手はあたかも金管楽器のように感じられる。「ロコモティヴ」やタイトル曲でチャーリー・ラウズがソロを吹いているとき、セロニアス・モンクのピアノは伴奏を飛び越えて、まるでトランペットのオブリガードのように機能するだろう。

こうした音楽的演奏的特徴は、もともとクリアでダイナミックな録音によって後押しされているのだが、ＳＡＣＤはその性格をいっそう鮮明にしている。細々と短所も多いが、総合的には愛すべきデモンストレーション・ディスクと呼んで構わないだろう。

ところで、ＳＡＣＤのライナーノートの末尾ページにはテクニカル・データが載っている。ところが、その記述は１９９６年ＣＤのものをそのまま転用していて、フォートラック・アナログ・マスターからデジタルテープにリミックスをした日付が、１９９５年12月のままになっている。

そのおかげで、このモンク盤に限らず、ソニーの一連のＳＡＣＤは、アナログ・マスターをＤＳＤに変換したのではなく、ＣＤを製作時に一旦ＰＣＭ（16ビット／44・1キロヘルツ）に変換したファイルをＤＳＤにアップコンバートしたものだという風評が広まることになってしまった。これは自業自得と言わざるをえず、言ってみれば、冒頭にも述べたソニーミュージックのやる気のなさが招いた事件だったと言えるだろう。

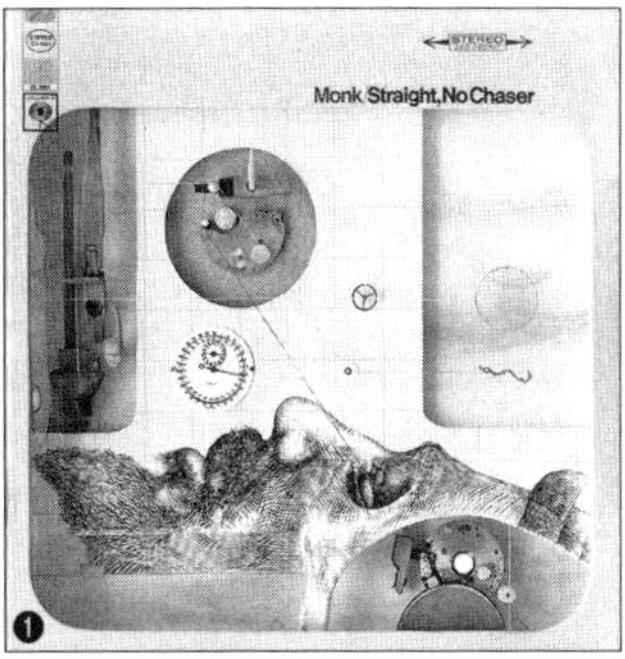

❶ セロニアス・モンク
『ストレイト・ノー・チェイサー』
(COLUMBIA / LEGACY CK 64886)

❷ チャールズ・ミンガス
『ミンガス・アー・アム』
(COLUMBIA / LEGACY CK 65512)

❸『ベン・ウェブスター アンド・ハリー・スイーツ・エディソン』
(ORG 117-3)

❹ ミシェル・ルグラン『ルグラン・ジャズ』
(IMPEX IMXSA8315)

第 6 章

ゼロ年代版『カインド・オブ・ブルー』？

21 世紀を代表する SACD

「SACDプレーヤーのデモンストレーションにふさわしい一枚を教えてほしい。ただし今世紀に入ってからの新録音に限る。音がいいだけではだめで、演奏が優れていることも必須」

ジャズのSACDは多々あれど、そうした声に応えられるタイトルはそれほどあるわけではない。ジミー・コブ・カルテットがチェスキーに録音した『ジャズ・イン・ザ・キー・オブ・ブルー』は、なかでもうってつけの一枚だ。

ワンポイント・マイク録音

『ジャズ・イン・ザ・キー・オブ・ブルー』の録音日は、2008年10月14日。この日参加したミュージシャンは、トランペッターのロイ・ハーグローブ、ギタリストはダイアナ・クラールのサポートで知られるラッセル・マローン、ベーシストは、コブのレギュラー・グループからジョン・ウェッバー。リーダーは、もちろんマイルス・デイヴィスの『カインド・オブ・ブルー』でドラムスを叩いたジミー・コブ。コブは2008年当時79歳だった。

『ジャズ・イン・ザ・キー・オブ・ブルー』というタイトルが、その50年前に録音された『カインド・オブ・ブルー』へのオマージュであるのは疑いがない。また、ブックレットを飾る特徴的なタイポグラフィや青一色で染められた写真をあしらったデザインは、フランシス・ウルフが手がけたブルーノート盤を思い出させる。

製作サイドの念頭にあったのは、『カインド・オブ・ブルー』の「フラメンコ・スケッチ」や「ブルー・イン・グリーン」のように、聴く人の誰もがその身を委ねられるような演奏だった（この2曲はビル・エヴァンスの関与が特に大きい曲だが、そのムードをピアノレスでオマージュするという韜晦《とうかい》も洒落ている）。

『カインド・オブ・ブルー』と『ジャズ・イン・ザ・キー・オブ・ブルー』には、さらに類似点が見かけられる。録音ミキサーは両者とも名前をプラウトという。楽器の配置がよく似ている。そして、録音場所はどちらもマンハッタンにある教会の建物だった。

と言っても、録音ミキサーの名前の件はジョークである（申し訳ない）。『カインド・オブ・ブルー』を録音したミキサーはフレッド・プラウト、『ジャズ・イン・ザ・キー・オブ・ブルー』を録音したのはニコラス・プラウトというが、両者のあいだに血縁はないどころか、フレッド・プラウト（Plaut）とニコラス・プラウト（Prout）は、実はそもそも別の名前だ。Plautはユダヤ系、Proutはイングランド系の苗字で、日本語で表記すると同じになってしまうトリックに過ぎない。

次の、楽器の配置だが、ふたつのアルバムで、トランペットとベースはセンター、ドラムスは右チャンネルと同じ位置にあり、ビル・エヴァンスのいた左チャンネルにはラッセル・マローンのギターが入っている。チェスキーがどこまで意図的だったかはわからないが、これも『カインド・オブ・ブルー』に倣ったことだったとしてもなんの不思議もない。

しかしながら、3つ目の教会での録音という共通項は、事実ではあるものの、『カインド・オブ・ブルー』に倣ったと言うと少し語弊がある。チェスキーも、1988年に録音を始めた当初はスタジオ（ニューヨーク・RCAスタジオ）を使っていたが、間もなくスタジオを避け、ホールや教会で録音するようになっていた。この録音だけが特別に教会で録音されたというわけではない。

『カインド・オブ・ブルー』が録音されたサーティース・ストリート・スタジオの巨大な空間に比べれば、『ジャズ・イン・ザ・キー・オブ・ブルー』が録音されたセント・ピーターズ・エピスコパル・チャーチ（聖ペテロ監督派教会）のチャペルはさすがに大きいとは言えない。現在あるチャペルが献納されたのは1838年だというから、歴史の長さではサーティース・ストリート・スタジオに勝ってはいるが。

チェスキー録音には個性的な特徴が多い。オーバーダビングはしない。信号系統にコンプレッサーを入れない。マルチトラック録音はしない。配線が複雑になるのを嫌って大型コンソールは用いない。1本のステレオ・マイクだけですべてを収音するワンポイント・マイク・セッティングを採用している。

ワンポイント・マイク・セッティングは、レーベルの創立者で社主であるデヴィッド・チェスキーの信条であった。彼は、以前はスタジオでCMやジングルの編曲仕事をしていたが、アンサンブルの録音に20本のマイクを立てる習慣が位相干渉による歪みを招いている様子を日常的に体験し、フラストレーションを感じていた。1本のマイクだけですべてを録音するのは、「1920年代のルイ・アームストロングの録音とそっくりなのです。違うのはハイレゾかどうかというだけで」とニコラス・プラウトは説明する。

『ジャズ・イン・ザ・キー・オブ・ブルー』の録音時に、チェスキーが使っていたマイクは、サウンドフィールドというイギリスの会社が作ったMark Vだった。正確に言うと、Mark Vとは、ひとつのユニットに内包された4つのマイク・カプセルで三次元的全方位のサウンドを収録する本体に、専用プロセッサーも含めたシステム全体を指す名称である。

ワンポイント・マイク録音では、楽器相互のバランスをあとで修正できず、その場でマイクとそれぞれの楽器のあいだの距離を調整するほかに手立てはない。そのためチェスキーの録音では、現場でマイクと楽器の位置を決めるのに常に多くの時間を費やすことになる。

ライナーノートには、マイクと4つの楽器の配置を簡単に図示したダイアグラムが載っている。その隣には、「トランペットはトラック毎にいる位置を変えているように聞こえるかもしれません。動き回っているように感じられることもあるでしょう」という注意書きも添えられている。

セッション風景を見る

このセッションには、1曲「アイル・スティル・ビー・イン・ラブ・ウィズ・ユー」のリハーサル（あるいは編集前のテイク）を撮影した動画があり、ユーチューブにアップされているので手軽に見ることができる。* 動画は、モノクロの画質もモノラルの音声（Mark Ⅴとは別ラインと思われる）もあまり上等ではないが、それでもそこから読み取れることがあるし、何よりも現場を自分の目で見て再生音と比べることができるのは貴重なチャンスに違いない（＊動画は、I'll Still Be In Love With You で検索すると候補に表示される。アドレスは https://www.youtube.com/watch?v=9Q8_wsaTa_s）。

動画を見ると、たしかに4人は教会の教壇上でダイアグラムの通りに展開し、マイクは4人の前方に三脚で立てられている。三脚には振動を抑える錘が吊るされ、それぞれの脚には台座が敷かれている。

ベースはステージの中央にいて、アンプは使っていない。1曲目のイントロから、ウェッバーの服が楽器と擦れる音や弦の上で指を滑らせる音も聴こえてくる。

ギター（ギブソンL5）はステージ下手にあり、ギター・アンプ（ローランドCUBE）はマローンの左側、ベースの近くに置いた椅子に載っている。そして、アンプとベースを結んだ線を伸ばした先のステージ上手に、ブースを背負ったドラム・セットが置かれている。

つまり、ギター、ベース、ドラムスという3つの楽器はほぼ横一直線上に並んでいる。同時に、左右に位置するギター・アンプとドラム・セットは、センターにあるマイクに向けてアングルがついている。3つの楽器のあいだには遮蔽物が一切ないため、マイクは常に楽器それぞれの音だけでなく、それらが重なったハーモニーもとらえていて、そこから一体感と力強さのみなぎる響きが随所に生み出されている。たとえば、「イフ・エバー・アイ・ウド・リーヴ・ユー」のオスティナートや、「ウィール・ビー・トゥゲザー・アゲイン」のイントロにその威力は顕著だ。

ハーグローブは動画ではフリューゲルホーンを吹いているが、ベースの後方に距離を置いて立ち、4人のなかでもマイクからは最も遠い位置にいる。これは金管楽器の基本的な音量が大きいためであるが、同時に、フリューゲルホーンがほかの楽器よりもたっぷりとナチュラル・エコーとルーム・サウンドを身にまとっている理由にもなっている。楽器をかまえたハーグローブの左側に、腕の向きと平行して置かれた板が見えるが、おそらくハーグローブが自分の出している音を聴きとり易くするためのレフ板だろう。

動画の画面には4人のほかにもうひとりの男が映っていて、あたりを歩き回り、時には音楽に合わせて4人を指揮するような身振りを見せている。これは、「アイル・スティル・ビー・イン・ラブ・ウィズ・ユー」を作曲したスティーヴ・サッテンである。コブは1981年にもサッテンの曲を録音したことがあった。

というわけで、この曲とジミー・コブのオリジナル曲「リメンバリングU」は新作だが、残る8曲は、コール・ポーター、アーヴィング・バーリン、フレデリック・ロウ、ハリー・ウォーレン、ジョニー・マンデルのような有名作曲家が書いた、映画やミュージカルなどで知られたスタンダード・ナンバーで占められている。

10曲はスロー・バラードばかりではなく、ワルツ、ミディアム・バウンスなどのナンバーも含まれている。1980年のコンテンポラリー・ヒット「ウィズ・ユー・アイム・ボーン・アゲイン」が一筋のケレン味もなくストレートに演奏されるいっぽうで、ミュージカル「キャメロット」のナンバー「イフ・エバー・アイ・ウド・リーヴ・ユー」は、意表をついてボサノバで演奏される。

「ウィズ・ユー・アイム・ボーン・アゲイン」は、もともとは1979年のコメディ・スポーツ映画『ドロッパーズ』の挿入曲である。映画音楽作曲家のデヴィッド・シャイアが作曲し、ビリー・プレストンとサイリータ（シリータ）がデュオで歌った。最初にイギリスで評価され、そのあとアメリカでも大ヒットした。サイリータはモータウンのソウル歌手で、スティーヴィー・ワンダーと結婚していたこともある。

この宗教的な雰囲気を湛えた美しい旋律で知られるバラードには、録音の特徴がよく表れている。具体的に言うと、演奏の産毛が見えるようなテクスチャーの細密描写、ミクロ・ダイナミクスの驚くべき再現性、広大なダイナミック・レンジという要素である。

「父」と3人の「兄弟」

演奏は、まろやかなトーンのギターとエアー・クッションの利いたシンバルが左右から聞こえるイントロで始まる。途中からベースが入ってくるが、ジョン・ウェッバーがベースの左右に4本並んだ弦のいずれを弾いているのかは容易に聴きとれる。特に両端の弦は間違えようがない。

間もなくハーグローブがスモーキーなトーンで音量を細かく丁寧に増減させながら、テーマをゆっくりと歌い上げる。そのダイナミクスの微細な変化（ミクロ・ダイナミクス）を、チェスキーの録音は少しの曖昧さもなく緻密に再現する。唇からマウスピースへ息が通り過ぎる感覚の再現も生なましく、あたかも唾の飛び散るのが目に見えるかのようだ。

ハーグローブはアドリブ部に入ると、主題部の抑制されたトーンから転じて一気にパワーを解放させる。録音にコンプレッサーを介していないために、並の装置ではかえって迫力が感じられないかもしれないが、ダイナミクスをリニアに再現できる装置なら、凄まじい勢いで音量が跳ね上がる。しかも、鋭さや歪を伴わずに。

もうひとつ、強烈なピークレベルに驚かされるのがバス・ドラムのキックだ。通常のマルチマイク録音に遜色ないどころかそれ以上のインパクトがあり、低音というよりは風圧がドスンと飛び込んでくる。

続いて、ソロは左サイドにいるラッセル・マローンのギターにリレーされる。そのとき、右サイドから聴こえるコブのブラシ・ワークは、まさにスペクタクルだ。スネアのスキンの上をブラシがひと掻き毎に何センチ動いたか、その長さが目に見えるかのように明瞭である。

ダイナミック・レンジ表現の白眉は、アーヴィング・バーリンの歌曲「ホワット・ウィル・アイ・ドゥ」だろう。ハーグローブのトランペットが軽々と吹いたアタックには力みの影すらも見当たらない。しかし、音量は瞬間的に強烈なフォルテへと跳ね上がる。

こうした録音の特徴をすべて聴きとるためには、コンプレッサーを用いない録音の宿命として、再生時にボリウムを相当な大きさに上げることが求められる。その場合、ピークの音量が相当大きくなるのは言うまでもない。通常のボリウム位置のままでは、小さな音がマスキングされ、演奏の性格もあいまって、ただのソフトなサウンドの録音に聞こえるだろう（それでもスムーズ・ジャズとして十分に楽しめるが）。

カルテットの演奏を先導しているのは、ラッセル・マローン（1963年11月生〜）で、10曲中8曲までが彼のギターによるイントロで始まり、曲のムードを決定している。そこにジョン・ウェッバー（1965年8月生〜）のベースが堅固な支えとして入り、ロイ・ハーグローブ（1969年10月生〜2018年11月没）をもち上げる構図になっている。リーダーのジミー・コブは1929年1月生れなので、1960年代生まれの3人とは親子のような世代にあたる。

再生は容易くないが

Mark Vが拾い上げた4人の演奏とチャペルのアンビエンスは、まずチューブテク社製プリアンプに入る。そして、マイテック・デジタルのA／Dコンバーターで192キロヘルツ／24ビットに変換され、その信号は2台のタスカムDV-RA1000レコーダーでDVDに記録された。同時に、バックアップ（セーフティ）として分岐された信号は、96キロヘルツ／24ビットに変換され、ジェネックスGX8500オプティカル・レコーダーでMOに記録された。

モニター・スピーカーはPMCのLB1だが、ライナーノートには、「チェスキーが教会やホールで録音するときは小さな部屋でモニターをしなければならず、大きなスピーカーはもち込めないことをご留意ください」とわざわざ説明が付けられている。何につけ揶揄をする人がいるのは、洋の東西を問わないようだ。

録音された素材は、後日チェスキーのマスタリング・スタジオにもち込まれた。編集用ソフトは、ソニック・ソリューションズ。モニター・スピーカーは、ジョセフオーディオのRM7にRELのStorm 3サブウーファー。編集作業はすべて192キロヘルツ／24ビットで行われた。編集を完了したパッケージは、エアーショウ・マスタリングでDSDに変換された。

チェスキーのディスクが再生システムにあまりフレンドリーと言えないことは、あらかじめ伝えておかなければならない。そのサウンドを十全に再生するためには、ワイドレンジとその全域にわたるリニアリティの確保、低域のパワーハンドリングと高度なサウンドステージ再現能力などが容赦なく求められる。ちょっとした不足があっても、再生音はフォーカスを欠き、のっぺりとした平面的なサウンドに堕してしまうはずだ。その代わり、正しく再生できれば報われるものは大きい。目の前に広大な空間と、強烈なリアリティとインパクトをもった４つの楽器が出現することは保証する。

２００９年10月、ゼロ年代をあと数か月残したところで『ジャズ・イン・ザ・キー・オブ・ブルー』ＳＡＣＤは発売された。批評もセールスもすこぶる好調で、やがて売り切れ／廃盤になり市場から姿を消した。それは、２０１８年11月にロイ・ハーグローブが病気（と麻薬禍）で夭折する数年前のことだったと記憶している。

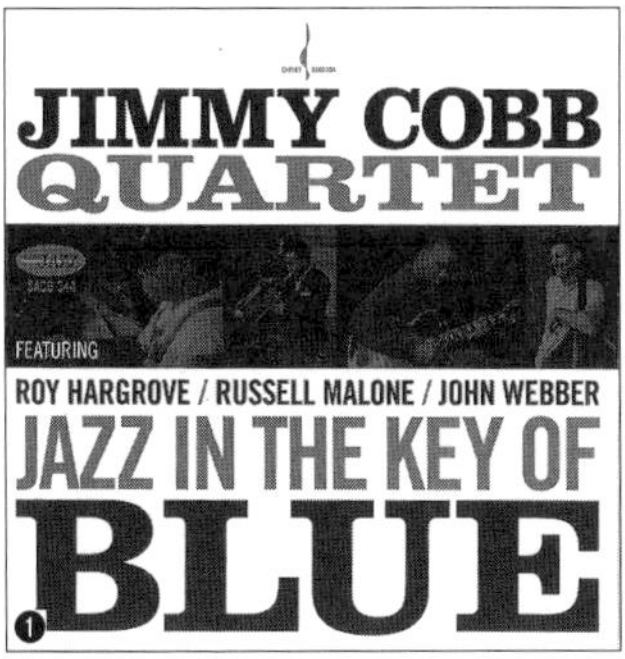

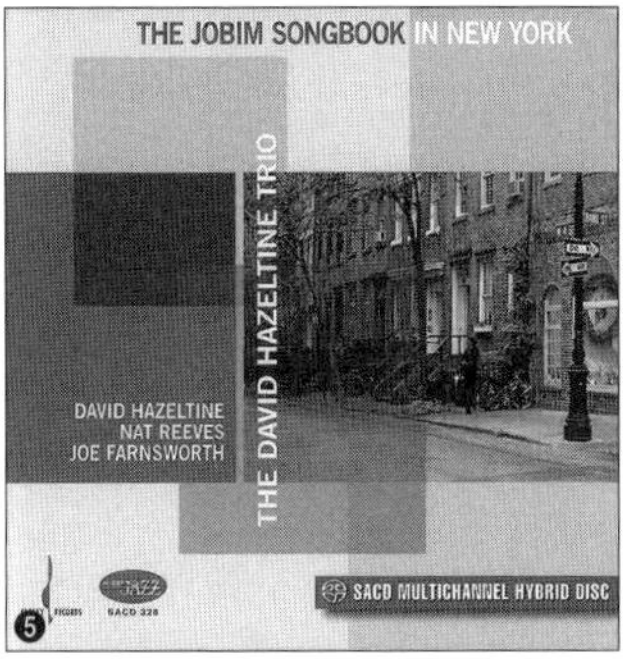

❶ ジミー・コブ『ジャズ・イン・ザ・キー・オブ・ブルー』（Chesky Records SACD344）

❷ ラリー・コリエル『トラフィック』（Chesky Records SACD322）

❸ ハンク・ジョーンズ『ウェスト・オブ・5th』（Chesky Records SACD313）

❹ ジャヴォン・ジャクソン『デューク・エリントン & ビリー・ストレイホーン』（Chesky Records SACD333）

❺ デヴィッド・ヘイゼルタイン『ジョビン・ソングブック・イン・ニューヨーク』（Chesky Records SACD328）

第７章
ライジング・スター・フロム・フクイ
あなたはユウコ・マブチを知っているか？

『ユウコ・マブチ・トリオ』Yarlung Records YAR 80161

ヤーラン・レコード（Yarlung Records）はロスアンゼルスを本拠地とするブティック・レーベルで、創立者兼CEO兼プロデューサー兼エンジニアのボブ・アティエーが切り盛りしている。2005年にレーベルをスタートしてからこれまでに発売したタイトルはまだ50に満たない。しかし、それらは今日、世界で最も優れた録音ばかりだ。

ヤーランというエキゾチックな名称は、古のチベット王朝が存在した峡谷に由来する。アティエーはプリンストン大学で古代史を学び、卒業時にその地を訪れた。伝説によれば、ヤーラン峡谷は天と地が出逢い、人を変える場所だという。「音楽には人を変える力があるが、そのメタファーとしてこれ以上のものがあるだろうか」とアティエーは考え、峡谷の名をレーベルに冠した。

創立以来、レパートリーはほぼすべてがクラシックで占められていたが、数年前ついにかねてからの念願だったジャズ録音にも乗り出した。今、そこから現れた新たなスターが、世界中で急速にセンセーショナルな注目を集め始めている。そのスターとは、ユウコ・マブチ（馬渕侑子）という日本人ピアニストだ。

馬渕侑子登場

日本でユウコは出身地の福井での活動が主だった。そのため、国内ではほとんど知られていない。公式サイトもあるが英語だけで、日本語のページは2012年に書かれた短いバイオグラフィーが、もはやトップページからもたどるすべのない残骸として残っているだけだ。

ユウコは、現在までに4枚のアルバムを出しているが、すべてアメリカで製作されたものである。そのため、日本語によるプロモーションはこれまで皆無に等しい。彼女について日本語で書かれた情報を探しても、福井で演奏を聴いた個人のブログが見つかる程度だ。

公式バイオには次のように記されている。「故郷である福井市で四才からピアノを始め、高校卒業後、亀田邦宏に師事し、京都のアン・ミュージック・スクールで学ぶ。この音楽学校を卒業後、ソロイストとして、また日本の地方のジャズトリオのメンバーとして演奏活動を開始」

ユウコの母親はピアノ教師で、彼女も高校まではクラシック・ピアノを学んでいた。10代になるとポピュラー音楽に関心をもち始め、ラジオでオスカー・ピーターソンやハービー・ハンコックを聴き、ケニー・バロン、ジュニア・マンス、上原ひろみなどに影響を受けたという。

2010年にユウコは渡米した。これは、自らもアメリカで演奏した経験のある亀田の勧めによるものだった。ロスアンゼルスの音楽学校、ミュージック・パフォーマンス・アカデミー（MPA）でピアニストのビリー・ミッチェルなどに学び、2013年に一旦帰国。福井での演奏だけでなく、東京の「ジャズスポットJ」、京王プラザ・ホテルや大阪のジャズコンベンションに出演したのち、２０１６年に再びアメリカに渡った。

ボブ・アティエーは、ユウコがレギュラー・トリオを率いてハリウッドのジャズ・クラブ、カタリナ・バー＆グリルに出演したとき、初めて演奏に接した。アティエーは大きな感銘を受け、翌日さっそく電話でユウコに録音を提案し、彼女から快諾を得た。録音セッションは、２０１７年3月31日に、スタジオでもクラブでもなく、オーディエンスでいっぱいになったホールで行われた。

ドリーム・チーム

録音会場となったジョイス・Ｊ・カミッレリ・ホールは、ＵＳＣ（南カリフォルニア大学）の研究部門、ブレイン・アンド・クリエイティビティ・インスティチュート（脳と創造力研究所）の付属施設で、竣工は２０１２年。音響設計は永田音響設計の豊田泰久があたった。言うまでもなく、豊田はサントリー・ホールや、フィルハーモニー・ド・パリ、ウォルト・ディズニー・コンサート・ホールの音響を設計したことで知られ、近年は、エルプフィルハーモニー・ハンブルクやベルリンのピエール・ブーレーズ・ザールを手がけている。

アティエーはこれまでにもカミッレリ・ホールで、ラテン・グラミー賞を獲得したアントニオ・リジーのチェロ曲集や、レーベル初のジャズ録音になったソフィスティケイテッド・レディ・

ジャズ・クァルテットの2枚のアルバムを録音している。そのいずれにも、特徴的な温かみのあるアンビエンスが聞かれ、それが楽器のサウンドの艶を活き活きと引き立てていた。

カミッレリ・ホールは、もともとクラシックの室内楽の演奏を想定して作られた。すり鉢状になった客席の底にステージがあり、ステージ床から天井までの高さは13・5メートルもある。ステージのリバーブは、背後と上部の全体を覆う吸音カーテンの開け閉めで調節できるように設計されている。

この日はすべてのカーテンが下ろされた。カーテンの前方のステージ上には、ピアニストが客席を正面から見るような向きで、ニューヨーク・スタインウェイ・グランド・ピアノが置かれた。蓋を取り外したのは、1920年代のRCA録音に倣ったのだろう。

そのピアノを挟んで、デル・アトキンスのベースはステージ下手に、ボビー・ブレトンのドラムスは上手に、両者が向かい合うように配置された。この配置は、次に述べるマイク・セッティングと関係がある。

ヤーラン・レコードの録音は、極端なミニマル・マイク・テクニックで知られている。基本はステレオ・ペア・マイク一対がすべてで、それにわずかな補助が付くこともある。カミッレリ・ホールでトリオの収録に使われたメイン・マイクは、AKG製ヴィンテージ真空管式マイク、C24だった。C24は、コンテンポラリー・レコードの録音で名高いC12マイクのカプセルを2個内蔵したヴィンテージ・ステレオ・マイクである。この日は、ピアノにアクセントをつけるため、Bock Audio の5-ZERO-7 真空管マイク1本がサブ・マイクとして追加された。

マイクの信号は、エリオット・ミッドウッドが製作したカスタム製真空管式マイク・プリでミックスされ、2トラック・アナログ・テープレコーダー、ATR12で収録された。テープ・スピードは38㎝／秒。使用テープはアグファのフォーミュラー468。

ATR12はSonoruS社製の真空管式テレコで、世界に2台しか存在しない。アティエーと、製作した本人でありこの録音でアシスタント・エンジニアを務めたオランダ人のエリアン・ジャンセンが、1台ずつを所有している。

アティエーとジャンセンのふたりは、ステージ下手の隅に設けたブースに録音機材とともに陣取った。ステージ上に機材をもち込むのは、ヤーランの録音セッションでは常套手段で、マイク・ケーブルを短くできる利点もさることながら、アティエーの言によれば、アーティストと互いに目線を交わしながら録音すること自体が楽しいし、その結果に満足していることが理由だという。

このように、『ユウコ・マブチ・トリオ』はワンポイント・マイクによるダイレクト・トゥ・2トラック録音である。3つの楽器はステージ上の配置そのままに現れる。いや、トリオが演奏を始める前に、演奏家を紹介するアティエーのアナウンスが下手から聞こえ（もちろん、この声もC24が拾っている）、続いて左右のあちこちから（ひとりひとりの）拍手が聞こえたとき、ステージの全景、空間の全容積とそのなかの空気が3Dで目の前にせり上がる。

このサウンドは、アティエーが録音ミキサーとして範にしているマーキュリー・レコードのクラシック録音（リビング・プレゼンス・ステレオ）の伝統と技術を基にした成果であると同時に、それを現代でどれだけリファインできるかという思考／試行の産物でもある。真空管がほとんどを占める信号経路や、ヴィンテージ機器と最新の機器が入り混じった現場が、そのことを象徴している。

（なお、2チャンネル・アナログ録音と同時に、別ラインでハイレゾ・ダウンロード用に5チャンネル・サラウンド256DSD録音も行われたが、後者は説明を割愛する。）

録音されたアナログ・マスターテープは、後日スタジオで編集されたのち、信号はマージング・テクノロジーのHapiコンバーターでA／D変換され、CD用デジタル・マスターになった。CDのマスタリングは、アティエーとスティーヴ・ホフマンが担当した。CDで聴ける生なましいウォームなタッチには、名手ホフマンの貢献も大きい。そして、最上の成果を追求するため、24KゴールドCDが、コスト高になるのを厭わずドイツの工場でプレスされた。

また、アナログ・マスターから直接にアナログ・レコードも作られた。デジタル・ドメインを一切介さないオール・アナログ・ディスク（AAA）である。45回転盤なので一時間に及ぶCDの内容を1枚には収録できず、前半と後半を分けた2枚のアルバム（分売）になった。アナログ盤のマスタリングは、バーニー・グランドマンが手がけた。

アナログ盤は、現在海外のオーディオ・ショーで最もホットな人気盤になっている。ソニー・

ロリンズ作曲の「セント・トーマス」（CDのラスト・トラック）は、ハイエンド・オーディオ機器を引き立たせるデモンストレーション・ディスクとしてひっぱりだこだ。

直に手に取ったことがないのでアナログ盤は意匠の詳細はわらないが、CDのブックレットは、いつものようにカラー写真が多数あしらわれていて、しみったれたところは少しもない。ブックレットの内容はヤーラン・レコードのウェブサイトにPDFで載っているので、購入する前に誰でも見ることができる。

ブックレットには、アルバムの製作に協力した多くの人の名前が載っているのも特徴と言えるだろう。表紙に名前があるエクゼクティヴ・プロデューサーのランディ・ベロウズは、これ以前にもヤーラン・レコードの保険引受人として7枚のアルバムのリリースを支えた。さらに、ユウコをカリフォルニアで教えたビリー・ミッチェルも、アソシエート・プロデューサーとしてその名が記されている。そのほかにも、ミッドウッドやホフマンをはじめ、機材の提供者やサポーターの多くの名前が載っている。

このように業界のオーソリティからのサポートに恵まれていることが、ヤーラン・レコードの大きな強みであり、優秀な音の理由であるのは言うまでもないだろう（アティエーは「ドリームチーム」という素敵な表現をしている）。

ピアノそのもの

アルバムは、コール・ポーターが作曲したスタンダード・ナンバー、「ホワット・イズ・ディス・シング・コールド・ラブ」で幕を開ける。まずピアノが弾くイントロが聴こえてくるが、それが、「いかにもピアノらしい音」や、「スペクタキュラーなピアノ・サウンド」であるよりもずっと、われわれが家庭や演奏会で現実の楽器を目の前にしたときの「ピアノそのもの」であることには、どんなに驚いても足りることがない。

ピアノという楽器は、ダイナミック・レンジや音域の幅が極端に大きいことや、音源が構造上大きな面積に広がっていることなど、いくつかの理由により録音が最も難しい楽器である。それが、このCDからは、難しいことなんて最初からないんだと言わんばかりの涼しい顔で、分析的なところや作為的なところのない、リラックスした、生なましいピアノの音が聞こえてくる。

ダイナミック・レンジの再現もただごとではない。3つの楽器はどれもあるべきダイナミクスを保っていて、アタックが頭打ちになったり、ピアニッシモが痩せたりすることはない。特にピアノは、「シリアスリー」を頂点に、リッチな低音から高音のきらめきまで、とてつもない音量の幅を見せつける。

こうした録音の特徴が、ユウコの演奏の特徴と軌を一にしていることは見逃せない。彼女のピアノはドラマティックな振幅を身上としながら常にリラックスしていて、表現がクライマックスでもきつくなったり尖ったりすることはない。彼女が奏でる音楽は、どんなときにも良質のポピュラリティを失うことがない。ドラマティックだが深刻に陥らない。冒険的であっても前衛的にはならない。

それを支えているのが、彼女の卓越したテクニックであり、豊富な音楽的ボキャブラリーである。オープニングの「ホワット・イズ・ディス・シング・コールド・ラブ」では、シューマンを想起させるクラシカルなイントロが、主部に入るとラテン・リズムへ移行する。また、「シリアスリー」では、ブラック・コンテンポラリーの香りが漂う原曲を、古風なミュージカル・ナンバーのように聴かせている。夜想曲風のテーマからブルージーなアドリブへスムーズに変化する「ヴァルス・ノワール」も圧巻だ。ソフト・ロック風のリフに導かれる「さくらさくら」を日本人が弾いていると見破るのは、知らなかったら難しいかもしれない。もちろん、「オン・グリーン・ドルフィン・ストリート」のように、ファンキーなジャズ・イディオムが魅力的なナンバーも用意されている。

『ユウコ・マブチ・トリオ』は２０１７年10月に発売され、大好評を博した。それから半年後の２０１８年４月25日、彼女は再びカミッレリ・ホールに戻ってきた。

『ユウコ・マブチ・プレイズ・マイルス・デイヴィス』Yarlung Records YAR 80171

マイルスの21世紀的解釈

カミッレリ・ホールのロビーには、マイルス・デイヴィスの描いた大きな絵が掲げられている。これは、USCのブレイン・アンド・クリエイティビティ・インスティチュートを統率するアントニオ・ダマシオ教授とハンナ・ダマシオ教授夫妻の尽力で展示されているものだが、夫妻はこの絵に触発され、カミッレリ・ホールでマイルスにちなんだ一連のコンサートを企画した。4月25日のユウコ・マブチのコンサートは、2年にわたったシリーズのトリを飾るものだった。チケットは発売早々に売り切れた。この日ステージに立ったのは、彼女のレギュラー・トリオに、トランペッターのJ．J．カークパトリックを加えた4人編成。カークパトリックは、ヤーラン・レコードからすでに2枚のアルバムを出したソフィスティケイテッド・レディ・ジャズ・クァルテットのメンバーである。

ボブ・アティエーはこのコンサートをライブ録音し、CD『ユウコ・マブチ・プレイズ・マイルス・デイヴィス』として2019年5月にヤーラン・レコードから発売した。この原稿を書いている2019年6月の時点でアナログ盤は出ていない。CDは約1時間で、8曲を収録している。これが当日演奏されたすべてかどうかはわからないが、内訳はマイルスの曲が5曲、ユウコのオリジナルが3曲である。

マイルスの5曲はいずれも1950年代末期に彼が作曲した作品だが、面白いことにどれもビル・エヴァンスに関連がある。具体的に指摘すると、「オール・ブルース」「ブルー・イン・グリーン」「ソー・ホワット」の3曲は、エヴァンスが参加した『カインド・オブ・ブルー』から。エヴァンスの有名なヴィレッジ・ヴァンガードのライブ録音がある「マイルストーンズ」。そして、（マイルス自身は一度も録音せず）エヴァンスが生涯を通して演奏し続けた「ナルディス」。

つまり、このアルバムは「プレイズ・マイルス・デイヴィス」であると同時に、隠れたテーマとしてビル・エヴァンス・トリビュートという性格ももち合わせていると見ることができる。

なかでも「ナルディス」は、ピアノだけの長大なイントロで始まり、ベースとドラムとともにあのテーマが出てくるのは3分を過ぎてから。演奏時間の実に3分の1がイントロに費やされている。これは晩年のエヴァンスがこの曲を演奏したときのフォーマットにほかならない。

さらに、この日初演されたオリジナル曲である「イクミズ・ララバイ」という曲名は、ユウコの姪の名前からとったという。それを聞いて、エヴァンスがやはり姪の名前を曲名にした「ワルツ・フォー・デビー」を連想しない人はいないだろう。

ただし、選曲上のテーマはさておき、演奏自体は『カインド・オブ・ブルー』の森閑としたムードに近くもなければ、いわゆるエヴァンス風のクールなジャズでもない。むしろ、前作『ユウコ・マブチ・トリオ』以上に、彼女のもつファンキーなセンスがいっそうの広がりを見せている。

それは、ＣＤのトップに置かれた「オール・ブルース」からはっきりしている。ボビー・ブレトンの目を瞠《みは》るようなバスドラム・ワークで始まるこの曲は、もともと八分の六拍子だが、ユウコは八分の五拍子に変えて演奏している。さらに、一部にはフォービート（四分の四拍子）を混じえている。

上原ひろみの出現以降、トリッキーな変拍子のジャズは少しも珍しくなくなった。「オール・ブルース」では、理知的な八分の五拍子とブルージーな四分の四拍子という二面性を強烈なコントラストで演奏するユウコのピアノが堪らなくスペクタキュラーだ。この変拍子は、八分の九拍子に四分の四拍子が混じったデイヴ・ブルーベック・カルテットの「トルコ風ブルー・ロンド」を思い出させる。ペダンティックな捻りがあっても、エンタテインメント的な性格が薄まらないところもブルーベックによく似ている。

この曲や「マイルストーンズ」では、洗練されたユーモアを含んだユウコのソロが楽しく、繰り返し聴きたくなる。また、ホーン・ライクな旋律がやがてピアニスティックに変化する「ナルディス」のソロも、ユウコの個性がよく出ていて痛快だ。

アルバムを締めくくる「ミッシング・マイルス」（「マイルスが恋しくて」）は、ユウコのオリジナル曲。「フレディ・フリーローダー」や「タイム・アフター・タイム」「TUTU」の断片を織り込んでいるが、彼女と16ビートの相性のよさが際立っている。「ソー・ホワット」のラテン・ビートにのったダンサブルなソロと併せ、ユウコにとって、ブラック・コンテンポラリーからの影響がいかに大きいかがよくわかるトラックだ。ネット上には､彼女がスティーヴィー・ワンダーの曲を弾いた動画がいくつかあるが、とても魅力的だ。いつか、まとめて録音してくれればきっと楽しいアルバムになるだろう。

圧巻のサウンドステージ

『プレイズ・マイルス・デイヴィス』は、前作とは録音場所、スタッフ、大部分の機材も同じで、ライブという条件も変わらないが、トランペットが加わったため、まずステージ上の配置が変わっている。大雑把に説明すると、ピアノ（ピアニストではなく）を中心とする大きな円がステージにあると仮定し、その円周に接する正三角形の頂点にそれぞれトランペット、ベース、ドラムスが、順に、ステージ下手、ステージ奥、ステージ上手に置かれ、中心を臨む格好になっている。ピアノ自体はよくあるコンサート配置、つまり客席からピアニストの右顔が見えるように置かれ、蓋はここでも取り除かれている。

メイン・マイクは前作同様ＡＫＧ製Ｃ24ステレオ・マイクで、ピアノとベースのあいだに置かれている。また、ピアノに1本のＣ12がピックアップ・マイクとして向けられている。ほかに（ステレオ録音用の）マイクはない。アナログ信号はSonoruSのコンバーターで変換され、ＣＤマスタリングは前作同様アティエーとホフマンが担当した。ゴールドＣＤの製盤その他も前作と変わらない。

CDのサウンドステージ提示はまさに圧巻だ。前作に比べてもピアノがアップフロントになり、ステージ全体はさらに深いパースペクティヴを感じさせるようになった。広大で深いスペースのなかに、4つの楽器がたっぷりとした肉体と重量をもって浮き彫りになる。ニューヨーク・スタインウェイはステージの中央で、優美な存在感を誇示する。パワフルな低音を基に中高音が美しい微光を放つピアノの背後で、ベースはこれ以上ないウォームなサウンドでビートを刻み、ステージ上手からドラムスが爆発を繰り返す。そして、トランペットはどんなフレーズであろうと、その音色はとことんメロウでバターのようにスムーズだ。これほど歪の痕跡すらなく、生なましいトランペットの録音もそうはない。

『プレイズ・マイルス・デイヴィス』のブックレットには、TOYOTAのロゴが大書されている。これは豊田泰久のことではなく、自動車会社のトヨタである。言うまでもなく、ユウコの価値を認めてのスポンサー協力だが、ヤーラン・レコードは創立以来、録音機材の運搬用に2台のトヨタのランドクルーザーFJ62を使っていて、もはや30年ものだがいまだに頑丈そのものだという。そんな奇縁をアティエーはとても喜んだ。

海外のジャズ・ファンのあいだで特に人気を得ている日本人ピアニストには、穐吉敏子《あきよしとしこ》以来、山本剛や福居良、そしてなんといっても上原ひろみが数えられる。彼らに共通する資質があるとすれば、それはなんだろうと考えたことがある。結論は、リラックスしたブルース・フィーリングを明瞭に伝える能力とクリスプでソリッドなリズムの感覚という2点に最後は集約できるのではないかというところに着地した。ユウコ・マブチには、間違いなくどちらの資質も備わっている。

今やユウコは活動の場をいよいよ広げている。2019年の1月には、カリフォルニアのセゲルストロム芸術センターでブランフォード・マルサリス・カルテットのオープニング・アクトを務め、4月には、ワシントンDCで日本大使館主催の「桜の木の下のジャズ祭」にトリで出演した。最初に書いたように、日本国内でユウコはまだほとんど知られていないが、やがて時が解決するだろう。

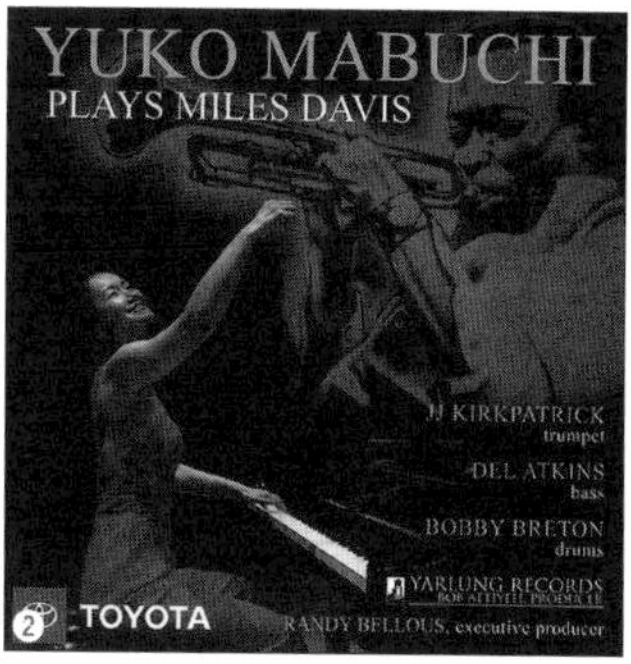

❶『ユウコ・マブチ・トリオ』
（Yarlung Records YAR80161）

❷『ユウコ・マブチ・プレイズ・マイルス・デイヴィス』
（Yarlung Records YAR88171）

❸『ソフィスティケイテッド・レディ・ジャズ・クァルテット』
（Yarlung Records YAR88174）

第8章

カナダからのオファー

ポール・デスモンド晩年の冒険

ポール・デスモンドの優雅な日常

デイヴ・ブルーベック・カルテットは、結成から解散まで17年間の長きにわたって活動し、喝采を浴び続けた。ポール・デスモンド（1924年11月生〜1977年5月没）はその一員として、アメリカ国内や世界中を回るツアーに休む間もなく明け暮れた。

ブルーベック・カルテットが解散した1976年12月、彼は43歳だった。それからしばらくのあいだ、デスモンドはほとんど引退状態で優雅に日々を過ごした。何もしなくても、彼が作曲した「テイク・ファイブ」の印税がたっぷり入ってきたので、あくせくする必要がなかったからだ。

そのことを具体的に示す数字が残っている。デスモンドは肺がんが原因で52歳で亡くなってしまうのだけれども、彼の遺志に従ってテイク・ファイブの権利はアメリカ赤十字に寄贈された。これにより、赤十字は著作権使用料として、2012年時点の積算では、600万ドルの収入があったという。

1968年以降しばらくのあいだ、デスモンドは年に数回スタジオに行って演奏をするだけだった。しかも、リーダーであるかサイドマンであるかを問わず、ごく限られたプロデューサーとしか仕事をしなかった。ブルーベック・カルテット解散後、デスモンドがセッションに参加したレコードはある程度の数があるが、それらは実質上、クリード・テイラー（1929年5月生〜）、ドン・セベスキー（1937年12月生〜）、ジョン・スナイダー（1948年生〜）という3人がプロデュースしたものしかない。

例外は皆無に近く、ブルーベックがセルフ・プロデュースしたリユニオン・ライブ録音『ウィアー・オール・トゥゲザー・アゲイン・フォー・ザ・ファースト・タイム』（アトランティック）くらいだろうか。厳密に言えば、アート・ガーファンクルのアルバム『ウォーターマーク』の1曲「ミスター・シャック＆ジャイブ」や、死後に本人の預かり知らぬところで発掘された『MJQ・ウィズ・ポール・デスモンド』（フィネッセ）もあるにはあるが。

コンサート出演も少なく、たまの特別な機会に公衆の面前に姿を現すだけだったが、クラブ出演となるとさらに稀で、やっと実現したのは、カルテット解散から5年以上が経った1973年のことだった。

この年の5月、デスモンドは、ジム・ホール（1930年12月生〜2013年12月没）、ロン・カーター（1937年5月生〜）、ベン・ライリー（1933年7月生〜2017年11月没）をメンバーとするカルテットを率い、ニューヨークのハーフノートで2週間の出演を果たし、大評判を博した。

渋っていたクラブ出演を承諾した理由を、デスモンドは冗談のように語った。「ハーフノートがマンハッタンのローワー・ウェスト・サイドから自宅アパートに近い54丁目に引っ越して来たので、ベッドから出てすぐ行けるからです」

カナディアン・カルテット

ところが、これが大きな転機になった。デスモンドはこのあと、ローワー・ウェスト・サイドどころか、カナダのトロントにあるジャズ・クラブ、バーボン・ストリートから届いた出演依頼を承諾したのだった。

デスモンドはリーダー・アルバムを生涯に20枚近く作っているが、大編成バンドの場合はともかく、スモール・コンボの録音ではピアニストを使わなかった。これは、ブルーベックがデスモンドには自分以外のピアニストと録音してほしくないと望んだためだったと言われている。ジェリー・マリガンとの共演作『ブルース・イン・タイム』（ヴァーヴ）や『トゥ・オブ・ア・マインド』（RCA）のように、リズム・セクションがベースとドラムスだけのこともあったが、これはさすがに例外的で、ほとんどは、ギター、ベース、ドラムスを従えた演奏だった。そして、そのギタリストには、1959年録音の『ファースト・プレース・アゲイン』（ワーナー・ブラザース）以来ずっとジム・ホールを起用してきた。

バーボン・ストリートでもデスモンドはジム・ホールと演奏するつもりだった。しかし、ホールは断りを入れ、自分の代役として、トロント在住のギタリスト、エド・ビッカート（1932年11月生～2019年2月没）を強く推薦した。

トロントに行き、ホールに紹介されたビッカートを聴いたデスモンドは、すっかり彼の演奏を気に入った。共演者の人選についてデスモンドはさらにカナダ出身のジャズ評論家、ジーン・リーズに電話でアドバイスを求めた。リーズもギターにはビッカートを薦め、さらに、ベーシストのドン・トンプソン（1940年1月生〜）と、ドラマーにはテリー・クラーク（1944年8月生〜）とジェリー・フラー（1939年4月生〜2010年4月没）の名前を挙げた。

バーボン・ストリートにデスモンドが最初に出演したのは1974年6月で、そのときのバックは、ビッカート、トンプソン、クラークという布陣だった。デスモンドは、クラークのドラムスは演奏スタイルが少しだけ性急だと感じたため、次の出演時からはフラーを雇った。トロントのスケジュールを終えてニューヨークに戻ったデスモンドは、バーボン・ストリートで録音したテープを友人たちに聴かせた。そして、9月にルディ・ヴァン＝ゲルダー・スタジオでブッキングしていたリーダー作に、アメリカでは無名だったビッカートを参加させるよう、プロデューサーのクリード・テイラーを説得にかかった。

こうして1974年9月に録音された『ピュア・デスモンド』（CTI 6059）は、カルテットの演奏になった。ベーシストは、ロン・カーター。ドラマーは、MJQの一員として知られたコニー・ケイ（1927年4月生〜1994年11月没）。カルテット編成のリーダー作は、1966年のアルバム『イージー・リビング』（RCA LSP-3480）以来。コニー・ケイとの録音も、『イージー・リビング』以来だった。

『ピュア・デスモンド』は、演奏も、スタンダードを並べた選曲も、ストレートなジャズ・アルバムと言っていい仕上がりになった。ビッカートは、デスモンドと同じくらいのソロ・スペースをあたえられている。

ところが、発売前にちょっとした騒動がおきた。デスモンドにとってコニー・ケイは、ジム・ホールに並ぶ長年の共演者であった。しかし、その演奏スタイルは、クリード・テイラーにはおとなし過ぎると感じられた。そのため、テイラーは後日メル・ルイス（1929年5月生〜1990年2月没）をヴァン＝ゲルダー・スタジオに呼んで、録音したテープに彼のドラムスのオーバーダブを試みた。

しかし、ヴァン＝ゲルダーの録音はもともとマルチ・トラックではないので、差し替えは技術的に無理があった。メル・ルイスのドラムスを被せて録音しても、コニー・ケイの音が漏れてしまい、ふたりのドラマーが叩いているのは明らかだった。この顛末にクリード・テイラーは嫌気がさし、ついにはアルバム自体をボツにしようと考え始めた。

このとき、デスモンドの味方になり、オーバーダブをやめてアルバムを最初に録音したままで出そうとクリード・テイラーを延々と説得し続けたのが、テイラーのアシスタントに就いていたジョン・スナイダーだった。説得が功を奏したのかはわからないが、テイラーは再度考えを翻し、『ピュア・デスモンド』は、オーバーダビングを免れ、当初から予定された日に無事に発売された。

ジョン・スナイダーとアーティスト・ハウス

ジョン・スナイダーはノースカロライナ大学の法科を卒業後、１９７３年にクリード・テイラーに雇われてＣＴＩの出版契約部門で働いた。やがてＣＴＩの業績が不振になり多くの従業員が辞めると、彼は辞めた人たちの代わりとなって、Ａ＆Ｒからレコードの製造配送まであらゆる仕事をこなした。『ピュア・デスモンド』の録音が行われたのは、そんな時期だった。

１９７５年にスナイダーはＡ＆Ｍレコードに移り、そこでプロデューサーとして、ホライゾン・レーベルの立ち上げと運営を任された。デスモンドも、『ピュア・デスモンド』を長年契約していたＣＴＩへの置き土産として（ＣＴＩの録音セッションへの参加は、翌年4月のジム・ホール「アランフェス協奏曲」が最後）、ホライゾンへ移籍した。

この移籍はデスモンドにとっては里帰りのようなものだった。デスモンドが最初にＣＴＩと契約したとき、ＣＴＩはＡ＆Ｍの傘下レーベルだった。その後、ＣＴＩは独立レーベルになったが、デスモンドはそのまま契約を続けていたのだから。

こうしてエド・ビッカートとの出会いをきっかけに、デスモンドはレコード録音でも、ＣＴＩ作品のようなアレンジ重視の大編成作品から、再びスモール・コンボの演奏へと回帰することになったのである。

スナイダーがプロデュースしたホライゾンのアルバムで、デスモンドが参加したものには、ブルーベックとのデュオ・アルバム『1975ザ・デュエッツ』(SP-703)、『デイヴ・ブルーベック・カルテット リユニオン25周年再結成アルバム』(SP-714)、そして『ポール・デスモンド・カルテット・ライブ』(SP-850)という3つのタイトルがある。

ホライゾンは1980年まで活動を続け、オーネット・コールマンやデイヴ・ブルーベック、サド・ジョーンズ&メル・ルイス、ハーブ・アルパートなどのレコードを計41タイトルリリースした。イエロー・マジック・オーケストラのアメリカ盤(SP-736)もここから出た。

ただし、スナイダーが関与したのは最初の2年間だけだった。スナイダーはホライゾンの仕事よりも、オーネット・コールマンのロフト運営やビジネスに時間を費やすようになり、それがA&M経営陣の怒りを誘い、ついにはクビになってしまった。そこでスナイダーが今度は自分で始めたレーベルが、アーティスト・ハウスだった。

スナイダーがアーティスト・ハウスを自ら立ち上げた動機のひとつに、ノーマン・グランツがヴァーヴをMGMに売って大金を手に入れた故事に彼が引っ掛かりを感じていたことがあった。

スナイダーは思った。それでグランツは億万長者になった。けれど、彼が録音したチャーリー・パーカーはどうだった。ちっとも儲からならなかったじゃないか。俺はグランツとは違う道を行くぞ。

アーティスト・ハウスは1981年までに、オーネットやデスモンド、アート・ペッパー、ギル・エヴァンス、チェット・ベイカー、ジム・ホール、チャーリー・ヘイデン、ジェイムズ・ブラッド・ウルマーなどのレコードを十数タイトルリリースした。

そのレコードは丁寧な造りで、ダブル・ジャケットに、アーティストのディスコグラフィや譜面を記したブックレットが添えられていた。日本では、キング・レコードと契約し、国内盤も出た。ギル・エヴァンス、チェット・ベイカー、ジェイムズ・ブラッド・ウルマー、ジム・ホール、アート・ペッパーなどの作品は当時話題になったものだ。

スナイダーは、自分の信念に基づき、そして製作した録音の権利をすべてミュージシャン本人にあたえた。録音したマスターも、権利はもちろん、テープそのものをミュージシャンに渡していたらしい。

ところが、今になってみるとそれが少々皮肉な結果をもたらしているようだ。アーティスト・ハウスのアルバムは、マスターテープや権利が四散してしまったのか、ほとんどCDになっていないし、オーネット・コールマンの『ソープサッズ』、ギル・エヴァンスの『フラミンゴの飛翔』、アート・ペッパーの『ソー・イン・ラブ』など、CD化されたアルバムも多くは早々に廃盤になってしまい、再発されていない。

アーティスト・ハウスからレコードで出たポール・デスモンドのアルバム、『ポール・デスモンド』（AH2）にいたっては、CDは、音質の劣るブートレグが出たことはあるが、正規の発売は一度もない。ただし、またあとで触れるが、デスモンドの未発表音源リリースにはいろいろな問題がつきまとっているらしく、アーティスト・ハウスだけに責があるとは言えないのかもしれない。

『ポール・デスモンド』には、「オードリー」という曲が入っている。これは、映画『ローマの休日』を観てすっかりオードリー・ヘップバーンに夢中になったデスモンドがブルーベックと作ったオリジナル曲で、1954年のアルバム『ブルーベック・タイム』(コロムビア)の冒頭に収められた。その再演というだけでも貴重だ。

ライブ・アット・バーボン・ストリート

『ポール・デスモンド』(アーティスト・ハウス)と『ポール・デスモンド・カルテット・ライブ』(ホライゾン)は、ともに1975年晩秋にバーボン・ストリートで録音されたライブ盤である。ギターのエド・ビッカート、ベースのドン・トンプソン、ドラムスのジェリー・フラーという3人のカナダ人が一貫して共演している。

この年の6月にスナイダーは、やはりバーボン・ストリートで録音されたジム・ホールのライブ盤を製作している。これも、A&Mから発売された。このときの共演者は、ドラマーのテリー・クラークとベーシストのドン・トンプソンだった。トンプソンは録音エンジニアでもあり、このジム・ホール盤や右記ふたつのデスモンド盤は彼が録音したものである。

トンプソンはこれらの録音にフォートラック・デッキを用いていた。デスモンド・カルテットの録音では、4人にマイクを1本ずつあて、その信号をミキサーを介さずダイレクトに4つのトラックにそれぞれ録音した。そして、録音したフォートラック・テープを後日スタジオにもち込み、そこで2チャンネル・ステレオへミックスダウンを行なった。

もちろんバーボン・ストリートのライブ・ステージに、ミュージシャンのあいだを遮蔽するバッフルはなかった。そのため、ある楽器に向けられた1本のマイクには、その楽器だけでなく、ほかの3人の演奏や、ステージのアンビエンス、客席のノイズなどが大量に飛び込んだ。

その結果、シンプルなマイク・セッティングを通した空間の全体像がリアリスティックなステレオサウンドでテープに記録されることになったのは言うまでもない。

サウンドステージのなかの楽器の「高さ」の再現もポイントだ。4つの楽器は、大まかに言うと、後方左の中空にドラムス、中央奥の低い位置にベース、右側の低い位置にギター、中央中空にアルトサックスがそれぞれ出現する。ギターとベースが低い位置にある理由は、説明するまでもないだろう。

バーボン・ストリートでは、客にドリンクだけでなく食事も出していた。CDを聴いても、ホリゾンタルに広がった3Dサウンドステージのあちこちから、皿やコップやボトルのぶつかるノイズが、客のたてる話し声や笑い声とともに混入していて、それらは迫真的な臨場感を伴っている。

こうしたノイズは、CDのトラックによって量や質が次々と変わる。それはこのアルバムが、5日間（10月25日、27日、30日、31日、11月1日）の演奏を録音したテープから選んだテイクで構成されていることも理由に数えられる。だから、敏感な再生システムなら、サウンドステージの空気感や時には楽器の音色がトラック毎に変化するのを忠実に反映するだろう。

スナイダーは編集にあたって、リスナーがアルバム全体を違和感を覚えずスムーズに通して聴けるように、ある曲の終わりと次の曲の冒頭の曲間をクロスフェードした拍手でつないでいる。つまり、これは編集によって構成されたセットリストなのである。

CDが出たのは2000年だった。A&Mは今はユニバーサルの傘下に入っていて、CDはやはりユニバーサルの傘下であるヴァーヴ・レーベルを冠している。

マスタリングは悪くない。ドラムスやアルトサックスのピークが保たれ、ダイナミック・レンジが十分に確保されているが、その分、全体の音量は低い。そのため、聴くときはボリウムを通常より上げる必要がある。大きなテープ・ヒスが聞こえるのも、必要以上にハイカット・フィルタリングをしなかった標《しるし》として好感がもてる。

『ポール・デスモンド・カルテット・ライブ』はレコードでは2枚組だった。CDはさらに1曲を追加していて、トータルタイムは75分35秒に達している。ライナーにはその1曲、「ライン・

フォー・ライオンズ」は未発表曲と記されているが、これはアーティスト・ハウス盤に収録されていた同曲と同じテイク、つまりそのものである。

1曲の演奏は、短くても7〜8分で、なかには11分を超えるものもある。しかし、全編リラックスしたテンポのメロディックなソロで埋めつくされているので、その長さは心地よく感じられる。演奏された曲の半分はバラードで占められている。もう半分もミディアム・ファストの曲が多く、アグレッシブな曲はない。クワイエットだが、集中した演奏が次々と続く。

デスモンドのアルトサックスやビッカートのテレキャスターは、メロウなだけではなく硬質な鋭いサウンドももち合わせている。トンプソンのベースは、たっぷりした量感がリラックスを誘う。フラーのドラムスも、スナップは切れ味がよく、リムショットはエッジが効いている。瞬発的で力強いピークがいたるところに聞かれるが、それを録音がすばらしく掬いとっている。

最期の日々

このカルテットは、『ライブ』に収められた秋の演奏に先立つ半年前、3月にもバーボン・ストリートに出演していた。そのときの録音が、『ライク・サムワン・イン・ラブ』(CD-83319)として、1992年にテラークからリリースされた。それにもスナイダーがプロデューサーとしてクレジットされている。スナイダーはこの時期、フリーランスとしてテラークの録音をいくつかプロデュースしていたので、その縁で出たのだろう。演奏のレベルは同じように高い。しかし、これもトンプソンの録音だが、どういうわけか、音質は冴えない。

トンプソンは、ほかにもデスモンドの演奏をバーボン・ストリートで大量に収録した。そのなかには、10月にビッカートの父親が亡くなって葬儀のためギグを休み、代役をカナダ人のバルブトロンボーン奏者のロブ・マッコネル（1935年2月生〜2010年5月没）が務めたセッションがあった。

1997年、ソニーはそのテープをCDでリリースしようとした。ジャケットのデザインが決まり、ライナーノートもデイヴ・ブルーベックが書いた。ところが、最後のところでデスモンドの資産継承者からストップがかかった。ソニーの担当者はのちにコンコード・ジャズに移ったとき、もう一度発売を試みたが、今度も同じ反対にあって、リリースはとうとうできなかった。「資産継承者」がアメリカ赤十字のことを指すのかどうかははっきりしない。赤十字は「テイク・ファイブ」だけの権利を受け取ったとする資料もあれば、その他のすべての権利も赤十字のものとする資料もある。いずれにせよ、デスモンドの未発表録音を新たにCD化するのが難しいことだけは確かなようだ。

デスモンドと3人のカナダ人プレイヤーは、1976年には演奏の場をクラブの外にも広げた。4月にカナダのエドモントン・ジャズ・フェスティバル。9月にモントレー・ジャズ・フェスティバルとサンフランシスコのジャズ・クラブ、エル・マタドールに出演。このエル・マタドールのギグが、カルテットの最後の演奏となった。

年が明け１９７７年になると、デスモンドはほとんどの時間をベッドの上で過ごすようになった。１年前に医者から肺がんを宣告されていたが、デスモンドは酒もタバコも演奏もやめようとはしなかった。長年の友人であるチャールズ・ミンガスはたびたびお見舞いに来て、病室で眠っているデスモンドをベッドの横でじっと見守っていたという。

デイヴ・ブルーベック（１９２０年12月生〜２０１２年12月没）が、２月４日にニューヨークのエイヴリー・フィッシャー・ホール（現デヴィッド・ゲフィン・ホール）でコンサートを開き、デスモンドも出演した。これが彼のラスト・ライブになった。デスモンドがもはや健康をすっかり損なっていて、長いフレーズを一息で吹けなくなっているのは明らかだったという。

コンサートの終わりに、客席の大きな拍手を聞いたブルーベックはデスモンドに言った。「アンコールをしなくちゃならないな」。しかし、デスモンドは、「お客にもっと聴きたいって思わせたままにしておこう」と決まり文句を引用して辞退した。

１９７７年5月30日、デスモンドは息を引き取った。チェット・ベイカーのアルバム『ユー・キャント・ゴー・ホーム・アゲイン』（ホライゾン）のタイトル曲が、ラスト・レコーディングとなった。

追記：モザイク・レコードが、『Paul Desmond: The Complete 1975 Toronto Recordings』と題されたボックス・セットCDの発売を2020年に予定しているというニュースが入った。詳細はまだ発表されていないが、ホライゾン盤やアーティスト・ハウス盤に用いられたマテリアルに未発表トラックを加えた6〜8枚組になるのではと噂されている。

追記2：2019年9月にADA/Omnivore レーベルから、アート・ペッパーの『ザ・コンプリート・ハウス・レコーディングス』が未亡人ローリー・ペッパーの協力を得て発売された。『ソー・イン・ラブ』に加え、スナイダーがプロデュースしたが、当時ほかのレーベルから出た3枚のアルバムとアウトテイク集を収めた5枚組CDボックス・セットである。

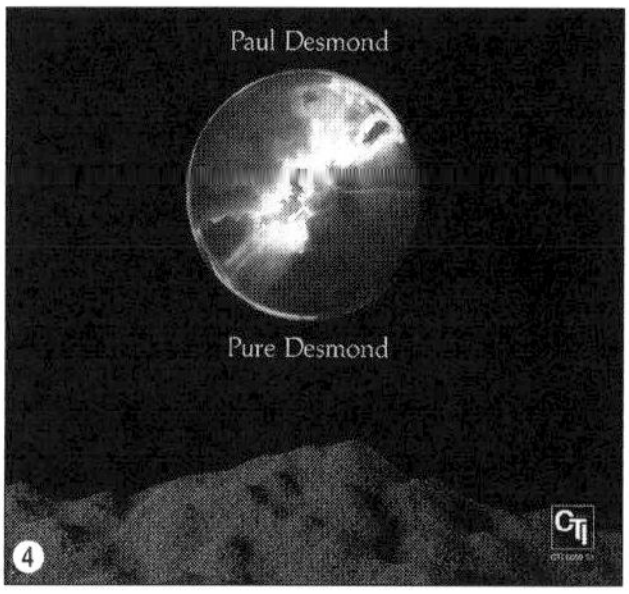

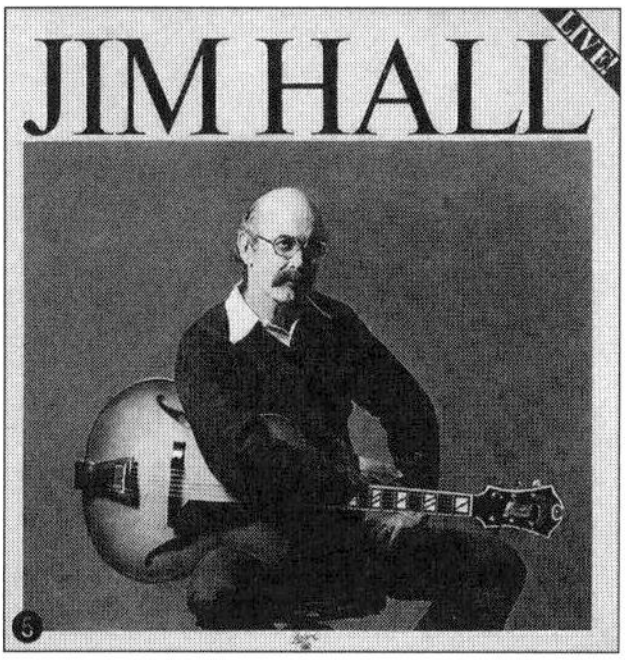

❶ ポール・デスモンド『ライブ』
(Verve / A&M 314 543 501-2)

❷ ポール・デスモンド＆デイヴ・ブルーベック
『1975 ザ・デュエッツ』
(Verve B0012995-02)

❸『デイヴ・ブルーベック・カルテット
リユニオン 25 周年再結成アルバム』
(Verve / A&M 828 394 915-2)

❹ デイヴ・ブルーベック
『ピュア・デスモンド』(キング KICJ 2041)

❺ ジム・ホール『ライブ』
(Verve / A&M 440 065 428-2)

第９章

ウィー・リメンバー・ボックスマン

レイ・ブライアントの隠れた宝物

ビッグ・イン・ジャパン

「ビッグ・イン・ジャパン(Big in Japan)」という言い回しがある。もともとは和製英語で、1970年代に音楽雑誌「ミュージック・ライフ」から発祥したらしい。「本国より先に日本で人気に火がついたアーティスト」の意味で、クイーン、チープ・トリック、ボン・ジョヴィ、ジャパンなどが具体例とされる。

和製英語だが、1977年には「ビッグ・イン・ジャパン」という名をそのまま冠したパンク・バンドがイギリスでデビューするくらいで、早くから英語圏でも通用することばになっていたようだ。

このようにロック発祥のことばであるせいか、ジャズ界隈で見かけることはあまりない。そのなかで、アメリカから見たビッグ・イン・ジャパンのジャズ・アーティストとしてヘレン・メリル(1930年7月生〜)を名指しした文章は印象に残った。内容をざっと要訳すると次のようになる。

ヘレン・メリルは、最も過小評価されているジャズ・シンガーのひとりである。しかし、彼女は日本では「ニューヨークのため息」と呼ばれ、歌がテレビ・コマーシャルに使われるほど人気が高い。ライブで彼女が「ユード・ビー・ソー・ナイス・トゥ・カム・ホーム・トゥ」を歌うと、客席は常に大きな喝采で満たされる。彼女がアメリカでそれほど評価されなかった理由はいくつか考えられるが、なんといっても、彼女の繊細で内向的なヴォーカルは、ざわついたジャズ・クラブでは十分に耳まで届き難いことが挙げられるだろう。

この文章は言外に、「だから彼女の歌をレコードを通して知った日本ではストレートに魅力が伝わったのだ」というほのめかしがあると読むのは穿ち過ぎだろうか？

ヘレン・メリルが初めてレコードを録音したのは1953年で、場所はルディ・ヴァン＝ゲルダー・スタジオだった。本格的なキャリアが始まったのはその翌年で、マーキュリー・レコードと3年間にレコード5枚を製作する契約にサインした。そのとき、彼女は23歳だったが、すでにクラブのステージで長いプロとしてのキャリアがあり、チャーリー・パーカーやバド・パウエルの伴奏で歌ったこともあった。

マーキュリーはこのとき、大きな過渡期にあった。1953年8月に、それまでジャズ部門の全権を任せられていたノーマン・グランツは独立し、後任には、1951年から1953年春まで社内でブルースやR＆Bのレコードを製作していたボブ・シャッド（1920年7月生〜1985年3月没）が就いた。

1954年の春には、社内に新たなジャズ・レーベルとして、てエマーシー（EmArcy）が新たに創設された。エマーシーとは、Mercury Records Corporation の頭文字ＭＲＣ（エムアールシー）に由来する名称である。

ボブ・シャッドは、１９５４年1月にヘレン・メリルのテスト録音を行なった。それから周到にアルバム製作の準備を進め、アレンジャーとして、ヘレンより3歳年下のクインシー・ジョーンズ（１９３３年3月生～）を採用した。

クインシーは、7人編成のコンボを組織し、トランペッターには、ライオネル・ハンプトン・オーケストラ時代の同僚であり、エマーシーのアーティストであったクリフォード・ブラウン（１９３０年10月生～１９５６年6月没）を起用した。ドラマーのオシー・ジョンソンとギターのバリー・ガルブレイスは、メリル本人がクインシーに推薦して、セッションに参加が決まった（録音は12月22日と24日の2日あり、24日のセッションで、オシー・ジョンソンはボビー・ドナルドソンに替わっている）。

セッションに使われた録音スタジオは、ニューヨークの名門、ファイン・スタジオだった。これは、グランツがマーキュリー時代の後期にチャーリー・パーカーやバド・パウエルをニューヨークで録音するときに使っていたスタジオである。

１９５４年8月から始まったマックス・ローチ＆クリフォード・ブラウン・クインテットの録音に代表されるように、マーキュリー／エマーシーの音質は優秀なことで知られていた。それは何にもまして、このようにプロデューサーが明確な企画を立て、準備と現場の統制をとることが可能な体制を会社がしっかりとサポートしていたからだった。そして、それこそは、マーキュリーがノーマン・グランツから吸収したメソッドだった。

アルバム『ヘレン・メリル・ウィズ・クリフォード・ブラウン』は、アメリカでは昔も今も、同じスタッフ、同じスタジオ、同じアレンジャー、よく似た顔触れのミュージシャンによって、その直前に録音されたサラ・ヴォーンのアルバムの影に完全に隠れた存在に甘んじている。しかし、日本では、ジャズ・ヴォーカルの代表的な古典として、今にいたるも高い評価と人気をほしいままにしている。

マスターテープ

『ヘレン・メリル・ウィズ・クリフォード・ブラウン』は、ほかのクリフォード・ブラウンのエマーシー録音とともに、世界に先駆け日本でCD化された。しかも、それが三十数年後の今もって、『ヘレン・メリル・ウィズ・クリフォード・ブラウン』の最も優れたデジタル・ヴァージョンであり続けている。後年出たリマスター盤であろうと、SACDであろうと、初回マスタリング（手元にあるのは西ドイツ・プレスでカタログ番号は814 643-2）の前には顔色を失う。

その初回マスタリングを産み出した復刻プロジェクトの中心人物が、児山紀芳（1936年生

〜2019年2月没）だった。

児山についての説明はいまさら必要ないだろう。スイング・ジャーナル誌編集長を2期17年にわたって務めた人物で、1980年代には社外プロデューサーという立場で、「ジャズの未発表音源の発掘人」と名を馳せるほど多くのボックス・セットを製作し、世界的な名声を得た。グラミー賞にも2回ノミネートされ、アメリカ人のあいだではBoxman（箱男）と呼ばれていたほどだった。

児山が自ら明かした説明によれば、Boxmanという二つ名の名付け親はマイケル・カスクーナで、安部公房の小説『箱男』（英題は「The Box Man」）が由来だった。カスクーナは、冒頭の文章「This is the record of a box man」を見たとき、「これはミスターコヤマのことだ」と思ったのだ。安部公房の書いた原文は、「これは箱男についての記録である」だが、英文では「これは箱男のレコードである」とも読めることは言うまでもない。

クリフォード・ブラウンのマーキュリー／エマーシー録音は、児山がジャズ録音の復刻に携わるきっかけでもあった。彼の近著『ジャズのことばかり考えてきた』（白水社）に詳しい記述がある。

1981年夏のアメリカ滞在中、児山は友人のボブ・ポーターに誘われて、レコード会社がマスターテープを保管している場所に入る機会があった。ポーターは作業を終えると、児山に、「せっかくだから何か聴きたいマスターテープはあるか」と促した。児山は「クリフォード・

ブラウンならなんでも」とリクエストした。

（略）マスターテープの棚から一巻をスタジオに選んで来てくれました。それを専用の試聴機にかけてくれたんですが、流れ出した瞬間、その音の良さにぶったまげたわけなんです。曲は「アイ・リメンバー・エイプリル」でしたが、目をつむって聞くと、もうクリフォード・ブラウンが手の届くところで吹いているかのような音なんです。長年聞いていたレコードの音とは、まったく次元がちがうものだったんですね。

このとき、児山は保管庫に、クリフォード・ブラウンのコンボ・セッションとジャム・セッションの未発表テイクを収めたマスターテープが残っていることに気づき、日本に帰るとレコード会社にかけあって、発掘プロジェクトを企画し、スタートさせた。

翌年、彼は日本からもち込んだデジタル録音機材を携えてニュージャージーの保管庫を再訪し、その場でクリフォード・ブラウンのマスターテープを次々とデジタル録音機にダイレクトにコピーしていった。

この音源は、１９８３年に日本で13枚組のＬＰボックス『We Remember Clifford Brown 11+2』として世に出た。「11+2」とは、マーキュリーでクリフォード・ブラウンがリーダーまたはサイドマンとして参加したオリジナル・アルバムの11タイトルに、児山が発掘した未発表曲集の2枚を加えたことを指している。

のちにこれらのマテリアルは再編集され、CD10枚のボックス・セットになったが、この時点では、CDもまだアナログ盤の構成に完全に準拠していた。手元には、コンボ・セッションの未発表テイクを集めた『モア・スタディ・イン・ブラウン』のCDがある。付属の日本語ライナーノートは24㎝四方の1枚の紙で、もちろん本文は児山が書いているが、紙の上部右側には、次のような独立した無署名の文章がある。

この〝オリジナル・マスター・コレクション〟は、米国ニュージャージー州エジソンにある米マーキュリー・レコード（ポリグラム社）のテープ倉庫に保管されている門外不出の〝オリジナル・テープ〟から、デジタル録音機に直接コピーしたマスター・テープによって、新たにマスタリングされています。今までに誰もが聞いた経験のない〝純粋なオリジナル・マスター・クオリティ・サウンド〟が完全に姿を現しています。

コンパクトディスク

1982年の10月、コンパクトディスクは一般に市販が始まった。しかし、当初ジャズのC

D化は、デジタル録音をマスターとする音源が優先された。最初期のCDのなかにもマイルス・デイヴィスの旧作群のようなアナログ録音はあったが、少数派だったと言わざるをえない。しかも、その場合でさえ、発売されたのはほとんどステレオ録音アルバムに限られていた。マイルスのアルバムでさえ、『ラウンド・アバウト・ミッドナイト』のようなモノラル録音はおいてきぼりにされたほどだった。

ステレオであるかモノラルであるかを問わず、アナログ録音時代のジャズが日常的にCD化されるようになるのは、1985年を待たねばならず、クリフォード・ブラウンの一連のマーキュリーCDは、きわめて早い時期に登場したモノラル録音のジャズ復刻CDだった。

先ほど紹介した惹句にもある通り、児山か世に送り出したクリフォード・ブラウンのCDは、ポジティブな意味で、（「レコードのような音がするCD」であるより）「マスターテープのような音がするCD」だった。

ポジティブ、とあえて前置きするのは、一般論として、マスターテープの方がレコードよりあらゆる面で音質的に優れているというものではないからだ。これは、それほど単純な話ではない。簡単に説明できることではないが、試みることにしよう。

1950年代から1960年代前半のモダンジャズ黄金時代に作られた、いわゆるオリジナル盤は、マスターテープの音を当時の最も低い性能の装置に合わせて大きく改変していた。具体的にいうと、フィルターで周波数の上下両端（たとえば100ヘルツ以下と12キロヘルツ以上）をばっさりカットし、イコライザーで特定の帯域を上げ下げする。そしてアナログ・コンプレッサーで強い音を潰す。さらにカッティング時には、カッティング・マシンによる歪みが付け加えられる。

こうした過程がマスターテープの情報を大きく削いでいたことに疑いはない。しかし同時に、この過程で生じたアーティファクト（人工夾雑物《じんこうきょうざつぶつ》）や機材がもつ固有の音色の色づけが加わり、それがトリッキーな副産物としてレコードの音を魅力的にしていたこともまた疑いのないことであった。

話題をクリフォード・ブラウンのCDに戻すと、一連のクリフォード・ブラウンのマーキュリーCDは、オリジナル・マスターテープを聴いて「その音の良さにぶったまげ」「レコードの音とは、まったく次元が違うもの」だと感じた人物が製作した。それだから、オリジナル盤を模した音ではなく、マスターテープに近い音であるのは、筋が通っているし、また、だからこそ成功もしたと言えるだろう。

もうひとつ念のために付け加えると、児山が採った方法論は必ずしもこの時代で特に突出していたわけではなかった。CDが世に出てから数年足らずのあいだは、技術的な制約もあったが、それ以上に業界のCDに対する考え方は、レコードの音を基準にしてそこに近づけるのではなく、マスターにほとんど手を加えないCD化もそれほど珍しくはなかった。

先に触れた、マイルス・デイヴィスのCBSソニー盤はその好例だった。アメリカ本国のオリジナル・アナログ・テープをマスターとして使用したことをはっきりと謳っていて、やはり典型的な「マスターテープのような音がするCD」である。たとえば、『カインド・オブ・ブルー』は、たくさんのリマスターが存在するが、最も初期に出たCBSソニー盤（35DP-62）は、レコード時代と同じオリジナル・ミックスを収録した唯一のCDというだけでなく、私見では、いまだに最も優れた音の『カインド・オブ・ブルー』デジタル・ヴァージョンでもある。

プロデューサー

プロデューサー児山紀芳

プロデューサーとしての児山の資質は、活動の場を旧録音の発掘から新録音へと拡げたときにいっそう明瞭になった。彼が1980年代にプロデュースしたヘレン・メリルやジョン・ルイスやラリー・コリエルなどのCDは、優れた企画もさることながら、録音でもテイストのよいリラックスしたナチュラル・サウンドを特徴としていた。

その例証として、ヘレン・メリルとスタン・ゲッツが共演したエマーシー盤『ジャスト・フレンズ』（EJD-8）を挙げたい。このアルバムは、6曲がニューヨーク、3曲がパリのスタジオで録音された。ふたつのセッションの音質には、明らかな落差がある。前者に比べ、後者のサウンドは冷たく、のびやかさを欠いている。もちろん、前者をプロデュースしたのが児山である。

児山が製作した作品のなかでは、ジョン・ルイスがバッハを弾いた一連のアルバムも、企画、演奏、録音と、どれをとってもすばらしい。ギル・エヴァンスとヘレン・メリルのアルバム『コラボレイション』（32JD10110）も、いくつかのモニュメンタルな意義を感じさせる。だが、ここで紹介したいのが、レイ・ブライアントとの「男同士」（児山談）の交流から生まれた一連のアルバムである。

１９８７年から１９９５年にかけての足かけ9年間、児山はレイ・ブライアント（１９３１年12月生〜２０１１年6月没）のアルバムを、日本主導で復活したエマーシー・レーベルのために製作した。その枚数は10タイトルに達した。児山は、その後もレーベルを変えてもう2枚製作した。耳にしたことがあるのは8枚だが、どれをとっても、レイ・ブライアントがかつてプレスティッジやコロムビアやアトランティックで作った人気盤に匹敵する聴き応えがあった。

その傑作の森のなかから、上位を選ぶとしたら、『トリオ・トゥデイ』（32JD-10079）、『プレイズ・ベイシー＆エリントン』（32JD-10051）、『スルー・ザ・イヤー vol.1』（PHCE-31）、『同 vol.2』（PHCE-32）に真っ先に指を折る。これらは、レイ・ブライアントがキャリアの後期に到達した、控えめだが明快で深みのある境地を凝縮した傑作と呼べる。

そして、録音の面から見ると、『トリオ・トゥデイ』『プレイズ・ベイシー＆エリントン』というふたつのタイトルが最も特徴的であり、ユニークな魅力をもっている。

児山とレイ・ブライアント

レイ・ブライアントは1950年代から、コロムビア、エピック、プレスティッジ、カデットなどのレーベルに多くのリーダー作を残してきた。1970年代には初めてヨーロッパを訪れ、有名なモントルー・ジャズ・フェスティバルのライブ盤を録音した。1976年からはパブロと契約して、リーダーとしてもサイドマンとしてもセッションをこなした。

しかし、1980年のトリオによるリーダー作『マイルストーンズ』（パブロ）を最後に、1986年に東京のスタジオで大森明の『バック・トゥ・ザ・ウッド』（デンオン）のセッションに参加するまで、レイ・ブライアントにはしばらく録音の機会が訪れなかった。

児山は1972年に、モントルー・ジャズ・フェスティバルでレイ・ブライアントのステージに初めて接した。そのとき、児山はレイが滞在しているホテルに電話をかけ、ふたりの親交が始まった。児山はレイ・ブライアントがしばらく録音から遠ざかっているのにハタと気づき、1987年にプロデューサーとしてレイ・ブライアントのレコードを作ることにしたという。

それで完成したアルバムが、マンハッタンの今はなきクリントン・レコーディング・スタジオで録音された『トリオ・トゥデイ』と『プレイズ・ベイシー&エリントン』だった。1987年2月の13日から16日まで連続4日のセッションで、前半の2日間からは『トリオ・トゥデイ』、後半の2日間からは『プレイズ・ベイシー&エリントン』というアルバムが、それぞれ誕生した。
このセッションが成功した要因は、ちょうど児山自身が『ジャズのことばかり考えてきた』で触れているので、それを引用する。

（レイ・ブライアントには）ライブ演奏のすべてを掌握できる能力があるわけですから、アルバム制作においてもかなりの部分をレイに任せていました。プロデューサーのわたしの仕事といえば、準備段階に終わっていました。（中略）彼が尊敬していたカウント・ベイシーに取り組みたいと言えば、そこにデューク・エリントンの曲も加えてバランスを取った方が面白いのではないか、ということを助言したくらいでした。その録音は、「プレイズ・ベイシー・アンド・エリントン」というアルバムになりましたが、このアルバムに限らず、録音当日は、わたしから彼に細かく言ったことはなかったんですね。わたしは、彼が演奏しやすいコンディションを作ることに集中しておけば良かった。

これはいちいちが頷ける。レイ・ブライアントの録音セッションのために、児山は最良のスタジオと録音ミキサーをセッティングした。そして、現場では、ミュージシャンや録音スタッフの自発性を最高に発揮させることを目指し、成功した。

クリントン・レコーディング・スタジオ

クリントン・レコーディングは1983年12月、マンハッタンのウェスト46丁目にオープンしたスタジオで、その大きな空間は、響きの美しいアコースティックで高い定評があった。

セッションでミキシングを担当したのは、トム・ラザルス。1980年代に頭角を現し、現在も大活躍しているトップ・エンジニアだ。レイ・チャールズから、ルネ・フレミング、ビョーク、ヨーヨー・マ、ウラディミール・ホロヴィッツ、ヒラリー・ハーン、チャーリー・ヘイデン、ジョシュア・レッドマン、ラウンジ・リザース、オーネット・コールマン、ラビ・シャンカールまで、録音する対象のジャンルを超えてヴァーサタイルな能力を誇るミキサーである。

1987年2月のセッションから生まれたレイ・ブライアントの2枚のCDを聴いて、まず印象的なのが、豊潤としか言いようのないピアノのサウンドである。底光りする艶を湛えた輝きには誰もが魅せられるだろう。その理由の一部は、ピアノそれ自体に帰する。

クリントン・スタジオ備え付けのピアノはスタインウェイDコンサート・グランドだった。このピアノは、もともとコロムビアのサーティース・ストリート・スタジオに置かれていた個体だった。つまり、レイ・ブライアント自身がかつて「コン・アルマ」や「リトル・スージー」を録音したときに弾いたピアノであり、マイルス・デイヴィスの『カインド・オブ・ブルー』でビル・エヴァンスが弾き、デイヴ・ブルーベックが『タイム・アウト』をはじめとする数々の名作で弾いた伝説的な楽器そのものであった。

（念のために事実関係についてより正確を期すと、サーティース・ストリート・スタジオに、スタインウェイDは少なくとも2台あった。サーティース・ストリート・スタジオが1982年に閉鎖したとき、その1台のスタインウェイDを購入したのがクリントン・スタジオだった。もう1台のスタインウェイDは、CBSニュースの著名アンカーだったチャールズ・オズグッドが購入し、彼がフランスにもつ家に運んだ。）

トム・ラザルスのナチュラル・サウンド

トム・ラザルスによる録音は、現実のライブハウスでピアノ・トリオを聴く感覚を鮮やかに蘇らせる。CDを再生すれば、スタインウェイ・グランド・ピアノがスタジオの空気に包まれながらリスニング・ルームにぐっと浮かび上がることだろう。

それは、目の前にピアノのハンマーがあるようなタイプの録音ではないので、物足りなく感じるリスナーはいるかもしれない。しかし、良質のシステムで聴けば、楽器とのリアルな距離感とジャズに求められる直接的なインパクトのバランスは絶妙そのもので、ラザルスの実力をまざまざと思い知ることになるはずだ。

同時に、この録音が、レイ・ブライアントが円熟期にたどり着いた音楽と美しく共鳴していることも見逃せない。レイがかつてプレスティッジやコロムビアに残した演奏に比べても、ドライブ感はむしろ強靭になっていて、曲の全体を見通す劇的感性も向上している。彼の左手から生み出される独特のゴスペル風の和音は、ハンマーで打ち込んだような深みと同時に円満な広がりが感じられ、右手から繰り出されるシングルトーンは、力強いが不必要な力みは拭い去られている。

レイ・ブライアントの音楽が常にエンタテインメントに根ざしていることは、児山も指摘しているが、この頃にはそれが独特の風格と結びついていて、それがなんとも言えない魅力の源泉となっていたことも見逃せない。

ふたつのＣＤでは、そういったレイ・ブライアントの音楽的特徴が、スタインウェイＤの豪奢な響きとラザルスのナチュラルな録音によって美しく増幅されていて、聴くたびに幸せな気分にさせてくれる。クラシックの室内楽を録音するときもラザルスは、現実のコンサートを彷彿させるリアリスティックなパースペクティヴのなかに演奏家を浮かび上がらせるが、その手腕がここでもはっきりと効いている。

バックを務めるルーファス・リードのベースと、フレディ・ウェイツのドラムスによる演奏も、献身的で強い説得力がある。フレディ・ウェイツ（1940年4月生～1989年11月没）は、過去の録音歴で見ても、1966年から1972年までレイ・ブライアントと共演を続けていた顔馴染みだった。ルーファス・リード（1944年2月生～）は、少なくとも録音ではこれが初顔合わせだが、ウェイツともどもブライアントを心地よく盛り上げている様子に、隙はない。

この録音では、ベースのタイトなプレゼンスや、ドラムスのパワフルなインパクトも、ピアノに劣らない魅力を放っている。どちらの楽器も、かぶりつきではなく、適度な距離感を感じさせる。ニュートラルな音色や、楽器の周囲の空気感の表出もみごとなものだ。特にシンバルの周囲の空気感がすばらしい。

ライナーノートにはスタジオの録音風景写真があるが、ラザルスがトリオの一体感を強調するため、入念にケアをしていることが見てとれる。ベースはピアノの背後に置かれている。ピアノとのあいだに低い1枚のバッフルはあるが、基本的には隔離されていない。ドラムスは、ピアノとベースを結ぶ一直線上のさらに奥にあるが、これはブースで隔離されている。

ドラムスへのマイクの配置で、写真から視認できるのは、オーバーヘッド・マイクともう1本だけだが、さらに数本あるのかもしれない。全体を収録するオーバーヘッド・マイクが、ブルームライン・ペアであるのも目を引く。ブルームライン・ペアというのは最もベーシックなワンポイント・ステレオ・マイク・セッティングである。ミキシングは、ハイハットとクラッシュシンバルが右側から、トップシンバルが左側から、その他が中央となっている。

ピアノも、左右の広がりをあまり強調していない。さらにラザルスはミキシングでもスタジオでの配置と同じように、3つの楽器を揃ってサウンドステージのセンターに据えている。その結果、一直線上の奥行きのなかに配置された3つの楽器と、その周囲を取り囲むスタジオ・アンビエンスという構図が、適切な遠近法のなかに整然と完成している。

ラザルスは、一聴どうということのないように聞こえる音響を、細かな調整を積み上げて達成している。その意味では、『トリオ・トゥデイ』と『プレイズ・ベイシー＆エリントン』の2枚は、誰にでもその良さと技術的達成が直ちにわかるという類の音響とは言えないかもしれない。しかし、レイ・ブライアントの音楽スタイルと歩を合わせた、洗練されたサウンドはやはり聴きごたえがある。

この録音も、今やセッションから30年以上の年月が過ぎた。ルーファス・リードや、当時キャリアのまだ初期だったトム・ラザルスは今も健在だが、レイ・ブライアントは２０１１年に鬼籍に入った。フレディ・ウェイツは早くも１９８９年に世を去っている。そして、クリントン・スタジオも、マンハッタンの地価高騰のあおりを受け、２０１０年にクローズした。

もはやヴィンテージと呼ぶべき2枚のＣＤからは、豊かでエレガントな輝きが立ち上る。そして、聴くたびにその輝きは増していくようだ。まさに「隠れた宝物」と呼ぶにふさわしい逸品である。幸いなことに、２タイトルとも中古市場ではありふれていて、入手は難しくないはずだ。

もし児山紀芳というプロデューサーがいなかったら、１９８０年以降のレイ・ブライアントのディスコグラフィーはずいぶん寂しいものになっていたところだった。彼がレイ・ブライアントのアルバムをたくさん残してくれた事実には感謝するばかりである。

なぜこれほどの長期にわたってレイ・ブライアントと録音を続けられたのか。その理由を児山自身が語った文章が残っている。彼は言う。レイ・ブライアントは一流のミュージシャンであり、長年レコーディングがないのが不思議だった。自分はプロデューサーとしてそう判断し、彼のレコードを作った、と。そして最後にこう締めくくる。

「レイの音楽がわたしの期待に常に応えてくれたのです」

プロデューサーがアーティストにこれ以上を望めるだろうか。

追記：この原稿をちょうど書き終えたところで、児山紀芳氏の訃報に接しました。謹んで哀悼の意を表します。氏のプロデュースした数々の作品とともに、氏がプロデューサーとして再評価されることを心から願ってやみません。

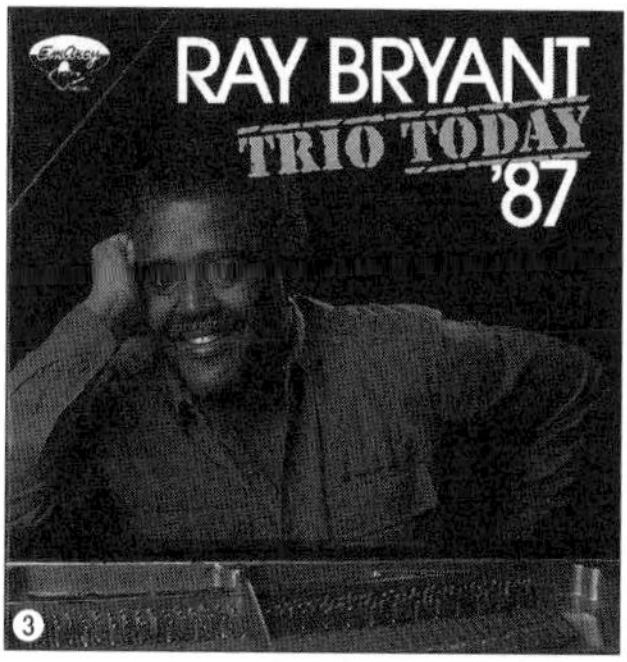

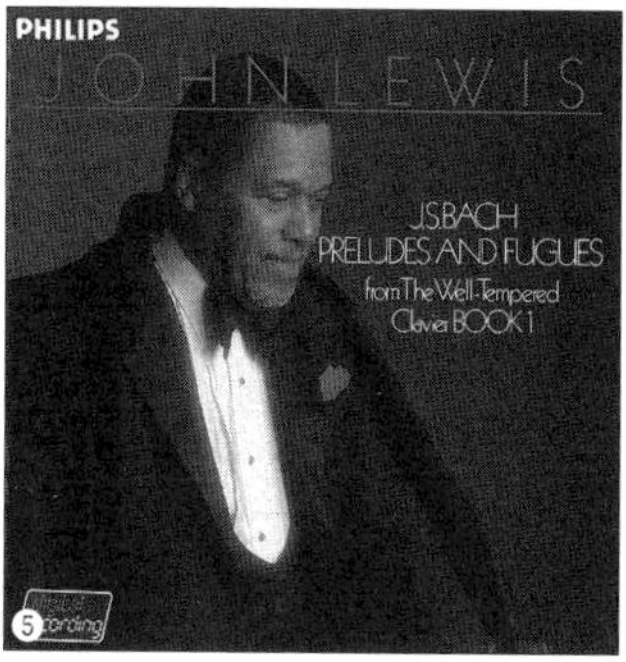

❶『ヘレン・メリル・ウィズ・クリフォード・ブラウン』(Mercury 814 643-2)

❷ クリフォード・ブラウン
『モア・スタディ・イン・ブラウン』
(日本フォノグラム 814 637-2)

❸ レイ・ブライアント『トリオ・トゥデイ』
(日本フォノグラム 32JD-10079)

❹ レイ・ブライアント
『プレイズ・ベイシー＆エリントン』
(日本フォノグラム 32JD-10051)

❺『ジョン・ルイス・プレイズ・バッハ』
(日本フォノグラム 28PJ-8)

第 10 章

ノーマン・グランツをめぐるワン、ツー、スリー

フレッド！ エラ !! オスカー !!!

ジャズ興行士《インプレサリオ》

その生涯に、ノーマン・グランツは企業家として、少なくとも5つのレーベルを率いた。クレフ、ノーグラン、ヴァーヴ、ダウン・ホーム、そしてパブロ。このうちパブロを除いた4つは推移がわかりにくいので、整理してみた。

ノーマン・グランツ（1918年8月生〜2001年11月没）は、ロスアンゼルスでウクライナ系ユダヤ人移民の家庭に生まれた。カリフォルニア大学ロスアンゼルス校（UCLA）に学んでいたが、第二次大戦が続く1941年の夏、2年を終えたところで退学し、陸軍に志願した。その頃から始めたジャズ・クラブ通いのうち、彼はまだ無名時代のナット・〝キング〟・コールと親友になった。そして、コールの紹介を通して多くのジャズ・アーティストと顔馴染みになった。

1942年初頭、陸軍航空隊の飛行試験に不合格となったグランツは軍を辞め、大陸横断バスに乗ってニューヨークに向かった。彼はそこで、昼はウォール・ストリートでアルバイト、夜はジャズ・クラブ通いという生活を数か月送った。そして、夏にロスアンゼルスに戻ると、ジャズ・クラブで日曜日にジャム・セッションを催したり、レコードのプロデュースをしたりするようになった。

グランツがプロデュースした最初期のレコードは、レスター・ヤング・トリオの4曲（SP

盤2枚）で、1942年7月15日に録音された。レスターは当時、カウント・ベイシー・オーケストラから独立してロスアンゼルスに住んでいた。ナット・コールとレッド・カレンダーを率いたこのセッションは、ハリウッドの大手レコード店、ウォリックス・ミュージック・シティのもつスタジオで録音された。オーナーのグレン・ウォリックは、のちにキャピトル・レコードを創立する3人のなかのひとりである。

こうして製作した録音の権利をグランツは地元でメスナー兄弟が経営するフィロ・レコードに売った。フィロはのちに名前をアラジン・レコードと変えたので、この録音は現在ではアラジン・セッションとして知られている。

このセッションから1か月後にグランツは徴兵され、約1年を軍隊で過ごした。兵役を終えると、1944年2月に、彼は200席のホールを借りて定期のジャズ・コンサートを始めた。出演アーティストは、イリノイ・ジャケー、バーニー・ケッセル、ナット・コールなどで、ホールは満員になった。しかし、グランツはミュージシャンに十分な額のギャラを支払った結果、収益は赤字になり、コンサートは数回で中止に追い込まれた。

ミュージシャンへ正当なギャラを支払い続けながら利益を出すためには、大きな会場を借りてたくさんの客を集める必要があった。彼は300ドルを借金で工面し、この年の7月2日、ロスアンゼルス・フィルハーモニー・オーケストラが当時本拠地としていたフィルハーモニック・オーディトリアムでジャズ・コンサートを開いた。この賭けは歴史的な成功を収め、グランツのコンサート運営は軌道に乗った。

コンサートは「ジャズ・アット・ザ・フィルハーモニック」と名乗ったが、グランツがつけたもともとの名称は「ジャズ・コンサート・アット・ザ・フィルハーモニック・オーディトリアム」だった。ところが、このままでは長過ぎてポスターに入りきらなかったので、印刷屋がコンサートの直前にグランツには無断で切り詰めてしまった。

そのポスターを見たグランツは、勝手な改変をむしろ気に入った。しかし、オーディトリアムの事務局は、「ジャズ・アット・ザ・フィルハーモニック」では事務局が共催するイベントに見えるから改称しろとグランツにつめ寄った。

グランツの主催するコンサートには騒々しい、黒人と白人の入り交じった客が集まることを、事務局はそもそも快く思っていなかった。それもあって、事務局は１９４６年１月のコンサートを最後にグランツをオーディトリアムから締め出した。しかし、グランツはその後も自分が開催するコンサートやツアーに、ジャズ・アット・ザ・フィルハーモニック（ＪＡＴＰ）という名称を使い続けた。

ＪＡＴＰは、ジャズを酒と煙草の煙に満ちたナイトクラブの暗闇から、演奏を主役にしたコンサート・ホールのステージへ連れ出した革命的なイベントだった。そして、ミュージシャンを膚《はだ》の色の違いで区別しないことでも先駆的な試みだった。

グランツは生涯を通して人種差別と果敢に戦い続けたことでも知られている。１９５５年には、南部で公演の最中、黒人ミュージシャンを麻薬のでっちあげ容疑で逮捕しようとする警官に、グランツ自身も拳銃を腹に突きつけられ、「お前を撃つぞ」と威嚇されたことがあった。グランツはミュージシャンたちとともに一時は投獄されたが、裁判に2000ドルを費やしても、黒人ミュージシャンを護り通した。また、来日したグランツが穐吉敏子を高く評価して直ちにノーグランからレコードを出したことも忘れるべきではない。

そして、コンサートのライブ録音という点でもグランツは先駆的だった。彼はJATPを自らライブ録音して、その販売権を手に、まずはコロムビアと交渉した。しかし、コロムビアからは色よい返事を貰えなかったので、権利はモー・アッシュに売った。

アッシュは「ディスク」や「アッシュ」というレーベルをもっていて、そこからレコード（もちろん、まだSPの時代である）が出た。このときSPアルバムの表紙を飾ったのが、デヴィッド・ストーン・マーチンが描いた有名なトランペッターのイラストである。アッシュにマーチンを推薦したのは、ピアニストのメリー・ルー・ウィリアムスであった。

ところが、のちにアッシュは破産を申請する事態に陥り、原盤は銀行に差し押さえられた。そのため、グランツは、アッシュに売ったJATPの原盤に二度と手出しができなくなってしまった。

1947年6月、グランツはマーキュリー・レコードに招かれ、ジャズ部門のトップに就任した。マーキュリーはグランツにジャズ部門の全権を委ね、グランツはJATPのライブはもちろん、彼がプロデュースした新録音を次々とマーキュリーからリリースした。

アッシュとの顛末に懲りたグランツは、マーキュリーで出した録音の権利はすべて将来独立するときには自分のものとする契約を結んだ。グランツがそれほどの有利な条件で契約できたのは、マーキュリーが創立したばかりでまだ経験が乏しかったためだった。マーキュリーは製作から宣伝までレコード・ビジネスについての多岐をグランツから学ぶことができたので、この契約に不満はなかった。

エラ・フィッツジェラルドとヴァーヴ・レーベル

1953年8月、グランツはマーキュリーから独立した。彼はそれ以降の新録音だけでなく、それまでにマーキュリーで製作した録音も、あらためてクレフ・レーベルから再発した。

再発盤は当初は間に合わせに、ジャケットにクレフのシールを貼り付けていたが、のちにジャケットやレーベルのマーキュリーのロゴを正式にクレフに変えた。クレフの販路は、それまで通りマーキュリーが担当してくれた。

グランツはジャズを時代様式で区別することはせず、マーキュリー〜クレフでも、トラッド・ジャズからビーバップまで、無数のアーティストを録音した。その結果、クレフは毎月の新譜の数が膨大になり、グランツによれば、発売スケジュールの管理が行き届かなくなってしまった。

そこでグランツは、1954年の春、新しくノーグランを立ち上げ、手持ちのアーティストをクレフとノーグランに振り分けた。「クレフはスウィングの伝統に立脚したジャズを扱い、ノーグランは、よりクールな連中を扱うことにした」とグランツは説明した。

その半年前の1953年秋、JATPが日本にやって来た。グランツは東京から大阪へ向かう飛行機のなかで、エラ・フィッツジェラルドにマネージメント契約をもちかけた。エラは1949年からJATPに参加していたが、この時点ではマネージメントもレコード会社も、グランツは関与していなかった。

グランツの次の目標は、エラのレコードを自分でプロデュースすることだった。しかし、エラはデッカ・レコードとの専属契約がずっと先まで残っていた。彼はデッカに契約の残りの買い取りを申し出たり、マスコミを扇動したりして、移籍をなんとか早く実現させようと試みたが、結果はどれも不調に終わった。

そこへ思わぬツキが舞い込んだ。デッカは映画『ベニイ・グッドマン物語』のサウンドトラック盤を録音したが、参加したミュージシャンのなかに、グランツと契約していたスタン・ゲッツとジーン・クルーパがいた。『ベニイ・グッドマン物語』は大ヒットが予想されたので、デッカはどうしてもサウンドトラック盤を出したかった。グランツはそこにつけこみ、ふたりの参加を許可する代わりに、デッカにエラの移籍を迫った。

その結果、予期していた日付より18か月も早く（この数字には諸説ある）、グランツはエラをデッカから獲得することができた。それと同時に、グランツは1955年のクリスマス・イブに新しいレーベルを興すと発表した。それがヴァーヴ・レコードで、クレフとノーグランの原盤もヴァーヴに一括統合することになった。ただしグランツ自身は、ヴァーヴの発足とエラの獲得のあいだに直接の関係はないと主張していた。

このときグランツは、ディキシーランド・ジャズ専門レーベル、ダウン・ホームの再開も告知した。ダウン・ホームはトランペッターのルー・ワターズが1949年に創立したレーベルで、グランツが2年前に買い取っていたが、休止状態になっていた。

このあと、ダウン・ホームは細々とした運営にとどまったが、ヴァーヴは大量の新しい録音を市場に送り出し続けた。そのなかには最初から採算が取れないことがわかっているタイトルも山ほどあった。それでもグランツは音楽的に価値があると考えれば、採算を度外視してもレコードを製作した。

そんなことを続けられたのは、端的に言えば、彼の本業はプロモーターだったからだ。コンサートの儲けでレコード事業の損失を補填できたし、損失を税法的に利用できた。「コンサートで1000ドル儲けが出ると、500ドルは税金でもっていかれる。ところが、レコードを作って500ドルの赤字を出せば、政府が半分を負担してくれる」と、グランツは2000年のインタビューで説明している。

グランツの理想とするサウンド

グランツは、途中に兵役と一時的な引退で数年間の中断はあったが、およそ半世紀にわたって精力的にレコードを製作し続けた。彼のプロデュースした録音からは、ＳＰであろうと、モノーラルであろうと、ステレオであろうと、デジタルであろうと、スタジオが代わろうが、エンジニアが誰であろうが、時期を問わず一貫して同質のナチュラルなサウンドを聴くことができる。

そんなことが可能だったのは、いささか逆説めくが、グランツが最初から最後までハイファイ・サウンドなどというものに一切興味がなかったせいだ。彼は常に、ことばの最も単純な意味で、ナチュラルなサウンドを録音に要求し続けたプロデューサーだったのである。

たとえば、グランツはあれだけ多くの録音を製作し、たくさんの録音ミキサーを雇ったが、ルディ・ヴァン＝ゲルダーに録音を依頼したことはない。ルディによれば、グランツには会ったことすらなかった。ある通信販売の会社が、グランツからライセンス契約で買ったマテリアルをルディにカッティングさせて、廉価盤で売ったことがあるくらいだ。グランツにとってルディのサウンドは、求めるものとは別の世界にあった。（もちろん、ＭＧＭ傘下になってからのヴァーヴには、ルディが録音やマスタリングを手がけたレコードは山のようにある。念のため。）

グランツにとってジャズ・レコードの理想的なモデルは、初期デューク・エリントン・オーケストラの録音だった。マイクは1本だけ。ジョニー・ホッジスのようなソロイストは、ほかのメンバーのアンサンブルを聴いて音量バランスを調整しながら、マイクに歩み寄って距離を自ら慎重に図る。このように、グランツの理想は、ミュージシャンが現場で観客に聴かせたいと意図したままを録音することだった。

また、グランツは、録音スタジオでミュージシャンが互いの音をダイレクトに聴きとるのではなく、ヘッドホンをつけて合わせたときに生じる微かな音のずれを指摘することができた。マルチトラックを駆使したミキシングやテープ編集を用いて演奏ミスのないパーフェクトなテイクを作り上げることは、「エンジニアの領分」と呼んで、まったく興味を示さなかった。そしてライブ録音のときも、楽器にはできるだけアンプを通さない素の音を求めた。

1950年代にビバリーヒルズにあったグランツのオフィスには、壁にデヴィッド・ストーン・マーチンのイラストが飾られていた。それには、木に両足から逆さ吊りされた男が描かれていて、次のような説明文が付いていた。「この男はグランツのセッションで、テープの切り貼り編集を提案した」。

グランツは、エリントンが言うところの「バージン・テイク」こそ、そのミュージシャンの真価をとらえたもので、最もピュアであり、ベストだと信じていた。だからといって、ファースト・テイクだけに固執していたわけではなかった。必要と思えば、スタジオの使用時間をいくらでも延長させた。ブルーノートのアルフレッド・ライオンやプレスティッジのボブ・ワインストックやリヴァーサイドのオーリン・キープニューズのように、スタジオ費用の超過を気にして妥協する必要はグランツにはまったくなかった。

無数とも言えるグランツが製作した録音のなかからベストを選び出すのは、無謀な試みでしかない。ここで紹介する3つのタイトルも、トップ・スリーという意味合いはない。ノーマン・グランツという偉大なプロデューサーを考えるうえで手がかりになるセレクションを意図したつもりだ（1枚にはグランツは直接関わってさえいない）。もちろん3つはどれもがトップクラスの優秀録音であり、そして、これは強調しておくが、その録音の真価をCDで手軽に確かめることのできるタイトルである。

1　フルトラック・モノーラルの栄光

夢の企画

グランツはハイスクール時代、フレッド・アステア（1899年5月生〜1987年6月没）に夢中だった。アステア主演のミュージカル映画『トップ・ハット』（1935年）を観に映画館へ20回以上通い、歌詞とステップをすべて暗記したあげく、ダンサーになって映画でアステアのバックで踊ることを夢みて、密かにタップ・シューズを買い、週に数回のダンス教室に通ったほどだった。アルバム『ザ・フレッド・アステア・ストーリー』(英題 :The Astaire Story) も、最初の目論みでは自分の楽しみとして作り、友人に配るだけの非売品にするつもりだった。

まずグランツは共通の知人からアステアの電話番号を教えてもらい、電話をかけて直にプランを説明した。ところが、アステアはグランツが何者かまったく知らなかったし、そもそもアステアは自分の声があまり好きではなかったので、グランツがなぜレコードを作ろうなどと考えているのか理解できなかった。アステアはグランツに「興味がない」と答え、「週末は外出するので来週また電話してくれ」と告げた。

受話器を置いたグランツは、説得が頓挫したことを悟り、せめてもの気晴らしに、その夜、デューク・エリントンのコンサートに出かけた。すると、彼は会場で子どもを連れたアステアとばったり顔を合わせた。そして、その子どもがJATPのアルバムを揃えていて、アステアも家で聴いていたことを知った。

後日、グランツはアステアに、自分が製作した豪華オムニバス・アルバム、『ジャズ・シーン』を見せ、こんなアルバムを作るつもりだとアステアにコンセプトと製作の進め方を説明し、快諾を勝ち得た。

アステアは自身も熱心なジャズ・ファンだった。彼は寝室にドラム・セットを置いてあり、レコードに合わせて叩くのを気晴らしにしていた。取材を受けてそのドラムスを叩いてみせた映像も残っているし、映画でも、『踊る騎士（ナイト）』（1937年）で、タップとドラムスを組み合わせた目を瞠《みは》るようなパフォーマンスを観ることができる。

音楽で語られる伝記

『ザ・フレッド・アステア・ストーリー』は、アステアが1920年から1944年にかけて舞台や銀幕で演じ、その後スタンダードとなった曲を集めたアンソロジーである。グランツはこれを、「音楽で語られる伝記」と呼んだ。

製作は1952年2月から始まった。グランツは数週間アステアに密着して、かつてのレパートリーを入念に調べ上げ、ステージや映画で歌われたきり使われなくなったヴァースなど、曲のオリジナルの形について直にアステアからリサーチした。アステアが優れた記憶力の持ち主であることは、『フレッド・アステア自伝』（青土社）を読んだ人なら知っていることだ。

こうしてアステアとグランツは、アーヴィング・バーリンとジョージ・ガーシュインの曲など、アステアのキャリアを象徴する34曲を選び出した。さらにスタジオでは、タップ・ダンスをフィーチャーしたアドリブ・ナンバーが3曲と、バック・ミュージシャンによるジャム・セッション1曲が加えられた。

当初グランツは伴奏にビッグ・バンドを想定していた。しかし、考えを変えてスモール・コンボを配することにした。まずオスカー・ピーターソンをアステアに引き会わせた。そして、バーニー・ケッセル（ギター）、レイ・ブラウン（ベース）、アルヴィン・ストーラー（ドラムス）、チャーリー・シェイヴァース（トランペット）、フリップ・フィリップス（テナーサックス）という、JATPの常連から選抜した6人でバンドを固めた。

このなかで、アルヴィン・ストーラーはあまり馴染みのない名前かもしれないが、フランク・シナトラのお気に入りドラマーとして知られた名手である。残りの5人は、この5か月前に同じスタジオにチャーリー・パーカーやジョニー・ホッジスを迎え、アルバム『ジャム・セッション』を録音したときにグランツが揃えたメンバーでもあった。

録音は、12月にハリウッドのスタジオ、ラジオ・レコーダーズで行われ、14〜15回のセッションで終了した。ほとんどの曲はワンテイクで済み、最大でも4テイクで仕上がったという。

このとき、アステアはヴィンセント・ミネリ監督の映画『バンド・ワゴン』をMGMスタジオで撮影中だったが、MGMスタジオとラジオ・レコーダーズは、自動車ですぐに行き来できる距離にあった。

ラジオ・レコーダーズで、アステアは終始リラックスした歌と踊りを繰り広げた。1曲「ナット・マイ・ガール」では、ピアノ演奏も披露している。

バックを固めたミュージシャンは誰もがすばらしい腕の持ち主だが、なかでも、レイ・ブラウンがリズムの鍵をがっちりと握り、アルヴィン・ストーラーがビッグ・バンド仕込みのテクニックをみごとに活かしているのは耳を引く。

この録音にアステアはとても感激し、セッションが終わるとミュージシャン全員に、「感謝を込めて、フレッド・A」と刻んだ金のブレスレットをプレゼントした。

さらにアステアからグランツに、レーベルのビジネス・パートナーになろうという申し出まであった。これにはさしものグランツも呆然とし、こうコメントした。

「光栄です、フレッド。なんと寛容な申し出でしょう。しかしながら、投資していただいても間違いなく損をします。私の会社は、お金を儲けるつもりがなく、ほかにはない類のレコードを作りたいという風変わりな経営を基にしています。コンサートの仕事でレコード事業をまかなっていて、会社単独では成り立っていないのです」

翌年の2月、グランツは『ザ・フレッド・アステア・ストーリー』をマーキュリーから総計1384セットの限定盤として発売した。価格は50ドルという高額だった。

赤い布張りのバインダー・アルバムには、4枚の青色カラー・レコードと、デヴィッド・ストーン・マーチンによる七葉のリトグラフが添付され、アステアの手描き（とされる）サインが個々のセットに附されていた。もちろん、録音セッション時の写真も多数収録されていた。また、限定盤とは別に、通常のレコードの体裁で分売もされた。さらには4曲入りの17cm盤もあった。

ラジオ・レコーダーズ

録音場所のラジオ・レコーダーズは、グランツがキャリアの初期から使っていたスタジオだった。彼が初めてここを使ったのは1946年3月で、レスター・ヤング&バディ・リッチ・トリオのセッションだった。レコードは1951年にマーキュリーから出た。

そもそもグランツは、カリフォルニアに生まれ育ち、UCLAに通った、根っからウェストコーストの人間だった。一時的にニューヨークやデトロイトに住んだこともあったが、ヨーロッパに移住する前のほとんどを過ごしたのはロスアンゼルスだった。彼の製作したタイトルはとにかく数が多く、そのなかにはニューヨーク録音も少なからずあるので少し見え難いかもしれないが、グランツが経営していた時代のヴァーヴ（後期クレフ、ノーグランを含む）は、基本的にウェストコーストのレーベルだった。

1946年以来、グランツは西海岸での録音製作にはラジオ・レコーダーズのほかにキャピトル・スタジオもよく使い、よい結果を得ていた。そのいっぽうで、チャーリー・パーカーなどのニューヨーク録音は出だしからしばらく迷走が続いた。マーキュリー、フルトン、RCA、その他多くのスタジオを場当たり次第に使ったあとで、やっと1954年になってファイン・スタジオに落ち着いた。

ファイン・スタジオは、録音史上の伝説的エンジニアと目されるロバート・ファインが主宰する名門だった。しかし、少なくともグランツが関わった限りにおいては、ラジオ・レコーダーズ録音の方に一日の長があったように思われる。

ラジオ・レコーダーズはハリウッドにあった独立スタジオで、１９３３年にスタートした。ウェストコースト・サウンドの源流と言っても言い過ぎではないだろう。ＲＣＡやコロムビアのようなメジャー・レーベルでさえ、たとえロスアンゼルスに自社スタジオをもっていてもラジオ・レコーダーズを使うことがあった。キャピトルも創立当時はラジオ・レコーダーズを使っていたが、やがてラジオ・レコーダーズから多くのスタッフを引き抜いて自社スタジオを立ち上げた。

ウェストコーストのジャズ・レーベルは、残らずラジオ・レコーダーズのクライアントだった。パシフィック・ジャズもラジオ・レコーダーズの常連で、アルバム・ジャケットにはよくラジオ・レコーダーズのスタジオが写りこんでいた。

そのほかにも、録音にラジオ・レコーダーズを使ったことのあるレーベルは、ファンタジー、ダイアル、モード、タンパ、コンテンポラリー、イントロ、インペリアル、ワーナー・ブラザース、ライムライト、キャップ、ハイファイ、モード、アトランティックと多士済々だ。

ラジオ・レコーダーズでアステアを録音したミキシング・エンジニアは、ローウェル・フランクという。やはり伝説的な名手だった。ちょうどこの録音の直後にラジオ・レコーダーズを離れ、その後もコロムビアやワーナー、リプリーズで、フランク・シナトラを筆頭に、ディーン・マーチン、サミー・デイヴィスJr．からデューク・エリントン、カウント・ベイシー、ブルーノ・ワルターまでを録音した。

44BXマイク

このように、『ザ・フレッド・アステア・ストーリー』の録音製作に、グランツはアステアへの敬意を表すように文字通り世界最高の設備と機材と人材を投入した。セッションの現場写真には、RCAのリボン・マイク、44BXがアステアの歌とタップを収録する様子や、シンプルなマイク・セッティングがはっきりと写っている。トランペットとサックスが1本の44BXを共有している写真からも、グランツ録音のミニマリスト精神が鮮やかに伝わってくる。テープレコーダーの写真はないが、アンペックス200だったろうか。また、ミュージシャンのあいだを仕切るブースがないことも注目に値する。

44BXは1930年代にRCAが設計、製造したリボン・マイクロフォンである。その音色の美しさで絶大な評価を集め、誕生から80年以上を経た今日も世界の第一線で活躍している。特に、声や金管楽器に用いるマイクとしては、いまだに右に出るものがない。

ジャズ・ファンには、あの『チェット・ベイカー・シングス』（パシフィック・ジャズ）のクリーミーなヴォーカルとトランペットを録音したマイクだと言えばピンとくるものがあるだろう（『シングス』は、ラジオ・レコーダーズ録音ではなく、1954年2月にキャピトル・スタジオで録音された。念のため)。それでも、ノイマンのマイクに比べると必ずしも馴染みがあるマイクとは言えないかもしれない。

そこには歴史的な理由があった。簡単に言うと、ハードバップが定着する時期には、44BXはアメリカでスタジオの主役の座をほかのマイクに譲り渡していたのである。

ハードバップがいつ始まったかについては定説がないが、1951年のマイルス・デイヴィスのアルバム『ディグ』を先駆とする声がある。1954年のアート・ブレイキーのバードランド・セッションや、その1か月後にマイルスがニューポート・ジャズ・フェスティバルに出演した頃には存在を確固としていた。

マイクの主役交代はその時期までに完了した。新たな主役の座に躍り出たのは、西ドイツ(当時)製ノイマンのU47コンデンサー・マイクで、アメリカには、テレフンケンのロゴが付けられて、1949年に初めて輸入された。ちなみに、アメリカでふたり目にU47を購入したのが、ルディ・ヴァン゠ゲルダーだった。

ケニー・クラークのサヴォイ盤『テレフンケン・ブルース』のタイトルとジャケットは象徴的だ。タイトル曲はアーニー・ウィルキンスの作曲で、1955年2月にルディ・ヴァン゠ゲルダー・スタジオで録音されたとき、セッションに参加していたフランク・ウェスが名付けたというが、U47が時代の先端的な存在と見られていたことが窺える。

U47という名称は、ドイツ海軍の潜水艦(Uボート)に由来するという説がある。しかし、それは俗説で、Uは指向性の「切り替え可能」を表すドイツ語 umschaltbar の頭文字である。47はドイツ国内で発表された年を指す（発売開始はその2年後）。

ドイツ第三帝国海軍ギュンター・プリーン艦長が指揮するU47潜水艦は、第二次大戦で30隻の敵船を撃沈したが、U47マイクはアメリカで390ドルという高価な価格にもかかわらず、瞬く間に44BXを押しのけて全米の録音スタジオを征服した。当時の390ドルは、インフレ率を考慮すると今日では4200ドルに相当する。

U47はドイツ製マイクらしいきらびやかな音色を特徴としていた。それに比べ、アメリカ製マイクの44BXは、ニュートラルな音色を身上とし、音源に近接すればするほどメロウな音色が得られるのが特徴とされる。この性質ゆえに、44BXは今日もヴォーカルやトランペットのような金管楽器のためのマイクとして特別な地位をあたえられているのである。

アステアが映画界にデビューしたのは、ちょうど44BXが登場した時期だった。44BXは、いわばアステアと同時代をともに歩んだマイクだったと言える。『ザ・フレッド・アステア・ストーリー』で、アステアのクルーナー・ヴォイスと44BXのキャラクターは絶妙に調和し、随所にゾクっとするような色気をもたらしている。

ひとつだけ例を挙げると、「イズント・ディス・ア・ラブリー・デイ」で、テナー・サックスのソロのあと、アステアはセカンド・コーラスをフェイクしながら繰り返す。その豊かな細部の彩りと波打つアーティキュレーションのつるべ打ちからは、ただならぬ瑞々しさと艶かしさが伝わってくる。この曲では、サックスやトランペット（特に後者）の艶やかでクリアーな音色にも惹かれるが、そこにも44BXが大きく貢献しているのは言うまでもない。

余談になるが、U47が業界のスタンダード・マイクとなると、その固有のキャラクターや周辺機器（プリアンプ）とのミスマッチングが理由で、『ザ・フレッド・アステア・ストーリー』に聞かれる耽美的な音色はアメリカの録音からしばらく失われることとなる。

ダイナミック・スペクタクル

『ザ・フレッド・アステア・ストーリー』のもうひとつの、そして最大の特徴は、ダイナミック・レンジのスペクタクルな再現性にある。『ザ・フレッド・アステア・ストーリー』のダイナミック・レンジは広い。とてつもなく広い。近年の最新録音が束になっても敵わないほど広い。ただし、それほど広大なダイナミック・レンジであっても、直ちに気づかれ難いかもしれない。

なぜか。

『ザ・フレッド・アステア・ストーリー』のサウンドは、弱音を基調としている。バックバンドの演奏も、抑制が利いたノーブルな時間が支配的だ。

アステアは歌手としてはもともと声量に限界があった。そこで彼はマイクロフォンの性能を活用し、あたかも楽器のように扱った。そして、ため息からシャウトまで、時には喋り声までを、彼一流のシャープきわまるリズム感覚で歌唱へ溶解した。そこでは、旋律に内在するアーティキュレーションや歌詞（単語）のナチュラルな発声に従って、瞬間的な大爆発が発生する。それが、この録音の驚異的なダイナミック・レンジの正体である。

なかでも最もダイナミックな「夜も昼も」や「フォギー・デイ」では、雷光がピカッと一閃したような凄まじい切れ味のピークが出現する。しかし、音量の瞬発的な増減があまりに易々と再現されているために、なおさらそのすごみは気づかれ難い。だから、『ザ・フレッド・アステア・ストーリー』のサウンドは、ダイナミック・レンジが「広い」というより、「正確」とか「自然」とか言う方が適切かもしれない。

これほどのドラマチックな音響的快感を巻き起こすジャズ・ヴォーカル録音は、そうあるものではない。だから、いくらでもボリウムを上げたくなる。この恐るべきダイナミック・レンジをハンドリングできる再生システムなら、ボリウムを上げれば上げるほど、目の前に驚くべき音の像が出現する。

もちろんヴォーカルだけではない。「アイ・ラブ・ルイーザ」で高らかに鳴るトランペットや、3曲あるダンス・ナンバーのスペクタキュラーなタップも、とてつもないダイナミック・レンジを誇り、どこまでも生なましい。良質なシステムなら、アステアの姿が口笛とともにそっくり目の前に甦り、タップ・ナンバーでは躍動する足さばきが姿を現し、さらに優秀なシステムでは、その奥にラジオ・レコーダーズのスタジオ壁面が見えてくるだろう。

『ザ・フレッド・アステア・ストーリー』のCD化は、まずアーヴィン・バーリンの10曲が「the irving berlin songbook」というタイトルで1986年にまとめられた。これは国内盤は出なかったと思われる。さらに2年後、残りの28トラックが追加され2枚組セットになった。これは、1991年に国内盤も出た。ボックスには、通常のライナーノートのほかに、簡素だが『The Astaire Story』の写真やイラストをリプリントしたブックレットも付属している。

ローウェル・フランクが録音したマスターテープの本来のダイナミクスと音色を再現するデジタル・バージョンは、この2種のCDしかない。幸いなことに、2枚組ボックス・セットは輸入盤（Verve 835 649）、国内盤（ポリドール PCCJ-2114/5）のどちらも中古市場ではありふれていて、数百円から千数百円で入手できるはずだ。

2　2トラック・ミックスダウンの美

エラと「ソング・ブック」シリーズ

グランツが手がけた無数のアーティストのなかで、彼が最も寵愛していたのはエラ・フィッツジェラルド（1917年4月生〜1996年6月没）だったと言って間違いないだろう。（そして、やや離れているが2番はオスカー・ピーターソンだろう。）

グランツは1987年1月に、パブロをファンタジー・レコードにまるごと売却した。それ以降、パブロのプロデューサーは、アシスタントをしていたエリック・ミラー（1941年生〜2017年2月没）が引き継いだが、グランツはエラ・フィッツジェラルドのプロデュースだけは譲らなかった。なので、1989年に録音したエラのラスト・アルバム『オール・ザット・ジャズ』（パブロ）が、おそらくグランツの生涯最後にプロデュースした作品と思われる。

そこから遡ること33年前にグランツがプロデュースしたエラの最初のアルバムは、『エラ・フィッツジェラルド・シングス・ザ・コール・ポーター・ソング・ブック』で、これはヴァーヴ・レーベルのレコード第一号でもあった。録音日時は1956年の2月と3月、場所はキャピトル・スタジオ。録音エンジニアは、ヴァル・ヴァレンティン（1920年生〜1999年3月没）だった。録音の日付は、あの有名なキャピトル・タワーが完成する数週間前なので、メルローズ・アヴェニューにあった別のキャピトル・スタジオだったと考えられる。

エラのヴァーヴ録音は、26タイトルに上る。ニューヨークの複数のスタジオや、シカゴ、ロンドンのスタジオでも録音があったが、ほとんどはウェストコーストのキャピトル、ラジオ・レコーダーズ、そしてユナイテッド・レコーディング（ウェスタン・ユナイテッド・レコーダーズ）という3つのスタジオを適宜使い分けていた。

1956年8月、ラジオ・レコーダーズは初のステレオ実験セッションを行なった。しかし、後続はしばらく途絶えた。同じ月、キャピトル・スタジオは、ステレオ録音に備えてスリートラック・テープレコーダーを導入した。スリートラックとは、録音テープに3つの独立した録音帯を記録する方式で、使用するテープの幅はモノーラルや2トラック方式と同一だが、（とても高価だった）専用のテープレコーダーが必要になる。

そこから始まる3つのスタジオのステレオ録音の歴史は、きわめて複雑であり、細々と注釈が必要になるのでここでは割愛するが、ウェストコーストのメジャーなスタジオでは、（2トラックではなく）スリートラック・テープレコーダーが主流だったことは抑えておきたい。

一般論として、スリートラック録音が好まれた理由は、2トラックにバンドの音を入れて、もう1トラックに声を入れれば、のちの修正がやり易いからだった。ただし、スリートラックで録音すると、製品としてのレコードにする時点で2チャンネルにミックスダウンする必要が生じる。

グランツは、当時ハイファイマニア向けに高価で販売されていたステレオ・オープンリール・テープに大きな商機を見ていた。エラのヴァーヴ第2作目になる『シングス・ザ・ロジャース・アンド・ハート・ソング・ブック』は、キャピトル・タワーにあるふたつのスタジオ（A、B）で始まったが、従来のモノーラル録音に加え、この月に導入されたばかりのスリートラック・デッキを使って、ステレオでも録音された。キャピトルが自社録音でステレオを始めるのは、やっとこの年の暮れになってからで、グランツの先見性と即断力が現れたエピソードではないだろうか。

ただし、第3作の『エラ・アンド・ルイ』はやはりキャピトル・スタジオで録音されたが、モノーラル・マスターだけで、ステレオ・マスターは最初から存在しない。グランツがステレオで録音しなかった理由は、『エラ・アンド・ルイ』の伴奏が、『ソング・ブック』シリーズのようにオーケストラではなく、小編成コンボだけだったことだと考えられる。

なにしろグランツは、1970年代になったパブロ録音でさえ、エラとジョー・パスのデュエット・アルバム『テイク・ラブ・イージー』を、「歌手とギターだけのレコードにどうしてステレオが必要なのか?」と言って、モノーラルにミックスした人である（しかし、同じ日に録音したジョー・パスの無伴奏ソロ・アルバムでは、アンプを通さないギターの生音をステレオで録音するという、これもグランツらしい細やかな配慮が見られる）。

ヴァーヴの次作で、オーケストラ伴奏の『ライク・サムワン・イン・ラブ』はステレオ録音に戻った。しかし、ヴァーヴ第5作にあたる『エラ・アンド・ルイ・アゲイン』は翌1957年夏の録音だが（使用したスタジオは、キャピトルとラジオ・レコーダーズ）、再びモノーラル・ミックスだけになっている。ほぼ同時に、同じふたつのスタジオを使って並行して録音された『エラ・シングス・ザ・デューク・エリントン・ソング・ブック』はステレオでも録音されているので、そこからも、グランツが『エラ・アンド・ルイ・アゲイン』では、ステレオ・ミキシングをあえて避け、意図的にモノーラル・ミックスのみにしたことが推し測られる。

グランツとヴァレンティンは、録音したスタジオがどこであろうと、ステレオ録音のスリートラック・マスターから2チャンネル・ステレオ・マスターへのミックスダウン作業は、ラジオ・レコーダーズで行なっていた。しかし、ある時期までのヴァーヴのステレオ・ミックスには、試行錯誤の末にいろいろな問題が残った。ステレオ・ミックスが安定するのは、1958年から1960年にかけてのことである。

その「安定」を越した次の段階を「完成」と呼ぶならば、まさに完成を象徴する一枚が、ヴァーヴ第21作にあたる『クラップ・ハンズ・ヒア・カムズ・チャーリー』である。このアルバムは、コンボをバックにしたエラの頂点のひとつと目される名盤であり、エラのアルバムというだけでなく、ジャズ・ヴォーカル史上でも屈指の優秀録音とされている。

コンボ・セッション

『クラップ・ハンズ・ヒア・カムズ・チャーリー』のバックバンドは、当時レギュラーとしていた4人編成。ルー・リヴィー（ピアノ）、ジョー・モンドラゴン（ベース）、ガス・ジョンソン（ドラムス）に、ハーブ・エリス（ギター）が加わっている。

グランツがこのユニットを最初に集めたのは1958年だった。ベーシストは当初マックス・ベネットだったが、間もなくウィルフレッド・ミドルブルークスに交代した。ハーブ・エリスはオスカー・ピーターソン・トリオを辞めたばかりで、鞍替えした格好だった。ピアノは、ポール・スミスとルー・リヴィーが交代して弾いた。ピアニストがふたりになった理由は、エラの世界中を回るスケジュールがとにかくハードだったためだが、それに加え、エラの歌唱に対応することで消耗が激しく、ひとりのピアニストでは賄いきれなかったためでもあった。

1961年1月23日、グランツはエラの新しいアルバムの録音のために、ルー・リヴィー以下4人のミュージシャン、それに録音ミキサーのヴァル・ヴァレンティンたちとともに、ニューヨークでスタジオ入りした。

このセッションでは9曲を録音したところで、理由は不明だが、中断になった。2月にグランツとエラはヨーロッパ・ツアーへ出発した。ツアーはオスカー・ピーターソン・トリオとの相乗りで、ドイツ、オランダ、フランス、ユーゴスラビア、ギリシャ、イスラエル、トルコ、イランなどを回る過酷なスケジュールだった。

ツアーを終えてアメリカに帰国すると、休む間もなくエラと4人はニューヨークのクラブ、ベイジン・ストリート・イーストで4月末まで出演を続けた。5月にロスアンゼルスに戻ると、やっと10日までの休みを貰えた。そして休み明けの5月11日から21日まで（この間、休みは1日だけ）のあいだにクラブ、ザ・クレッセンドに出演。そこで録音された14時間のテープから作られたライブ盤が、『エラ・イン・ハリウッド』になった。

6月、グランツは、1月にニューヨークで頓挫したエラの録音セッションを、ラジオ・レコーダーズのスタジオBで再開した。ベーシストのミドルブルークスはたまたま都合が悪かったようで、代わりにジョー・モンドラゴンが呼ばれた。ミキシング・ルームのヴァル・ヴァレンティンにはふたりのアシスタントがついた。そのひとりはトム・ヒドレーといった。のちにスタジオ設計者として名を馳せるあのヒドレーである。

初回のセッションは、「星影のステラ」から始まった。1日に4時間のセッションが2回で、22日に6曲、23日に8曲を録音してセッションは終了。24日にヴァレンティンがラジオ・レコーダーズで2トラック・ミックスダウンを済ませ、アルバム『クラップ・ハンズ・ヒア・カムズ・チャーリー』は仕上がった。

グランツは、エラをヴァーヴ傘下に獲得したときから、エラがコアなジャズ・ファンのためのシンガーから、さらに上のポジションへと昇る道を探っていた。そこで企画したのが、ミディアムからスロー・テンポの曲を中心にオーケストラが伴奏するヴァーヴの『ソング・ブック』シリーズだった。

グランツの意図は大当たりして、第一弾の『コール・ポーター・ソング・ブック』は大ベストセラーとなり、ロジャース&ハートやデューク・エリントンと、ほかの作曲家を扱った続編が次々と続いた。そのほかの『ライク・サムワン・イン・ラブ』や『ハロー・ラブ』のように、特定の作曲家の名前がタイトルにないアルバムも、オーケストラによる分厚い伴奏がついていて、『ソング・ブック』の落ち穂拾いという性格が強かった。

いっぽう、ジャズ・ファンに向けたスモール・コンボとのスタジオ録音は、ルイ・アームストロングとの『エラ・アンド・ルイ』『エラ・アンド・ルイ・アゲイン』があったが、しばらくあとが続かなかった。エラの殺人的なスケジュールを見ると、コンボとは『エラ・アット・ジ・オペラ・ハウス』や『エラ・イン・ベルリン』のようなライブ録音が精一杯というところだったのかもしれない。

だから、『クラップ・ハンズ・ヒア・カムズ・チャーリー』は、エラにとって、久しぶりにスタジオで録音した本格的なジャズ・アルバムだった。

タイトル曲は、エラが1930年代にチック・ウェッブ楽団で歌った曲でもあり、このアルバムが彼女のルーツにちなんでいることを表していると考えられる。選曲は多彩で、1930年代と40年代のポップ・チューンがあれば、「チュニジアの夜」「ラウンド・ミッドナイト」のようなジャズ・チューンもある。「クライ・ミー・ア・リバー」「スプリング・キャン・リアリー・ハング・ユー・アップ・ザ・モスト」のようなスロー・バラードから急速調のタイトル曲まで、テンポの面でも大きな幅を見せている。

また、エラは「クライ・ミー・ア・リバー」で歌詞に思いがけない一言を付け加えている。「I remember all that you said（あなたの言ったことは全部覚えているわ）」のあとに「Ray」と。「Ray」が、エラの元夫だったレイ・ブラウンへの呼びかけであるのは言うまでもない。

実は、「クライ・ミー・ア・リバー」はもともと1953年に、エラもカメオ出演したワーナー・ブラザース映画『皆殺しのトランペット』の劇中で彼女が歌うために作られた曲だった。しかし、事情があり映画からは除外された。この1953年とは、まさにエラがレイ・ブラウンと別れた年である。エラがついに録音したこの曲で、彼女は1953年に自分の手から零れたふたつのものに惜別の情を手向けたのだろう。その姿は胸に詰まるものがある。

バックの4人による伴奏は、アンサンブルとアレンジを重視した、（ことばの正しい意味で）室内楽的な伴奏になっている。数年のあいだに世界中を回って無数のライブをこなしたレギュラー・グループだけに、エラとの呼吸もぴったりと隙がない。それを象徴するのが「星影のステラ」だ。フェイク・コーラスに入って、ここぞというときに音量を上げるドラマチックな演出は何度聴いてもわくわくする。

デモンストレーション・サウンド

グランツは、「エラを録音するときは、彼女をいつも前面に出すようにして、バックとブレンドしようとは思わなかった。というのも、率直に言って、音楽がどうなのかに関心はなかったから。バンドがいるのはあくまでサポートのためだ」と言っていた。

このアルバムは、そのことばの最も美しい具現である。真空管式機材を使って録音された、この時代ならではの暖かくトランスペアレントなサウンドは同時にダイナミックで鮮烈きわまりなく、よそよそしい冷たさはどこを探してもない。

エラはリスナーのすぐ目の前に現れ、その声は暖かい。そして、ディテールの再現は特筆すべき高みにあり、エラの口の開け方、息が唇にぶつかる様子が、くっきりと生なましく再現される。ノイマンのマイクを使っているのか、(アステア録音に比べれば)少し高域に強調が感じられるが、それは欠点にはなっていない。

4人のミュージシャンは、グランツのことば通り、エラの後方に控えている。左側にピアノとギター、右側にベースとドラムスという配置になっている。各楽器はブースで隔離されておらず、それぞれのマイクにほかの楽器の音も常に飛び込んでいる。

先ほど述べたようにギターの音は左側から聞こえるが、ギターの(アンプを通さない)生音は右チャンネルから聞こえる。これは「ディス・イヤーズ・キス」のイントロではっきりと確認できる。おそらくドラムスのマイクが拾っているのだろう。また、タイトル曲のイントロでも、シンバルがベースのマイクに飛び込んでいるのが確認できる。

こうした録音のおかげで、ラジオ・レコーダーズのスタジオはその全体がひとつの大きな三次元空間としてリスニングルームに出現する。システムが優秀なら、スタジオの後壁も奥に浮かび上がる。

もちろん、それぞれの楽器の存在感も目覚ましい。ベースの指が弦を弾くスナップ感は、文句のつけようがない。ドラムスのダイナミクスも広く、インパクトは痛快きわまりない。「ジャージー・バウンス」のリム・ショットが発する生なましさは、デモンストレーションにもってこいだ。そして、全曲を通して、4人が送り出すリズムの一体感には心底唸らされる。

CDには、1月にニューヨークで録音された3曲がボーナス・トラックとして付いている。ラジオ・レコーダーズで録り直した14曲がどれほど優れているかは、皮肉なことに、ボーナス・トラックに行き着いたところで明らかになる。突然音が冷たくなり、空間が奥行きと高さを失い、ぎゅっと窮屈になる。その落差は絶望的だ。

ラジオ・レコーダーズで録音された14曲の真価は、幸いなことに、1989年にポリグラムから出たCDに余すところなく収録されている。14曲は約50分という長さに及ぶ。オリジナルLPは、片面に25分という長さを詰め込まなければならないため、ダイナミック・レンジに妥協を余儀なくされていた。

また、ヴァレンティンは、『クラップ・ハンズ・ヒア・カムズ・チャーリー』のマスターテープが収められた箱にメモを残していたが、それによれば、彼はラジオ・レコーダーズでスリートラック・マスターから2チャンネル・マスターにミックスダウンする際に、1キロヘルツを意図的に1デシベルもち上げていた。

これは、当時の再生装置で引っ込みがちな音域を考慮して張りをつけるための慣習的な処理だった。この頃の録音には珍しくないが、今日の装置で再生するときは、不自然さを招いてしまうだけで必要がない。

そして、これも当時のレコード製作の日常的な慣習だが、カッティングに際して、周波数帯域の両端を大きくカットしていたし、ダイナミック・レンジも、カッターヘッドへの過大入力や製品となったときの針飛びを防ぐために、コンプレッサーで抑圧していた。

ＣＤは、１キロヘルツに逆補正をかけて、帯域特性をスリートラック時のようなフラットなレスポンスに戻している。そして、ほかはマスターテープの音に何も手を加えず、そのままだ。ダイナミック・レンジも、周波数帯域もマスターテープのままだ。加工のないストレートなサウンドとスナップの効いたトランジェントは、ほんとうにスリリングである。

『クラップ・ハンズ・ヒア・カムズ・チャーリー』は、アメリカではもう数十年以上も前から、ジャズ・ヴォーカルの最高ランクに属する優秀録音としての評価が確立している。いっぽうで、なぜか日本では知名度がないが、これまで述べたように、その音楽もエラのジャジーなアルバムとしてベストのひとつに数えられる逸品である。広く聞かれるようになれば嬉しい。

ＣＤのカタログ番号は輸入盤なら835 646-2。国内盤はJ28J-25085である。国内再発盤POCJ-1939も同じマスタリングである。これらのＣＤは、中古市場では１０００円もしくはそれ以下で手に入る。輸入盤はまだカタログに載っていて、新品でも１０００円程度だろう。その価格でも、これは掛け値なしのオーディオファイル・ディスクである。手を出さない理由がどこにあるだろうか。

3　スリートラック・マスターの憂鬱

グッバイ・ヴァーヴ

ノーマン・グランツは、1959年にスイスのルガーノに居を移し、さらに翌1960年にはヴァーヴをMGMレコードに売却した。売却金額には諸説あり、250万ドルとも310万ドルとも言われる。これは現在の価値に調整すると、それぞれ約2100万ドルと2600万ドルに相当する。1ドル＝110円で換算すれば、23億円と28億6000万円になる。当時のレートである1ドル＝360円で換算すれば……。

契約書には、グランツがそれから7年間はレコード・ビジネスに関わらないことを求める条項があった。グランツはこのあと、仕事の主軸を完全にプロモーター業へシフトし、JATP（1967年まで続いた）や、ジョン・コルトレーンをはじめとする多くのミュージシャンのヨーロッパ・ツアーを率いるプロモーターとして、それまで同様の大活躍を続けた。

グランツが公式にレコード・プロデュース業を再開したのは、1970年のリプリーズ・レーベルのためのセッションということになっていて、当時のビルボード誌には、「グランツが10年ぶりにエラのレコードをプロデュース」という記事が載っている。

しかし、実際には、エラがヴァーヴ＝MGMと契約が切れる1966年までグランツは公然と彼女の新作のプロデュースを続けていた。グランツがエラのプロデュースから離れたのは、続くキャピトル時代だけだった。

そのいっぽうで、グランツがカナダでジャズ・クラブのラジオ中継を聴いて「発見」し、アメリカに連れて来たオスカー・ピーターソン（1925年8月生～2007年12月没）も、1964年いっぱいまでヴァーヴ＝MGMに残った。しかし、1961年の時点で新作のプロデュースはジム・デイヴィスに引き継がれた（ただし、1962年12月に録音したアルバム、『ナイト・トレイン』は例外的にグランツがプロデュースした）。

ジム・デイヴィス（1931年1月生～2009年6月没）は、グランツの片腕として活躍した人物で、ピーターソンのほか、カウント・ベイシー、ミルト・ジャクソン、レイ・ブラウン、ジェリー・マリガンなどのヴァーヴ＝MGMセッションをプロデュースした。

ヴァーヴ＝MGM期のピーターソンのリーダー・アルバムは、後年出たものや双頭リーダー作などもあるので、数え方にもよるが、13タイトルがある。そのうち、シカゴのジャズ・クラブ「ロンドン・ハウス」で録音したライブ盤が4タイトルあり、スタジオ録音は9タイトルになる。

ジム・デイヴィスは、グランツから受け継いだピーターソンの録音セッションを、まずニューヨークのスタジオで始めた。続く2枚もニューヨークで録音したが、4枚目の『アフィニティ』はシカゴ録音になった。次の『ナイト・トレイン』をグランツがハリウッドのラジオ・レコーダーズで録音すると、以降はデイヴィスもロスアンゼルスで録音を続けた。

1964年10月と11月に録音された『プリーズ・リクエスト』では、録音場所がニューヨークに戻った。そして、これが、ピーターソンが24年間在籍したヴァーヴのラスト・アルバムとなった。アルバムを締めくくる最後の曲は最終日のセッションで録音されたが、「グッバイJ.D.」というタイトルが付けられていた。J.D.とはジム・デイヴィスのイニシャルで、ピーターソンが彼に感謝を込めて捧げたオリジナル曲だった。

このように、この時期ピーターソンが録音でその都度スタジを移動したことになんらかの意図があったのかは、関係者が全員亡くなった今となっては、もはや藪の中だ。おそらくは、単にピーターソンのライブのスケジュールに合わせ便宜を図っただけだろうが、その結果として残ったのは、9タイトルのスタジオ録音のなかでも、ニューヨークでRCAビクターのエンジニアだったボブ・シンプソンが録音した『ウェスト・サイド・ストーリー』と『プリーズ・リクエスト』の2枚が、傑出した優秀録音になったという事実である。

念のために書いておくと、『プリーズ・リクエスト』には、Director of Engineeringとしてヴァル・ヴァレンティンの名前が記載されている。これは、当時のヴァーヴのレコードにはよく見られる表記だが、あくまで録音部長としての名義記載であり、ヴァレンティンが録音に直接関わったという意味ではない。

オスカーと魔法使い

ボブ・シンプソンはまさに万能タイプのエンジニアだった。RCAビクターに、『ストコフスキ／ラプソディ』『ミュージック・フォー・バン・バールーム・アンド・ハープ』『ハリー・ベラフォンテ・アット・カーネギー・ホール』など、音楽のジャンルを超えて、世界中で今なお絶賛される優秀録音をいくつも残した正真正銘のレジェンドである。

シンプソンはほかのレーベルにも依頼されて録音を残している。1960年代には、インパルスの主要ミキサーのひとりだった。当時、インパルスのメイン・エンジニアは、言うまでもなくルディ・ヴァン＝ゲルダーだったが、彼のスタジオがオーバーブッキングになった場合や、チャールズ・ミンガスのようにヴァン＝ゲルダーのサウンドを嫌ったミュージシャンの録音にはシンプソンが対応した。

シンプソンは、ミキシング・エンジニアとして徹頭徹尾ニューヨーカーだった。彼は無数の録音を製作したが、いったいマンハッタンから外に出て録音したことがあったのだろうか。オスカー・ピーターソンの2枚の録音場所も、『ウェスト・サイド・ストーリー』がウェブスター・ホール、『プリーズ・リクエスト』がRCAスタジオと、やはりニューヨーク市内だ。

正確を期すために記しておくと、「ニューヨークRCAスタジオ」はふたつあった。ひとつは1953年に建てられた東24丁目のスタジオで、『プリーズ・リクエスト』はそこで録音された。もうひとつは、1969年に引っ越した西44丁目のスタジオである。1970年代以降、グランツがパブロのニューヨーク録音セッションに使ったRCAスタジオは、言うまでもなく、後者である。

『プリーズ・リクエスト』には、〝ウィザード〟（魔法使い）と呼ばれたシンプソンの録音らしい美点が随所に見られる。RCAスタジオとその機材を用いた録音ならではの豊穣で甘美な音色は、上質なリスニング体験への扉を開く鍵となっている。楽器のタイトな存在感は言うまでもない。この時代の真空管式録音機材がもたらす自然な質感は、「今宵の君は」で大向こうを唸らせたレイ・ブラウンのアルコ（弓弾き）でお馴染みだ。

しかし、なんといっても、音楽の躍動感をいや増す広大なダイナミック・レンジの再現がすばらしい。ベースの弦を弾《はじ》くスナップ感は生なましく、ドラムスのパンチとガッツはストレートで爽快きわまる。何よりもピアノのダイナミクスには目を瞠る。小さな音はテープヒスより小さく、その音を聞き取ろうとボリウムを上げると、ピークで痛快きわまるインパクトが襲ってくる。

総合的に見ると、『プリーズ・リクエスト』のサウンドは、『ザ・フレッド・アステア・ストーリー』や『クラップ・ハンズ・ヒア・カムズ・チャーリー』が備えている特異なすごみにほんの少し引けをとるかもしれない。しかし、その分親しみ易く、それが魅力になっているのも確かだ。

ミックスダウンの機微

『プリーズ・リクエスト』は、ＲＣＡスタジオで、スリートラック・テープレコーダーに録音された。これはほかのＲＣＡビクターやヴァーヴの録音と同様で、そこからミックスダウンした2チャンネル・テープが、レコードを作る際のマスターになった。ところが、アルバムは大ベストセラーになったため、2チャンネル・マスターテープは繰り返し繰り返しテープレコーダーにかけられた。その結果、テープは損耗が進み、１９９０年代半ばにはもはや使いものにならなくなってしまった。

１９９７年にマスタリング・エンジニアのクリス・ハーレスが『プリーズ・リクエスト』のリマスターＣＤを作るためにマスターに用いたのは、損耗する前にダビングしておいたセーフティ・(2チャンネル）テープだった。このリマスター盤（ヴァーヴ・マスター・エディション）は、発売された当時の好みに合わせ、高域をもち上げているのが特徴だ。

このあと、ハーレスに続いて、様々なマスタリング・エンジニアが次々と『プリーズ・リクエスト』のリマスター盤を製作した。それらは、マスターテープの出所が明記されていないことも多かったが、いずれもこのセーフティ・ダビングをマスターとして用いていた。

２０１１年、マスタリング・エンジニアのジョージ・マリーノは、一連のヴァーヴ作品のリマスタリングを依頼された。マリーノは『プリーズ・リクエスト』にダビング・マスターを使いたくなかったので、なんとかオリジナルの2チャンネル・マスターを使おうと試みた。しかし、やはり使用に耐える状態ではなく、諦めざるをえなかった。そこでマリーノは、上流へ遡ってスリートラック・マスターに目を向けた。

ヴァーヴ録音のスリートラック・マスターは必ずしも残っているとは限らない。録音当時にミックスダウンを終えたあとに破棄したケースもあれば、いつの間にか行方知れずになったものもある。

幸いなことに、『プリーズ・リクエスト』のスリートラック・マスターは、アイアンマウンテンの保管庫で見つかった。マリーノは、そのスリートラック・マスターからあらためてトラック・ダウン＝リミックスを行い、新たな2チャンネル・マスターを作った。

そのリミックス・マスターから製作されたのが、アナログ・プロダクション盤『プリーズ・リクエスト』で、ＳＡＣＤ（CVRJ 8606 SA）と45回転盤レコード（AP-8606）がある。

言うまでもなく、リミックス・マスターは最新のスタジオ機材を用いて作成された。しかし、1964年当時と現在では、マイクなどごく一部の機材を除けば、事実上すべてが入れ替わっている。単に機種が入れ替わっただけでなく、真空管式とトランジスタ式という点でも決定的な違いがある。

新たなリミックスを聴けばわかるように、スリートラック・マスターの音はとてもクリーンかつ明瞭である。つまり、『プリーズ・リクエスト』のサウンドを魅力たらしめていた独特の燻しのかかった音色は、1964年のミックスダウンに使用した、真空管式2トラック・テープレコーダーがもたらしたアーティファクト（人工夾雑物）だったのである。

当時のモニター・スピーカーの性能では、このミックスダウンで生じた燻しは存在を聞き取ることはできなかった。つまり、オリジナル・ミックスの独特の音色が生まれたのは、シンプソンが意図して作り出したものではなく、偶然の結果生まれたものに過ぎなかった。

もし新たに作成するリミックスでもレコードのオリジナル・ミックスに存在する燻しを再現しようとすれば、1960年代初期の真空管式2トラック・テープレコーダーをマスタリング・スタジオにもってくる必要がある。

念のために付け加えるが、スリートラックから新たにリミックスした2トラック・マスターが、燻しが無意識に付け加えられたオリジナルの2トラック・マスターに比べて「正確」であることは言うまでもない。SACDや45回転レコードは、クリニカルなアプローチを好む人には歓迎されるだろう。しかし、それでは『プリーズ・リクエスト』をスペシャルなものにしていた魅力や色気は消え失せている。

リマスタリングとは、録音と同様、技術的な工程であるのと同じくらい、あるいはそれ以上に美学的な問題である。復刻盤の、この種の「音の近代化」は、音楽ジャンルを問わず、たまさか見つかる。同時に、オリジナル盤の音色や芳香を保ちつつ、ディテールやダイナミック・レンジの向上を図った復刻盤も、CDであるかLPであるかを問わず、けして少なくはない。

『プリーズ・リクエスト』で、オリジナル（の）（レコードと同じ）2トラック・ミックスが聴けるCDは、クレジットにあるDennis Drake（デニス・ドレイク）の名前が目安になる。幸いなことに、中古市場でいくらでも見つけられる。手元には1983年製西ドイツ盤（810 047-2）があるが、これ以外を求める必要はまったく感じない。

パブロ・レコード

1973年、ノーマン・グランツはパブロ・レコードを旗揚げし、レコード・ビジネスに回帰した。再びビバリーヒルズにオフィスを構え、カウント・ベイシー、エラ、オスカー・ピーターソン、ディジー・ガレスピー、ミルト・ジャクソンのようなヴァーヴ時代の盟友たちは言うに及ばず、ジョー・パス、フレディ・ハバード、ズート・シムズ、サラ・ヴォーンのように、あまり馴染みのなかったアーティストのレコードも続々と製作した。

パブロは西海岸の録音には、ヴァル・ヴァレンティンを中心として、彼の薫陶を受けた若手のデニス・サンズからベテランのエド・グリーンまで数多くの録音ミキサーを雇った。ニューヨークで録音するときはRCAスタジオをホームグラウンドとしたが、そこでの主力がボブ・シンプソンだった。

シンプソンがヴァーヴに初めて関わったのは、1961年のことだったと思われる。そのときすでにグランツはヴァーヴをMGMに売却していたので、すれ違いになった。シンプソンが直接にグランツとチームを組んだのは、１９７５年以降にズート・シムズの録音を中心にパブロのニューヨーク録音が本格化してからだったということになる。

だから、『ウェスト・サイド・ストーリー』と『プリーズ・リクエスト』は、子飼いのジム・デイヴィスを通じた、いわば予告編のような存在に位置づけられるということになるだろうか。

また別の機会に採り上げたいが、たとえば、１９７５年４月にグランツがニューヨークのＲＣＡスタジオで製作したパブロ盤『ベイシー＆ズート』の録音ミキサーが、ボブ・シンプソンだった。１９８５年６月に世界に先駆けて発売された『ベイシー＆ズート』の国内盤ＣＤ（J33J-20016）では、ベイシーのパーカッシブなタッチのピアノを胸のすくようなサウンドで聴くことができる。

パブロにはカウント・ベイシー、クラーク・テリー、エラ・フィッツジェラルド、ジョー・パス、ジョー・ターナーなどの優秀録音がたくさんある。あまりに数が多いので見え難いが。

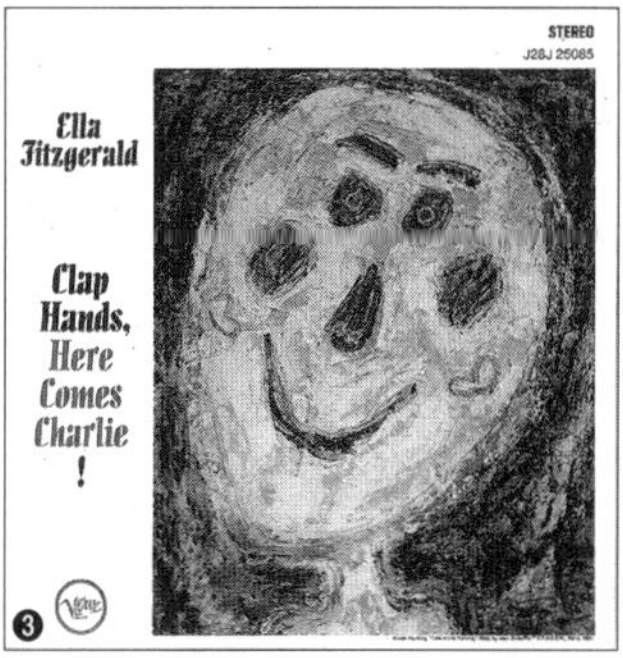

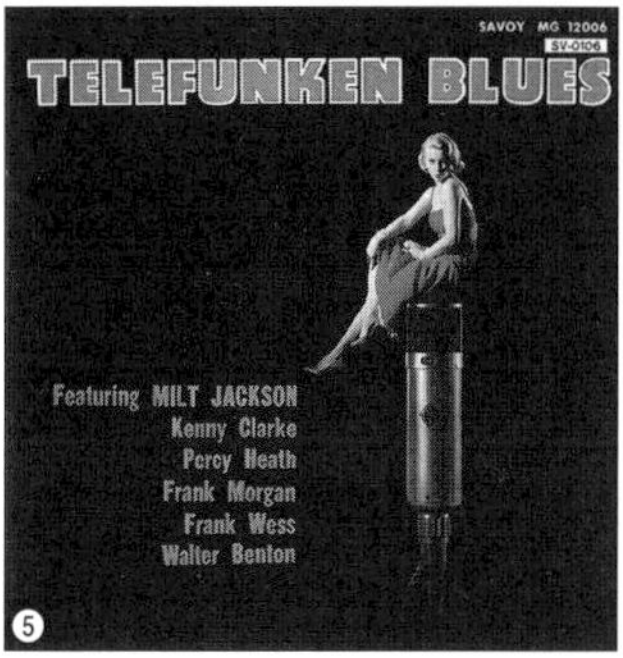

❶ フレッド・アステア
『アーヴィング・バーリン・ソング・ブック』
(Verve 829 172-2)

❷『ザ・フレッド・アステア・ストーリー』
(ポリドール POCJ-2114/5)

❸ エラ・フィッツジェラルド
『クラップ・ハンズ・ヒア・カムズ・チャーリー』
(ポリドール J28J-25085)

❹ オスカー・ピーターソン
『プリーズ・リクエスト』(Polygram 810 047-2)

❺ ケニー・クラーク
『テレフンケン・ブルース』(コロムビア SV-0106)

第 11 章

パリの二分法

バルネ・ウィランの優秀録音を見分けるには

Part 1　マルセル・ロマーノ

南フランスの都市、ニースに居を構えていた裕福なアメリカ人の家庭に、1937年3月、男の子が生まれた。ウィランという一家の姓は、父親の祖先がロシアかポーランドであることを示唆していた。母親はフランス生まれだが祖先はロシア系だった。つまり、男の子は、フランス人にはよくあることだが、フランスの血筋ではない可能性が高い。

男の子が2歳になると第二次大戦が勃発し、一家は戦火を逃れて父親の母国に引っ越した。フランスに侵攻してきたナチスがユダヤ系の一家を迫害する危険もあった。一家はアリゾナ州で暮らし、フランスには、戦後数年が経って、男の子が10歳になるまで帰らなかった。

男の子の名前は、ベルナール・ジャン・ウィランといい、長じてバルネ・ウィランとして世界中に知られることになる。

ベルナール少年は、いわゆる人格形成期から幼年時代までをアメリカで過ごした。物心ついたときからアメリカの西部の習俗のなかで育ち、日常的にラジオや生の音楽でスイング黄金時代のアメリカのジャズを耳にしていたに違いない。一家がニースに戻ったあと、周りのフランス人の子どもたちは、ベルナール少年を「アメリカ人」というあだ名で呼んだ。

おそらくバルネは英語も不自由なく話せるバイリンガルだったろう。後年にステージで英語の曲名を短くアナウンスするのをビデオで見る限り、たとえばミシェル・ルグランのようなきついフランス訛りはない。

ニースは、古から地中海やイタリア文化の影響が濃い街として知られる。アメリカから帰国したのちのバルネは、その文化的な環境の真っ只中で育った。母親の催すお茶会に集まった客のなかには、マルセル・プルーストの友人たちやサン・テグジュペリの未亡人などがいたという。

バルネの父親は歯科医だったが、発明家に転身。特許を多く出願して一財産をこしらえた。有名なテニス選手のマネージャーをやっていたこともあった。父親はバルネに法曹か不動産業のような堅い職業に就くことを望んでいた。

ところが、バルネは7歳のときに叔父からプレゼントされたサックスに夢中になってしまった。母親の友人で著名な詩人のブレーズ・サンドラールも、演奏家になりたいという彼の夢を後押しした。サックスは独学だったがメキメキ上達し、地元のニースでジャズの演奏経験を積んだあと、16歳のときにパリに上った。

バルネは、パリのジャズ・シーンでも瞬く間に頭角を現した。フランスのミュージシャンだけでなく、ロイ・ヘインズ、ジョン・ルイス、ミルト・ジャクソン、ケニー・クラーク、アート・ブレイキー、ケニー・ドーハム、デューク・ジョーダン、クラーク・テリーといったアメリカのジャズマンと共演し、多くのレコードを残した。

Part 1.1　パリのマイルス・デイヴィス

ここで話題を一旦、マイルス・デイヴィスに移したい。

1957年の春にマイルスは、バンドからフィリー・ジョー・ジョーンズとジョン・コルトレーンをクビにしている。いくらマイルスが注意してもふたりがいっこうにドラッグをやめないのが理由だった。それからマイルスは多くのミュージシャンを入れ替えてふたりの穴を埋めようとしたが、結局この年の年末にはふたりをもう一度雇い戻すことになる。

その前にマイルスは、11月から12月にかけて、3週間単身でヨーロッパに赴き演奏ツアーを行なった。

ツアーをフランス側で仕切ったプロモーターはマルセル・ロマーノ（1928年生〜2007年8月没）といい、パリのクラブ・サンジェルマンの音楽監督でもあった。ロマーノがヨーロッパにマイルスひとりを招聘したのは、単純にバンドをそっくり呼ぶ資金がなかったからだった。ロマーノはマイルスにサイドメンとして、バルネ・ウィラン、ルネ・ユルトルジュ、ピエール・ミシェロ、そしてパリに移住していたマイルス旧知のケニー・クラークをあてがった。

ロマーノはパリにやって来たマイルスを主役にして短編ドキュメンタリー映画が撮れないかと考え、画策に動いた。監督にはまだ無名時代だったジャン＝ポール・ラプノーを目論んでいた。ラプノーは、のちに『地下鉄のザジ』の脚本家や『うず潮』『シラノ・ド・ベルジュラック』の監督として、フランス映画史に大きな足跡を残す才人である。

結局ドキュメンタリー映画は計画止まりで実現しなかったが、ラプノーは助監督として働いた映画がちょうどクランクアップしたところだったので、その映画の監督にマイルスを作曲家として推薦することをロマーノに請け負った。マイルスもこの話を聞いて、念願だった映画音楽が作れると大いに喜んだ。その監督こそ、当時まだ25歳だったルイ・マルであり、映画は、ジャンヌ・モローが主演した『死刑台のエレベーター』だった。うまいことに、ルイ・マルも以前からマイルスの大ファンだった。

ルイ・マルは、この年の春に、ジョン・ルイスが音楽をつけたロジェ・ヴァディム監督の映画『大運河（グランド・カナル）』を観て、大きな刺激を受けていた。そして、『大運河』のように仕上がり済みの音楽を映画につけるのではなく、ミュージシャンが映画の画面にダイレクトに反応した音楽を即興でつけるというアイデアを抱いていた。マルはこれが史上初の試みだと自負していたが、のちに、ジャンゴ・ラインハルトが短編映画ですでにやっていたことに気づいたという。

マイルスは、まず『死刑台のエレベーター』の試写を観て、滞在中のホテルの部屋にピアノを運び込み、2週間をかけて曲作りやルイ・マルと打ち合わせをした。12月4日と5日（これは4日の夜から5日の朝にかけてという意味だろう）、マイルスは、前述の4人のミュージシャンとともに、パリ市内のル・ポスト・パリジャン・スタジオに入った。

『死刑台のエレベーター』の音楽は、その場で完全に即興で演奏されたと言われるが、それは必ずしも事実ではない。マイルスは事前に作曲を用意していたし、音楽を録音中のスタジオでルイ・マルにインタビューした短い映像が残っているが、そこでマルは「マイルスには映画を前もって見せたので映像を知っているし、打ち合わせも入念にした」と語っている。

しかし、ほかの4人のミュージシャンが映像を観るのはそのときが初めてだった。4人はその場でシンプルなコード進行だけを指示され、ぶっつけ本番で演奏した。それが誇張され、完全即興で演奏されたという伝説が生まれたのだろうか。ルイ・マルが同じインタビューで、「マイルスはテーマをあらかじめ作曲していたが、曲はあらかじめ用意されていなかった」と言っているのも、こうした事情を指していると考えられる。

サウンドトラック盤はフランスではフィリップスから10曲入りの25cm盤で発売され、映画と同じく大絶賛を浴びた。アメリカではコロムビアが、アルバム『ジャズ・トラック』の片面に収録して発売した。もう片面は、ジョン・コルトレーンやビル・エヴァンスを含むマイルス・セクステットの録音を収めていた。この変則的なリリースのせいもあって、当時アメリカでは『死刑台のエレベーター』の音楽がヨーロッパほどの注目を浴びることはなかった。

今日では世界中で映画史上の偉大な精華とされる『死刑台のエレベーター』サウンドトラック盤だが、サウンド面から注目すべき点はふたつある。

まず、映画でもサウンドトラック盤でも、音楽に分厚い人工エコーがあとから付加されていること。これは、当時の慣習でもあり、映画のサスペンスフルなムードに合わせて意図したことでもあったが、たしかに、効果的であることに異論のある人は少ないだろう。

もうひとつは、同時代のマイルスのトランペットが、同じ頃にマイルスが録音したブルーノートはもちろんコロムビアのレコードに比べても、歪みやきつさが少なく聞こえることである。この違いは、技術の単純な優劣から生まれた結果ではなかった。当時のアメリカではノイマンやＡＫＧのようなヨーロッパ製マイクが急速に普及したが、その高出力に耐えるマイク・プリがまだなかったことが主な理由だった。

『死刑台のエレベーター』サウンドトラック盤は、１９８８年にヨーロッパでＣＤ化された。そこには16曲の別テイクが追加され、オリジナルの10曲はその後に収録されていた。さらに、２０１８年にはもう１曲の別テイクが追加された2枚組セットが発売された。

当然といえば当然だが、映画に用いられなかった別テイクにはエコー処理があとづけされていなかった。そのため、スタジオのナチュラル・エコーのみの音を聴けるようになり、マイルスのトランペットがクリーンに録音されていることがいっそうわかり易くなっている。

ルイ・マルは次に撮影する映画、『恋人たち』の音楽にもマイルスを使うつもりだった。しかし、マイルスの気難しさが昂じたためと、彼が20人編成のオーケストラを要求したため、予算的に無理だと諦めざるをえなかった。結局、マルは『恋人たち』にブラームスの弦楽六重奏曲を用い、再び絶賛を浴びることとなる。

Part 1.2　セロニアス・モンクをめぐるいざこざとアート・ブレイキー

『死刑台のエレベーター』の大成功で大いに気を良くしたロマーノは、1958年夏、今度はセロニアス・モンクに電報を打ち、映画音楽の作曲を依頼した。映画は『危険な関係』というタイトルで、監督は『大運河（グランド・カナル）』のロジェ・ヴァディムだった。

ロマーノはモンクが1954年にパリで演奏したとき以来の知り合いだったが、映画音楽を書かせる気になったのは、1957年に彼がニューヨーク滞在中、モンクとジョン・コルトレーンの伝説的なファイブスポット公演を目の当たりにしたときのことだった。

ところが、この時期のモンクは、とても新曲が書けるような状態ではなかった。

1958年10月、モンクはチャーリー・ラウズとともに麻薬所持の疑いで逮捕され、警官から暴行を受けた。そのときにニューヨーク州のキャバレーカードを没収されてしまい、ニューヨークのクラブで演奏の仕事ができなくなった。さらに翌年2月には、タウンホールで10人編成のバンドでコンサートを開いたが、ニューヨーク・タイムズに辛辣な批評が載ったおかげで、その後に予定されていたバンド・ツアーが中止になってしまった。そして、4月にボストンのクラブに出演中、空港をうろつき回っていたところを職質した警官の判断で精神病院に収監され、周囲からはしばらく行方不明とされた騒ぎまであった。

いっぽう、パリのロマーノは、映画監督のエドゥアール・モリナロに、彼が監督する『殺られる』の音楽には、1957年暮れにフランス入りするアート・ブレイキーとジャズ・メッセンジャーズを使うことを強く勧めた。

エドゥアール・モリナロから音楽の件を一任されたロマーノは、渡仏中のジャズ・メッセンジャーズを急遽パリの録音スタジオに連れて行き、『殺られる』のために既存のレパートリーから映画向きの曲を演奏させ、さらに新曲として即興のブルースを3曲加えた。録音は順調に進み、たちまち完了した。この直後に録音されたライブ盤が、有名な『サンジェルマンのジャズ・メッセンジャーズ』(RCA)である。

それから5か月後、ロマーノとヴァディムは渡米してモンクに会ったが、新曲が出来上がる気配すら見つけられなかった。そこでロマーノは念のためにデューク・ジョーダンにも『危険な関係』の音楽を委嘱した。

パディムが夏に『危険な関係』の撮影と編集を終えても、モンクはついに新曲をひとつも書けなかった。ロマーノはジョーダンの新曲とともに、モンクがかつてリヴァーサイドに吹き込んだ旧作の、「ウェル・ユー・ニードント」「クレプスキュール・ウィズ・ネリー」「パノニカ」などを新たに録音して、映画に挿入することにした。

録音は、1959年7月にニューヨークのトミー・ノラ・スタジオで行われた。このスタジオは、1934年にトミーの父親であるビンセントが始めたスタジオで、ジャズからオペラまで幅広い録音をこなしていた。

このとき、ロマーノはまず27日にモンクを録音した。演奏は、チャーリー・ラウズを含むカルテットで、数曲に22歳のバルネ・ウィランが加わった。そして、28日と29日は、同じスタジオでアート・ブレイキーとジャズ・メッセンジャーズを録音している。これは、デューク・ジョーダンが『危険な関係』のために作った新曲を演奏するためのセッションだった。

ジャズ・メッセンジャーズには、モンク・セッションに続いてバルネ・ウィランが加わっている。この時期ジャズ・メッセンジャーズはサックス奏者が、ハンク・モブレイ、バルネ・ウィラン、ウェイン・ショーターと目まぐるしく入れ替わっていた時期にあたり、バルネは短期だが正式メンバーだった。

バルネは1曲（「プレリュード・イン・ブルー」）でソプラノ・サックスを吹いている。これは、ジョン・コルトレーンが初めてソプラノを吹いたアルバム『アヴァンギャルド』（アトランティック）の録音日より、11か月も早かった。

セッションが終わると、ロマーノは録音を収めたテープを直ちにスーツケースに詰め、映画の音楽ダビングが待つパリに引き返した。

映画『危険な関係』は劇中に演奏シーンがあり、そこではケニー・ドーハム、バルネ・ウィラン、デューク・ジョーダンたちの姿が見える。しかし、聞こえてくる音は別録りで、ジャズ・メッセンジャーズによる録音のようだ。

このように、『危険な関係』では、画面に音楽にと、バルネが大きくフィーチャーされている。その理由は端的に言うと、バルネのマネージャーがマルセル・ロマーノだったからだ。ロマーノは、バルネの初期リーダー・アルバム、『バルネ』(RCA)、『スインギン・パリジャン・リズム』(フィリップス) のプロデューサーであったし、『ティルト』(ヴォーグ) も、おそらくそうだと思われる。『ティルト』はレコードのB面をそっくりモンクの曲に捧げていた。これは当時としては異例中の異例で、アメリカ本国でさえモンクの曲を採り上げるミュージシャンはまだほとんどいなかった。『ティルト』がパリで録音されたのは1957年1月だが、その時点でモンク自身は『ブリリアント・コーナーズ』の録音を終えたところ。モンクの曲をタイトルにしたマイルスのコロムビア盤『ラウンド・アバウト・ミッドナイト』もまだ発売されていなかった。バルネがモンクの重要性を知ったのは、おそらくロマーノ経由だったのだろう。

ロマーノはこのあと、もうふたつの映画音楽に関わっている。パリに巡業したノーマン・グランツのJATPオールスターズを起用した『危険な曲がり角』(マルセル・カルネ監督、1958年)。もうひとつは、バルネ・ウィランが作曲、演奏した『彼奴を殺せ』(エドゥアール・モリナロ監督、1959年) である。

Part 1.3 『Novelle Vague on CD』

ここで俎上に乗せたいのが、1988年に出た『Novelle Vague on CD』（フィリップス 822 566-2）というアルバムだ。邦題は、『死刑台のエレベーター／マイルス・デイヴィス、殺られる／危険な関係／アート・ブレイキー』という。

『死刑台のエレベーター』のマスターテイク全10曲（約26分）を収め、『殺られる』からは5曲（約12分）、『危険な関係』からは4曲（約24分）をそれぞれ抜粋している。3つすべてに関わっているのはミュージシャンならぬマルセル・ロマーノというちょっと変わったアルバムだ。

余談だが、タイトルも妙だ。ヌーヴェル・ヴァーグとは「ニュー・ウェーブ」を意味するフランス語で、1950年代末に興ったフランス映画のあるスタイルをこう呼ぶ。しかし、ルイ・マルをヌーヴェル・ヴァーグと呼ぶのは、レスター・ヤングをビバップと呼ぶような違和感がある。

このCDが面白いのは、3つのセクションは比較的近い時期に録音されていて（1957年12月、1958年12月、1959年7月）、楽器編成は3者ほぼ同じだが、そのあいだには多くの点で対照的な、または、微妙な違いが見つかり、さらに似ている点と異なる点が3者のあいだで互い違いになっていることだ。

たとえば、演奏者でいうと、前半分がマイルス（『死刑台のエレベーター』）、後半分がブレイキー（『殺られる』『危険な関係』）という構成であるが、テナーサックス奏者に着目すれば、バルネ・ウィラン（『死刑台のエレベーター』『危険な関係』）がベニー・ゴルソン（『殺られる』）を挟む格好になっている。

また、録音場所でいえば、前ふたつがパリ（『死刑台のエレベーター』『殺られる』）、あとがニューヨーク（『危険な関係』）に分かれ、録音とミックスでいえば、『死刑台のエレベーター』がモノーラル録音、『危険な関係』はステレオもある録音のモノーラル・ミックス、『殺られる』がステレオ録音のステレオ・ミックスと二様に分かれる。

言い忘れたが、重要な共通点がもうひとつあった。3つのセクションすべてに人工エコーがたっぷりと後づけされているのは、もちろんである。

また、このCDは往時のベストセラーだったうえに、今や時代遅れの遺物と見られているようで、中古市場で数百円で手に入るのも嬉しい。しかし、これは演奏も録音も極上のCDだ。

先ほど触れたルイ・マルのインタビュー映像には、スタジオのミキシング・コンソールも映っている。3つ並んだVUメーターの配置からは、スリートラック・レコーダーを用いたステレオ録音が可能になっていたことが推測される。同じスタジオだったかはわからないが、『死刑台のエレベーター』からちょうど1年後に録音された『殺られる』のサウンドトラックは、極上のステレオ録音が残った。

『殺られる』はブレイキーのソロで始まるが、彼はまずティンパニを連打する。その切れ味のいいディープな低音は凄まじいインパクトにゾクゾクしてしまうが、続いて、空気のたっぷりと乗ったシンバルや、スキンとスティックのあいだで千変万化するニュアンスを細大漏らさず伝えるカラフルなドラミングが聞こえてくると、ブレイキーの多彩なテクニックにひたすらため息が出るばかりだ。

トランペット、サックスなどほかの楽器も、がっちりとした立体感がある。鋭いアタックでも歪みのまとわりつかないサウンドは痛快だ。ジャズ・メッセンジャーズの顔触れはブルーノートの『モーニン』と同一だが、『殺られる』の音楽は『モーニン』以上にアーシーなスローナンバーが目立ち、それがフレンチ・サウンドと結びついて独特の効果をあげている。

ところが、それに比べると『危険な関係』には問題が多い。帯域は狭く感じられるし、管楽器には歪みがつきまとう。まるで、パリのスタジオに比べて、ニューヨークのトミー・ノラ・スタジオは技術的に問題があったかのように聞こえる。

そうなのだろうか？

Part 1.4　再びセロニアス・モンク

実は、この疑問を解くための格好の補助線が近年発見された。アート・ブレイキーが『危険な関係』を録音した同じスタジオで1日前のモンク・セッションのマスターテープが2014年にロマーノの遺品から見つかり、2017年に初めて世に出た。

トミー・ノラ・スタジオでは、当時の慣習に従って、同一の演奏を、同時に回したステレオとモノーラル、2台のテープレコーダーで録音していた。ステレオ・デッキは2トラック・レコーダーで、そもそもミックスダウンが不要な録音方式だった。

このスタジオで録音されたアルバムには、ビル・エヴァンス『インタープレイ』(リヴァーサイド)、アート・ファーマー『モダン・アート』(ユナイテッド・アーティスツ)、ジェリー・マリガン『ジェル』(コロムビア)、同『ナイト・ライツ』(ライムライト)、『リー・コニッツ・ミーツ・ジミー・ジュフリー』(ヴァーヴ)、ローランド・カーク『ドミノ』『ウィー・フリー・キングス』(マーキュリー)、ブロッサム・ディアリー『シングス・コムデン・アンド・グリーン』(ヴァーヴ)、セシル・テイラー『ルッキング・アヘッド』(コンテンポラリー)、そしてチャールズ・ミンガスやブッカー・リトルなどキャンディド・レーベルのほぼ全録音がある。このラインアップからも、トミー・ノラ・スタジオが業界でどれだけ高い評価と信頼を得ていたかは明らかだ。

新たに見つかったモンクの『危険な関係』は、典型的なトミー・ノラ・スタジオのサウンドを聴くことができる録音だった。タイトに引き締まった楽器が左右に散らばり、そのあいだを馥郁《ふくいく》としたウォームなハーモニーが満たす。曖昧さのない決然とした音からは、ジャズの愉悦が溢れ出す。スイートなミッドレンジとソリッドな低音、高域のシズル感も魅力的だ。（なお、この音源は、「条件の異なる7本のマスターテープを用いた」ため、ＬＰもＣＤもデジタル・マスタリングで整音されたという。）

モンク盤に比べると、１日違いで録音されたブレイキー盤のサウンドはなぜ鮮度が落ちているのか、直接の理由は推測に頼るしかない。用いたマスターの劣化か。ＣＤのマスタリングが原因なのか。あるいは、モノーラル・マスターのミキシングがステレオ・マスターに比べて何か問題があったのか。

２０１７年に出たモンクの『危険な関係』ＣＤとＬＰはステレオ・マスターを用いていた。これは、ステレオ・マスター・テープのみが発見されたのか、それとも、モノーラルとステレオのマスターテープの両方が発見されてステレオの方を選択したのかはわからない。

いっぽう、ブレイキー盤のステレオ・マスターは、ＬＰでは出ていたのに、なぜか一度もＣＤ化されたことがない。できれば、ステレオ・マスターのＣＤをぜひ聴いてみたいところだ。

ロマーノがプロデュースしたアルバムはほかに、『パリ・ジャム・セッション』（FONTANA 832 692-2）というシャンゼリゼ劇場のライブ・アルバムがある。１９５９年12月、２年ぶりにパリを訪れたアート・ブレイキーとジャズ・メッセンジャーズに、パリ在住のバルネ・ウィランとバド・パウエルがゲストとして全4曲中2曲に参加している。

このひと月前に同じ劇場で録音されたジャズ・メッセンジャーズのライブ盤（RCA）はモノーラル録音だったが、これはステレオ録音だ。シャンゼリゼはオーケストラやバレエのコンサートが開かれる大きな劇場なので、たっぷりアンビエンスがついているが、ブレイキーのドラムスを筆頭に、どの楽器にも強い臨場感があってとても楽しめる。

マルセル・ロマーノの名前は、このあと一旦ジャズ界や映画界から消えてしまう。1980年代に彼が関わった音楽がCDで再発されたとき、コメントを寄せていたので生存を確認できたくらいだった。亡くなったのは2007年だが、1960年代以降は何をしていたのか、残念ながら皆目わからない。

Part 2　パリの二分法

バルネの回帰

1960年代に入ると、バルネ・ウィランはストレートなジャズから離れた活動が多くなった。彼には父親の残した遺産があったので、経済的な心配をする必要がないという事情もあったようだ。1970年には、ピグミー族の映画を撮るためにスタッフを雇って大挙アフリカに乗り込んだが、前後6年間をかけて、結局ピグミー族を見つけられずに終わった。やがて彼はニースに帰って、パンク・ロック・バンドと共演したり、トラックの平台にミュージシャンを乗せて野外や街中で演奏するジャズモービルを組織したりした。

1970年代から1980年代の半ばまで、もちろんバルネは演奏活動を続けていたが、録音は散発的になり、そのスタイルも、ロック、民族音楽、フリージャズ、サントラと一貫性を見出し難かった。意外なところでは、スティーヴィー・ニックスのシングル「トーク・トゥ・ミー」(1985年)に参加して短いソロを吹いている。

その間にバルネはけしてストレートなジャズから離れたわけではなかった。コンサートではフォービートもかつてのように演奏していたのだが、録音だけから見れば、彼が公然とジャズに回帰したのは1986年暮れにフランスのイエールで録音されたアルバム『ラ・ノート・ブルー』(IDA)を待たねばならなかったというのが定説になっている。

『ラ・ノート・ブルー』のジャケットには、サックスを抱えた男のイラストがあしらわれている。実は、これはバルネ・ウィランの似顔絵ではなく、彼をモデルにしたバンド・デシネ(フランスのコミック)『バルネとラ・ノート・ブルー』の転載である。

バルネは、『バルネとラ・ノート・ブルー』の主人公の性格は自分に似ていないし、主人公のように無精髭を生やしたこともないので、「どうしてぼくをモデルに?」と作者のルスタル&パランゴーに尋ねたことがあった。すると、「だってあなたはぼくらの知っている最高にロックなジャズ・ミュージシャンだから」という答えが返ってきたという。

アラン・クルゾー

その『ラ・ノート・ブルー』から、早過ぎる白鳥の歌となった「パッショーネ」(録音時に彼は58歳だった) まで、バルネ・ウィランの生前に出たリーダー・アルバムは合わせて14タイトルを数える。うち7タイトルがフランス製作で、もう7タイトルが日本製作だった。日本製作盤のプロデューサーの内訳は、木全信が2タイトル、原哲夫が5タイトルとなる。

14タイトルは、どれもバルネの技術的な達成とユニークな芸術的成熟が美しく結実した傑作揃いと断言できる。有名なスタンダードやフランスの映画の音楽を中心に据えたプログラムは今なお魅力的に見える。そして、それぞれが特徴的な音楽的内容をもっていて、ネオバップとしても、スムーズジャズとしても、繰り返しの鑑賞に耐える逸品揃いである。

ここでは、その14タイトルのなかから、優秀録音の白眉を抜き出す方法を教えたい。まず、ライナーノートを見て録音エンジニアのクレジットを探してみよう。そこにアラン・クルゾー (Alain Cluzeau) の名前があれば、それが優れた録音の目印だ。こうすると、14タイトルは、クルゾー録音とそれ以外できっかり7対7に二分される。

以下に、アラン・クルゾーが録音したバルネ・ウィランの晩年のリーダー作7タイトルを列挙する。このうち、過半数の4タイトルが日本製作盤なのは嬉しい。

『パリス・ムード』（アルファ・ジャズ ALCR-73）１９９０年7月録音
『サンクチュアリ』（IDA 029）１９９１年1月録音
『モダン・ノスタルジー』（アルファ・ジャズ ALCR-145）１９９１年4月録音
『エッセンシャル・バラード』（アルファ・ジャズ ALCR-281）１９９２年11月録音
『Le Grand Cirque（ル・グラン・シルク）』（Wan +Wan 53029-2）１９９２年11月録音
『タリスマン』（IDA 037）１９９３年4月録音
『ニッティ・グリッティ』（ヴィーナス TKCV-79021）１９９３年10月録音

『サンクチュアリ』のCDバックインレイには、「Recorded directly to two-track digital tape」という記述が見られる。これは、マルチトラック録音ではなく、演奏中にその場で2チャンネルにミックスする手法を指す。ジャズの録音では伝統的な手法であり、マルチトラック録音に比べて音の鮮度を保つことができる。記述はないが、ほかの6タイトルもすべてダイレクト・トゥ・2トラック録音だろう。

7つのタイトルは、ライブ盤の『ル・グラン・シルク』を除き、すべてパリのスタジオ・アクースティ（Studio Acousti）で録音された。スタジオ・アクースティはバルネのお気に入りで、『パリス・ムード』以降のバルネ・ウィランは、ライブ盤と1枚のアメリカ録音を除き、常にスタジオ・アクースティを使っていた。
『パリス・ムード』のブックレットの最初のページに、バルネは自ら綴った「ルイジアーヌ・ストーリイ」というタイトルの文章を寄せている。表3には、その文章の英文が載っているが、翻訳者の名前はない。この英文がバルネの書いた原文だったのだろうか。

「パリス・ムード」の録音にあたって、僕は「この町」の中心にあるスタジオを使いたかった。スタジオ「アクースティ」はピーヌ通りにあって、地理的には申しぶんのない場所だし、技術的にも、最良のスタジオのひとつだ。

バルネは冒頭をこう書き出したあと、スタジオの周りのレストラン、バー、マーケットが並ぶ町並みを称賛し、今では最高級のホテルになったキャラバンサライが、かつてはオテル・ルイジアーヌといい、彼が2、3年そこでビリー・ホリデイやバド・パウエルなどと付き合いながら暮らした思い出を披露する。そして、当時のパリのジャズや文芸がいかにエキサイティングだったかを描き出している。そのノスタルジックな筆致は軽やかだが、ずっしりとした読み応えがある。(続いて載っている中条省平氏によるライナーノートがまた、ライナーノートのお手本と呼びたいくらいすばらしい。)

黄金の七枚

パリ六区のサンジェルマン・デ・プレにスタジオ・アクースティがオープンしたのは１９６３年のことだった。アラン・クルゾーはスタジオのチーフ・エンジニアとして、ジャズだけでなく、シャンソンやブルース、ロックからドキュメンタリーや前衛電子音楽まで、長年にわたって膨大な数のレコードを送り出した。ある時期からクルゾーは、オーナー職も継いだようだ。

スタジオの敷地は４００平方メートルあり、メイン・スタジオの床面は１００平方メートルで、25人のミュージシャンを収容できる広さだった。そこには、１９５９年に製造されたスタインウェイDグランドピアノやフェンダーローズMark1やハモンドB３が置かれ、１９６４年製Ｖｏｘ社のAC30 JMI TBやフェンダー・ツイン・リヴァーブといったギターアンプも備えられていた。

録音機材も充実し、ヴィンテージのノイマン製マイクの膨大なコレクションを誇っていた。ミキシング・コンソールは、１９７０年代にはニーヴ、近年はユーフォニックスを使っていたが、バルネがここで録音していた１９９０年代に何を使っていたかは、残念ながら不詳だ。

アクースティは、２０１６年まで活動していたことは間違いない。しかし、公式ホームページに現在はアクセスできなくなっていて、すでに閉鎖したという噂もある。

クルゾーの録音では、楽器の美しく快活な音色とウォームな空気の存在感が常に大きな魅力を放っている。彼の手の下で音楽は艶やかな光沢をまとい、ざらついたり、濁ったりすることはまずない。フランスの録音にありがちな硬質な冷たさとも無縁である。

ダイナミック・レンジの表出も他の追随を許さない。フォルテはいかに膨らもうとも刺激的な表情を少しも見せず、きつさも皆無だ。ミクロ・ダイナミクスの描写も繊細で、演奏の表情の推移を細かなシワの動きまで楽々と伝える。

中低域から低域にかけての深々とした表出にもため息を抑えられない。低音楽器はふくよかな空気感を伴った心地よい圧力を発しながら、スッキリとした輪郭を常に失うことがない。クルゾーの録音には、ほんとうに独特の個性が輝いている。

クルゾーが録音したバルネ・ウィランの7タイトルは、2枚のカルテット演奏（『パリス・ムード』『タリスマン』）のほかは、それぞれが異なる編成をとっている。ギターとベースとのトリオ。オルガンとドラムスとのトリオ。ピアノを欠き、ギターやパーカッションを加えたセクステット。また、カルテットにシンセサイサーを加えたものもある。

こうした編成の多彩さに対応して、クルゾーは楽器の配置や広がりをアルバム毎に、その性格に合わせて丁寧に変えている。そのため、アルバムによってサウンドの印象は大きく変わることになり、そこにもいっそうの楽しさが生まれている。

もともとクルゾーの録音は基本的にあまり楽器を左右に散らばらせないのが特徴だ。けれども、もちろん必要と思えば大胆に楽器を左右に離して並べてみせる。たとえば、同じトリオ編成でも、オルガン・トリオ（『ニッティ・グリッティ』）では3つの楽器をセンターで奥に向かって縦一列に並べているが（この3D空間の表出も息を飲むほどすばらしい）、『サンクチュアリ』では、ギターは左、テナーは右、そして中央奥にベースというトライアングルを形成させている。

この違いを生み出した理由は、オルガンやドラムスはそれ自体が左右の「幅」をもった楽器であるのに対し、ベースとギターは「幅」をもたない楽器であるところだと考えられる。仮にサックスとギターとベースを縦一列に串刺ししてしまうと、左右に音がほとんど広がらない録音になってしまう。

また、『エッセンシャル・バラード』では、カルテットの背後にストリングス・オーケストラに見立てたようなシンセサイザーを配しているが、これがまた聴きものだ。この種のシンセサウンドには例外なくあざとさがつきまとうものだ。しかし、クルゾーのミキシングには、説得力のある厚みと心地よいグレインがあって、アコースティックな音楽とのあいだに違和感を感じさせない。その洗練されたセンスには驚嘆するばかりである。

『モダン・ノスタルジー』は、レギュラー・カルテットにキーボード、ギター、パーカッションを増強した7人編成で、ファンク＝フュージョンへの目配せを見せた異色作になっている。楽器を左右に大きく散らばせると同時に、カルテットのソフトなサウンドを基調に、ゲストのやや硬質なサウンドがキラキラとした輝きを付け加えている。その鮮烈な効果には、さすがはクルゾーと思わずにいられない。

この時期、バルネはテナーを吹いたときは雄渾な部分と陰翳《いんえい》の深い部分の両面を駆使し、ソプラノを吹いたときにはメロウな表情を全面に出していた。クルゾーの録音は、そうしたバルネの多面的な音色の特徴を余すところなく掬い取っている。特に、ソニー・ロリンズを経由してコールマン・ホーキンスまで遡るであろう、繊細な弱音のビブラートは、その襞に光が当たってディテールが立体的に浮き出す趣に目が離せない。

あの時代をもう一度

これらのアルバムを録音したあと、バルネは還暦を目の前にした1996年5月、パリで病魔に斃《たお》れてしまうことになる。短命な生涯ではあったが、ミュージシャンとしての成熟期に、録音と演奏にこれほど質の高い作品をまとまって残せたこと（そして、それが少なくとも日本とフランスで大評判を呼んだこと）は幸運だったと言ってもいいだろう。

バルネ・ウィランは、幼い頃からフランスとアメリカ双方の影響を深く受けて育った人間だった。ということは、それはまるでニューオリンズというアメリカの旧フランス植民地から生まれたジャズという音楽と軌を一にしたような人生だと呼べるのではないだろうか。

ジャズの過去。パリの過去。自らの記憶。１９９０年代のバルネは、自分の内に抱えた重層的なルーツを鮮やかに音楽へと昇華していた。そこから生まれた襞の多い豊かなダイバーシティーこそが晩年のバルネの音楽の魅力だったと言えるだろう。先に紹介した「ルイジアーヌ・ストーリイ」を、彼はこう締めくくっている。「あの時代をもう一度」

バルネ・ウィランは作曲家、演奏家としてまさに「あの時代」に、フランスの映画史に重要な足跡を残したのだが、晩年にも、『救いの接吻』（1989年）と『彷徨う心』（1996年）のふたつのフランス映画で音楽を担当していた。どちらも監督はフィリップ・ガレル（1948年4月生〜）だった。

ガレルは評論家やシネフィルからは評価のとても高い監督だが、作品はどれもローバジェットのアート系映画であり、音楽の量もそれほど多くはない。そのためか、ふたつともサントラ盤は一度も市場に出たことがない。今ではこれらの音楽を担当したことも忘れられがちな現状が惜しまれる。

ふたつの映画でフィリップ・ガレルは、ルイ・マルやジャン＝リュック・ゴダールの影響下に出発したポスト・ヌーヴェル・ヴァーグ世代の監督らしく、バルネに『死刑台のエレベーター』のようなノワールなメランコリーに満ちた音楽を作らせていて微笑ましい。もちろん、ガレルが音楽に人工エコーをたっぷりと付け加えて画面に響かせていたのは言うまでもない。

Part 3 「僕の街の映画 第一集」

パリと映画のジャズ

アラン・クルゾーは、長年にわたる活動で、おびただしい数の録音を作った。ここではそのなかから、サシャ・ディスティルやエリック・ルランやチャーリー・ヘイデンやフランク・ウェスのような有名どころや、Les Primitifs du Futur という日本では完璧に無名だけれど真に紹介する価値のあるバンドを差し置いても、『僕の街の映画』というタイトルが付いた奇態なアルバムを選ばないわけにはいかない。これほど心地よい皮肉と諧謔《かいぎゃく》に満ち、人をあっさりとはぐらかしてくれる音楽など滅多にあるものではない。聴くたびに頬が緩まずにはいられないし、それに、とびきり音が良い。

『Les Films de Ma Ville vol.1』は、フランスの古典的名作映画8本の音楽を演奏したオムニバス・アルバムだ。8本の映画はどれもパリを主な舞台としていて、それがタイトルの由来になっている。

CD（nato 112 033）のバックインレイには、25のミュージシャンの名前がずらりと並んでいる。主にイギリス人とフランス人で、一癖も二癖もある連中ばかりだが、名の知れているのは、トニー・コー、スティーヴ・ベレスフォード、ロル・コクスヒル、マルク・デュクレ、ミシェル・

ゴダール、トニー・ハイマス、イヴ・ロベール、ジャック・トロといったところか。

録音は1995年にスタジオ・アクースティで行われた。この年の7月下旬、natoとパリの映画館、ビデオテーク・デ・パリ（現フォーラム・デ・イマージュ）が共同で開催した同名のイベントがあって、アルバムはそれと連動して製作されたものらしい。

natoは1980年に創立されたフランスのレーベルで、現在も活動を続けている。立ち位置はポスト・フリー・ジャズだが、独特の諧謔精神に染められた作風は、natoをひときわユニークな存在にしている。あるテーマを掲げたトリビュート作品が多いのも特徴だ。トリビュートの対象は、特に映画、それも昔のハリウッド（マルクス兄弟、アルフレッド・ヒッチコック、ドリス・デイ）やフランスの作品が目立つ。要するに、映画雑誌カイエ・デュ・シネマが好きな人たちなのだろう。

このアルバムでは、それぞれの曲が始まる前にザ・メロディ・フォー（ベレスフォード、コクスヒル、コーのトリオ）による演奏をバックにした、シルヴィ・キャスパーとフィリップ・トリュフォーが演じる1分足らずのコント（寸劇）が置かれている。申し訳ないが、フランス語はさっぱりわからないし、文字に起こしたテキストもないので内容は皆目不明だが、映画の内容やセリフを引用したペダンティックな冗談を喋っているようだ。

そういうわけで、このCDは、内容を端々まで理解するには、ジャズと古典映画とフランス語に揃って明るい人が求められるのだけれど、もちろん音楽だけでも十分に楽しめる。

愉快、痛快、奇々怪々

このアルバムを一言で言い表すなら、「創造と捏造の混同」ということになるだろうか。

なにしろ、各トラックはあの手この手を用いたユニークなアレンジが施されているので、原曲を知っていると、その変わり果てた様子は痛快きわまりない。とはいえ、なかには比較的ストレートな演奏もあり、最初はそこから聴いていく方がいいかもしれない。まずはオープナーのトニー・コー・トリオによる「グリスビーのブルース」（『現金に手を出すな』のテーマ）を。有名な旋律であり、演奏も比較的ストレートなジャズなのでアクセスし易い。

ここでトニー・コー（1934年11月生〜）は、ピアノとドラムスをバックにクラリネットを吹いている。抑制のきいたハードボイルドな表情と気だるいシンコペーションは、隅々まで一分の隙もない。ブノワ・デルベックの短いピアノ・ソロが少しフリーキーに暴れるが、それでもクールな世界観を壊すほどではない。このスタイリッシュでブルージーで殺気に充ちた演奏は、疑いもなくジャン・ギャバン演じるギャングの風格と哀愁をスリリングに描き切っている。4分半があっという間だ。

クルゾーによる録音も申し分がない。クラリネットが聞こえてきた途端、そのウォームでよどみのない音色と、木の質感を伝える活き活きとしたバイブレーションには息を飲む。ピアノのハーモニーのきらめきやドラムスのリッチなレゾナンスも鮮烈だ。ベーシストはいないが、ピアノとドラムスの低音がふっくらと充実しているので、不足は少しも感じない。ドラム・セットのクリスプなタッチとダイナミックなサウンドは特筆もので、ずしりとした手応えに唸らされる。

2曲目（トラック4）は、フランソワ・トリュフォー監督の『突然炎のごとく』（1962年）から、映画ではジャンヌ・モローが歌ったシャンソン「つむじ風」。ここでも専門の歌手でなく女優（ナタリー・リシャール！『パリでかくれんぼ』に出演した頃）に歌わせるという、オリジンに敬意を払った配慮に痺れずにはいられない。

リシャールの歌が終わったところでトロンボーンの多重録音が約15秒だけあるが、ほかはダビングはなく、4人のミュージシャンだけで驚くべき分厚いサウンドを聴かせる。どの楽器の音にも活き活きとしたふくらみがあり、とりわけ、ゴム毬のように弾むベースとドラムスのダイナミックな低音はたまらなく魅力的だ。歌手と奏者たちが3Dで浮かび上がるプレゼンスも文句のつけようがない。

しかし、この手のフランス映画にあまり関心がないならば、1曲目のあとは一気に7曲目（トラック14）の「ぼくの伯父さん」まで飛ばすのもいいかもしれない。これぞ、このプロジェクトのクレイジーな性質を端的に表したトラックである。

演奏は、コクスヒル（1932年9月生〜2012年7月没）が吹くソプラノサックスと、ゴダール（1960年10月生〜）のチューバによるデュエットだが、ふたりは誰もが知っているこのメロディから、特殊奏法と多重録音を駆使して、誰も予想できないシニカルな色彩の音楽を作り出している。

そもそも、弾けるように快活なソプラノサックスと、ノイジーな低音のチューバという、音域の両極端に位置する楽器の組み合わせが脱力感と乾いた微笑みを誘う。そして、多重録音を活用した構成が一筋縄ではいかない感興をかき立てる。

曲が始まると、ソプラノサックスは、中央だけでなく左チャンネルにも登場し、流麗なデュエットであのテーマを奏でる。面白いのはチューバで、中央に2本（うち1本はズズとオルガンペダルのように地を這う低音を吹いている）を重ね、さらに右チャンネルに特殊奏法を混じえたもう1本と、計3本を重ねている。さらに、右チャンネルにはドスンという足踏みも加わる。

前半ではこれらの要素を適宜組み合わせ、曲はカラフルに楽しく進む。しかし、後半になると演奏は速度を落とし、1本のサックスとノイジーな低音チューバの二重奏になる。やがて、チューバも消えてソプラノサックスだけになるが、ソプラノサックスにも徐々に（特殊奏法によるノイズが侵食し始め、最後はノイズのなかに音楽は消え失せていく。

こうした明から暗へと移りゆくプログラムは、もちろん純粋に音楽的な表現として進行する。しかし同時にそれが、ジャック・タチの1958年作品『ぼくの伯父さん』で、居場所を失ってパリを去る主人公を描写していると見るのは穿ち過ぎだろうか。いずれにせよ、巨大な低音という精緻な多重ミキシングといい、クルゾーの洗練された手腕が音楽の表出に鮮やかな輪郭をつけ、魅力的な音響に仕上げていることは疑いがない。

映画の性格を反映した演奏ということでは、「アタラント号」（トラック8）も強烈な印象を残す。フランス映画史上の伝説とされる1934年作品『アタラント号』は、写実的な映像と超現実的な映像が銀幕上で自在に交錯する映画である。

トニー・ハイマス（1943年9月生〜）は、ジェフ・ベックとの共演でも知られるイギリス人ピアニストだ。ハイマスはここで、ベースのクロード・チャミチアン、ドラムスのジャック・トロとともに、様々な音楽語法を横断してみせる。トリオは、モーリス・ジョーベールが作曲した詩的なモチーフを幻想的なフリージャズのイディオムへ自然に融解させているが、その手つきは優雅で限りなく優しい。

中間部で、混沌するリズムが収束し、シャンソンがマーチ・ドラムに導かれて高らかに歌われたとき（ドラムスのサウンドがまたたまらない）、胸がきゅっと詰まる思いがするのは、映画の詩的なシーンを思い出すからだろうか（「映画史上で最も美しい花嫁が映った映画」と言った批評家がいる！）、ジョーベールの旋律がもたらすメランコリーのせいだろうか、それともハイマスのタッチがヴェルヴェットのように煌めいているからだろうか。

ここでも豊穣ながら明晰さを失わない低音がすばらしい。やや暗めの音色が支配的で、3つの楽器は、しかるべき幅を保ちながら、中央に集められている。このサウンドは、映画の息を飲むほど美しいモノクロ画面に対応したわけではないだろうが、演奏に言いようのないメランコリーと手強い強度をあたえている。

すべての曲に触れていくと当分終わらないのでこのへんで切り上げるが、アルバム全体を通して、ピアノのハーモニーのきらめきや深みを見せるパーカッション・サウンドやエアーを纏ったギターの温もりは身震いするほど魅力がある。後者がヴィンテージ・アンプとスタジオのアコースティックに多くを負っていることは繰り返すまでもないが、それでもクルゾー以外の誰がこんなサウンドを録音できるだろうか。

不可思議な魅力

『Les Films de Ma Ville vol.1』はあまりに風変わりなアルバムだ。世間に知られた類例を強いて探すとしたら、ハル・ウィナーのプロデュースした『アマルコルド・ニーノ・ロータ』が近いかもしれない。けれども、『Les Films de Ma Ville vol.1』には、シュールな捻りがもう数回加えられていて、本気とも冗談ともつかない稚気でリスナーの心にざっくりと爪痕を残す。

タイトルには「vol.1」とあるが、続編は存在しない。いや、それもジョークで、vol.2は最初から予定などなかったのかもしれない。それから、ゴダールとトリュフォーという名前の人たちが参加しているのはどこまで意図したことだったのだろう。ゴダールはいわずとしれたチューバ奏者。トリュフォーはフランスでは有名なタレントらしい。これも偶然同姓のふたりが揃ったただけなのか、それとも、面白がってわざと揃えたのか、なんとも真意をはかりかねる。

『Les Films de Ma Ville vol.1』はすでに廃盤になっている。けして一般向けの内容でなく、演奏家もそれほど知名度がないせいか、安価で比較的容易に入手できる。

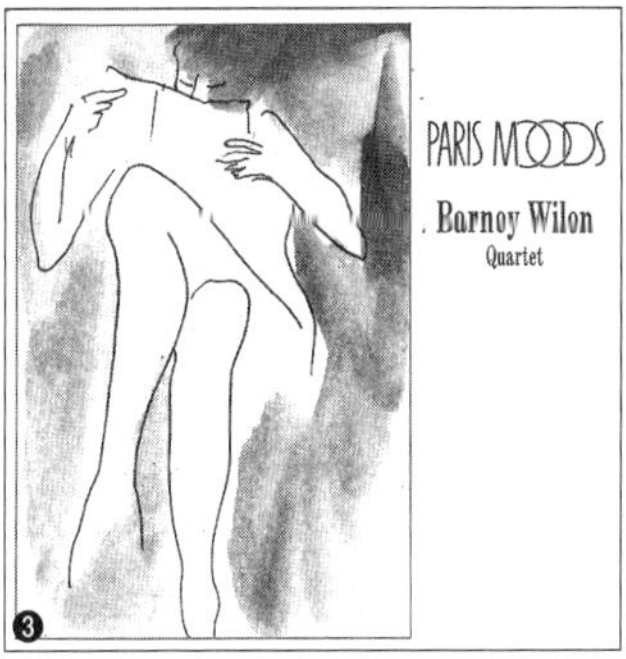

❶『Novelle Vague on CD』
（Philips 822 566-2）

❷『Les Films de Ma Ville vol.1』
（nato 112 033）

❸ バルネ・ウィラン『パリス・ムード』
（アルファ・ジャズ ALCR-73）

❹ バルネ・ウィラン『ニッティ・グリッティ』
（ヴィーナス ジャズ TKCV-79021）

❺ セロニアス・モンク『危険な関係』
（Sam Records SRS-1-CD）

第 12 章

ジャズとマフィアと戦闘機

baaaad なテナー・プレイヤー、
ボブ・キンドレッドの優秀録音

ギフティッド

アメリカ空軍の近接航空支援機A‐10は、冷戦時代にソ連の戦車隊を殲滅すべく開発された。1分間に3900発の弾丸を掃射する30㎜ガトリング砲を装備し、機能を追求した果ての醜い外観から「イボイノシシ」とあだ名されたA‐10。その設計チームを率いた理論家が、ピエール・スプレイである。

スプレイはいわゆるギフティッド（天才児）だった。もともとは1937年フランスのニース生まれだが、3歳のときニューヨーク市クイーンズに移住し、アメリカ国籍を取得した（奇しくもバルネ・ウィランとは生年と生地が同じで、同じ頃にアメリカに移った）。15歳でエール大学の5年一貫制課程に入学し、航空宇宙工学とフランス文学を修め、19歳で卒業した。在学時は毎夏グラマンで働いていたが、航空機の設計よりも数学に興味を覚えたため、一旦コーネル大学で数理統計学とオペレーション分析を学んだのち、グラマンに入社した。

1966年にはその才能が国防長官のロバート・マクナマラの目に止まり、ワシントンDCのペンタゴン（国防総省）に分析担当特別次官として引き抜かれた。1971年には国防総省を辞めるが、引き続き戦闘機体コンセプトや要件設定のコンサルタントとして戦闘機設計プロジェクトに関与し続けた。アメリカ空軍の伝説的な理論家として知られるジョン・ボイトが打ち立てたE‐M（エネルギー機動性）理論を土台にして、のちにF16として結実する戦闘機のコンセプト提示や詳細要件を設定したのもスプレイだった。

国防総省で、ボイド、スプレイ、そしてトーマス・クリスティの3人は「戦闘機マフィア（The Fighter Mafia）」と名のり、空軍の重鎮や主要部隊に対する論陣を張った。遠慮のない口調で徹底的に理論尽くめで真っ向から押し捲る3人に対して、多数派からの圧力は凄まじさをきわめた。

戦闘機マフィアは、兵器というものは多目的化を狙うよりも目的に特化してシンプルに徹すべしという信念を掲げていた。スプレイは戦闘機設計のレジェンドとして現在も活動しているが、率直さは変わらず、近年も、マルチミッションを詰め込んだF35を「どうしようもない駄作」と一言で切り捨てている。

スプレイはまた、10代からジャズに熱中し、ニューヨークのジャズ・クラブに通い、レコードを集めるマニアでもあった。ペンタゴンに勤め始めた1966年からは、ワシントンDCのジャズ・クラブでライブを録音するようになり、1970年頃にはますます熱中の度合いを深めた。と言っても、音質にはまったくこだわりがなく、アンプやスピーカーのような再生装置を自作するなど、オーディオに一通りの興味はもっていたが、録音に使っていたのは普及型のポータブル・レコーダーに過ぎなかった。

コペルニクス的転回

ところが、1983年のある日、コペルニクス的転回が訪れた。彼の親友の戦闘機パイロットが、ある会社のコンサルタントをしていて、その会社は価格が1000ドルを超えるターンテーブルを作っていたが、経営難に陥ってしまい、友人は負債代わりに経営権を譲り受けた。彼はスプレイの自宅でその高級ターンテーブルを中心にコンポを組み、ジャズのレコードをかけた。音楽が始まって30秒後、スプレイはオーディオファイルになっていた。

スプレイはまずはラジオシャックでPZM（バウンダリー）マイクを購入し、それまで使っていた250ドルの日本ビクター製カセット・テレコをナカミチのドラゴンに替えた。マイクはやがてクラウン製PZMになり、モニター用にスタックスのコンデンサー・ヘッドホンも手に入れた。彼は航空機設計のために長年蓄積した高度な知識と豊富な科学的経験を駆使して、次々と実験を繰り返し、機材や手法に綿密な改良を加え続けた。

その成果はすぐに現れた。彼が録音したカセットは音の良さでワシントンDCのジャズ界隈で大きな評判を呼び、ミュージシャンが彼に録音を依頼するようになった。そのなかのひとりが、シャーリー・ホーン（1934年5月生〜2005年10月没）だった。

当時、スプレイの自宅はメリーランド州のメイプルシェイドにあったが、その一部屋に、友人から譲り受けた1911年製スタインウェイのモデルO・スモール・グランド・ピアノが置かれていた。当初は演奏不能のジャンク状態で、何年もそのまま放っておいたのだが、修理を任せられる適任者がやっと見つかり、およそ3か月をかけて修復、調整が施された。

そのモデルOをシャーリー・ホーンがとても気に入って、隔週毎にメイプルシェイドに寄っては夜明けまで弾いていた。彼女はまだヴァーヴと契約を結ぶ前で、マイナーレーベルと契約していたが、モデルOを弾いてCDを作りたいと言い出し、スプレイにエンジニアリングを依頼した。こうして1968年に製作されたCD『Softly』が、スプレイにとっては、報酬を受け取ったという意味でプロとしての初録音となった。

録音セッションは、もちろん細かなスケジュールに追いかけられる必要はなかった。シャーリー・ホーンは友人たちを呼んで、録音中もスタインウェイの近くにいさせた。彼女は好きなときに弾き始め、好きなときまで弾き続けた。夜になると、スプレイが自ら食事を振る舞った。

メイプルシェイド・レコード

スプレイはノイマンのマイクを使ってみたりしたものの、技術的な結果には必ずしも満足できなかった。それでも、シャーリー・ホーンが雰囲気のいい録音ができたと褒めてくれたので、彼は週末スタジオを開業することにした。スプレイの本業はあくまで戦闘機や兵器の設計コンサルタントだが、余業として、自宅スタジオやクラブでシャーリー・ホーンやクリフォード・ジョーダン、ウォルター・デイヴィスJr.のような馴染みのミュージシャンを録音し、そのテープを既存のレコード会社に売ることにしたのだった。

そんな商売を数年続けたが、スプレイはレコード業界と付き合ってみると、そのやり方も気に入らなければ、業界人とのソリも合わなかった。そもそもほかに仕事がないのでスタジオを開いたわけでもなかったし、連中と付き合わなければならないくらいだったらいっそと切羽詰まった挙句、スプレイはレーベルを立ち上げて自分でCDを出すことにした。

こうして、1990年に10枚のアルバムを出し、メイプルシェイド・レコードはスタートした。音楽よりもサウンドを優先するオーディオファイルの流儀はひねくれている。スプレイはそう感じていたが、音が良ければビッグネームのミュージシャンでなくともセールスが期待できるので、あえてオーディオファイル向けに販路を広げていった。当初は販売をレコード・クラブに頼っていたが、1993年には自前でディストリビュートするようになった。

1989年にスプレイは州内のビーチウッドにある19世紀に建てられた大きな屋敷に引っ越し、その一室をスタジオとした。入り口に大きな柱のある建物の外観は、CDのブックレットに載った写真で見ることができる。スプレイはレーベルの音楽監督に、ピアニストのラリー・ウィリス（1942年12月生〜2019年10月没）を迎え、続々録音を製作した。

究極のミニマリスト

ピーチウッドの屋敷は一番近い国道から、雨が降ると水たまりだらけになる細い砂利道を500メートル入った場所に建っていた。周囲の一帯は藪と草地しかない。一番近い隣家でも、100メートルは離れている。このため、ノイズ・フリーなだけでなく、自然にクリーンな電源が得られる環境でもあった。

建物に入ると大きなエントリー・ホールがあり、天井までは約3メートルの高さがある。そこから2階への階段やほかの部屋へ続く扉がある。1階の一番大きな部屋がスタジオで、壁やコーナーには吸音材が貼ってあり、部屋の中心にスタインウェイ・ピアノが置いてある。

そして、マイクふたつを組み合わせたメイン・マイク・アレイもちろんそこにある。単純だが奇怪な形状はおおよそマイクには見えない。クラウンまたはジョセフソンのバウンダリー・マイクをマウントしたアクリル・パネル2枚が、一辺を接して上から見たときV字型になるようにアルミチューブのフレームで固定されている。このとき、V字の二辺に当たる面にそれぞれマイクが付き、底の点が演奏家（楽器）に向けられる格好になる。

マイクの信号は、スプレイ自作の電池駆動プリアンプに入る。このプリアンプはティップトゥを介して上下から鉛の板に挟まれている。信号はプリアンプから、隣室に置かれたソニーの2トラック・アナログ・テープレコーダー、TC‐880(TC‐8750‐2の海外仕様)に入る。

スプレイは、TC‐880の共振を嫌って、コントロールパネルは一部を残して取り除き、フレームを剥き出しにした。同時に、モーターをはじめところどころに鉛の錘をずっしりと背負わせたので、総重量は60キロに迫った。そして、テープ・スピード切り替えのような不要のメカニズムやエレクトロニクスはすべて除去し、残ったケーブルや素子も徹底的に交換した。その結果、周波数特性は、18ヘルツから42キロヘルツ(±3db)に達した。A/Dコンバーターもスプレイのカスタム・メイドで、サンプリング・レートは2823キロヘルツ/秒とある。

機材には絶え間ない改良が加えられ、2005年にはビーチウッドからビーコン・ヒルへ引っ越すなどの変更はあったが、極端な非妥協的ミニマリズムへの執着は一貫していた。スプレイの録音したすべてのディスクのサウンドは高水準にあり、とりわけディテールとプレゼンスへの執念は凄まじい。普通のCDの音がもたらす解像度が学習用顕微鏡のレベルだとしたら、メイプルシェイドのそれは電子顕微鏡に匹敵する。

おそらくメイプルシェイドに対する批判で最も一般的なのは、演奏のクオリティだろう。とはいえ、クリフォード・ジョーダン、ウォルター・デイヴィスJr.、ノリス・ターネイ、ケンドラ・シャンク、ハロルド・アシュビー、テッド・ナッシュ、ハミエット・ブルイエット、ジャック・ワルラスのようなアーティストが参加したタイトルは、秀逸な演奏ばかりである。

ウォルター・デイヴィスJr．の『イン・ウォークト・セロニアス』やクリフォード・ジョーダンの『ライブ・アット・エセルズ』など、彼らが同時代に製作したほかのレーベルの録音に比べても演奏は少しも引けをとっていないし、音の良さでは、同時代の録音が尻尾を巻いて逃げ出すレベルにある。

ジェントル＆ソウルフル

ボブ・キンドレッドというテナーマンがピアノとデュエットしたアルバム『ジェントル・ジャイアント・オブ・ザ・テナーサックス』は、やはりテナーマンであるクリフォード・ジョーダンやハロルド・アシュビーのタイトルに比べても、キャッチーな演奏とは言い難い。にもかかわらず、ここで採り上げる最大の理由は、筆者が最もよく聴くメイプルシェイドのアルバムだということに尽きる。それに、演奏が類を見ないソウルフルな滋味に満ちていて、メイプルシェイドの録音のもつ特徴がはっきりと出ていることも付け加えておく。

ボブ・キンドレッド（1940年5月生～2010年8月没）は、父親の反対で音楽家になることを断念したが、30歳のとき、フィル・ウッズを聴いて再びプロを志し、ウッズの生徒になって数年間サックスを学んだ。その後、グレン・ミラーやウディ・ハーマンのバンドでテナーを吹き、リーダー作も数枚を吹き込んでいた。また、ジョニー・フリゴのチェスキー盤や、大橋美加の『スターリング』などにも参加している。

とはいえ、一般的な知名度があるとは言い難いキンドレッドを、ラリー・ウィリスが「発見した」のは、ジミー・スコットの録音セッションだった。ウィリスは、2000年秋のある日、トッド・バルカンのプロデュースで、アルバム『虹の彼方に』(マイルストーン)となるセッションに参加した。彼はスタジオでキンドレッドのテナーを聴いて感激し、セッションが終わると、どこのレコード会社と契約しているのかを訊いた。「どこともしていない」という答えだった。

ウィリスは帰りにスプレイ宅に立ち寄って、「今日のセッションに最高(baaaad)なテナー・プレイヤーがいた。ゲッツやベン・ウェブスターみたいな音を出すが、どっちにも似てない」とキンドレッドを激賞した。ウィリスは1年半の長きにわたってゲッツのサイドマンを務めた経験がある。スプレイは、そのウィリスがテナーマンをこれほど褒めたのを聞いた覚えがなかった。

ウィリスはふたりだけ(Just two of us)で録音を作りたいとスプレイに提言した。スプレイはデュエットという異例の申し出に、ウィリスのただならぬ意気込みを感じ、すぐに録音プランをたて始めた。翌2001年の3月と5月、ビーチウッドで録音セッションが行われ、8曲を収めた65分のCDとなった。

メイプルシェイドの録音セッションでは、アンサンブルの大きさやアンビエンスをどれくらい望むかに応じて、連結したエントランス・ホールを用い、アコースティックを調整している。もちろん、演奏家の配置はバランスをとるうえでとりわけ重要なポイントになる。そして、最終的な判断はミキサーの耳に委ねられる。

スプレイはテープにノイズ・リダクションを使っていないこともあって、常に歪を避けながらレベルをいっぱいに上げている。また、『ジェントル・ジャイアント・オブ・ザ・テナーサックス』では、サックスとピアノのデュオという編成のため、マイクから演奏家までの距離はいつもより少し近めにとられている。

その結果、『ジェントル・ジャイアント・オブ・ザ・テナーサックス』では、ありとあらゆる微細なディテールが目の前に映し出されることになった。部屋の壁と天井の存在。そのなかを揺れ動く空気。鍵盤をステージ下手に向けたピアノの形状。左側にいるピアニストの身じろぎと息継ぎ。ペダル・ノイズ。ダンパーの操作音。ボディの上空に出現するハーモニーの雲。

そして、それ以上に、中央前方に立つサックスのプレゼンスは比類がない。サックスという楽器が、音域によって胴体の振動する部分が著しく変化し、それに伴い音色も変わるものであることが手に取るようにわかる。また、ミクロダイナミクスの再現も間然とするところがない。

さらに、楽器のなかを通る息の流れ。マウスピースが唇に当たる音。楽器の向きとその揺らぎ。息継ぎ。キーの操作音。タンポの開閉音。身動きする気配。これらすべてのノイズが目の前にあり、ふたつの楽器は言うまでもなく、まるでキンドレッドとウィリスのふたりがリスニング・ルームにいるかのようだ。その存在感はリアルで、時々気味が悪くなるほどである。

なお、念のために付け加えると、「ブルー・ムーン」では、サックスのキーを開閉してかちゃかちゃ音をたて、ピアノは弦を直に爪弾いているところがある。前衛的な特殊奏法ではあるが、むしろユーモラスな効果を狙っているように聞こえる。

キンドレットは、ベン・ウェブスター、レスター・ヤングからキング・カーティス、ゲッツ、ロリンズ、コルトレーンへいたるテナーサックスの多様な語法を駆使し、少しも飽きさせない。ウィリスは、サックスと鍔《つば》迫り合いをするというような趣ではなく、キンドレッドの周りのスペースを埋めるように、隅々まで細やかな神経の行き届いた演奏を繰り広げている。ふたりの楽器による対話は、声高ではないが、見交わす視線の強さが伝わってくるようだと言えばいいだろうか。真夜中に灯りを消して聴く音楽として、楽しく、また感動的でもある。

キンドレッドはこのあとにもリーダーやサイドマンとしてCDを残し、2016年に世を去った。彼の未亡人は歌手のアン・フィリップスで、彼女がルーレットに録音した『ボーン・トゥ・ビー・ブルー』は日本でも人気が高い。

スプレイは、ビーコン・ヒルに越してからも2010年頃までは録音を続けていた。メイプルシェイドのカタログはまだ生きていて、ウェブサイトから直接注文することができるようだ。

ボブ・キンドレッド
『ジェントル・ジャイアント・オブ・ザ・テナー』
(Mapleshade 09032)

第13章

モーションからエモーションへ

セシル・テイラー・ファン必聴の
スーパー・セッション『ネイルド』

イノベーティブなアーティストは、とかく自分の生まれた国では疎まれがちになる。特に音楽や映画の世界では、そういう悲劇がしょっちゅう起こる。セシル・テイラー（１９２９年３月生～２０１８年４月没）も、そんな不運に見舞われたアーティストのひとりだった。

テイラーは、１９６７年から10年ほどは音楽だけでは食っていけなかった。生涯を通しても、アメリカのメジャー・レーベルで製作したレコードは片手で数えられるほどしかない。ある時期以降の録音は、ほとんどがヨーロッパのマイナー・レーベルから出た。

同世代だったオーネット・コールマン（１９３０年３月生～２０１５年６月没）と比べると、ふたりのあいだには待遇の差があったことがはっきりする。オーネットは、インパルスやコロムビアやＲＣＡのようなメジャー・レーベルへ録音したことがあるだけでなく、アメリカ国内のレコード会社が製作したものがほとんどを占めている。メジャーな映画（『裸のランチ』）の音楽を委嘱されたこともあった。少なくとも３つの大学から名誉学位を授かった。そして、ピューリッツァ賞やグラミー賞の特別功労賞生涯業績賞といった大きな栄誉にも浴することができた。

そのいっぽうで、セシル・テイラーはこの種の栄光にはほとんど無縁だった。これには本人も自覚的で、かなり気にしていたと言われている。それでも２０１３年に日本で京都賞をあたえられたのはほんとうに幸いな事件だった。すでに84歳になったテイラー自身も、「人生で起こった素晴らしい出来事のなかで一番の名誉」と言って、受賞に喜びを少しも隠そうとはしなかった。（後日譚として、賞金の５千万円が知人に盗まれるといったように不運はしつこくつきまとったのだが。）

ところが、実はこのときでさえ、京都賞の推薦者たちが当初候補に考えていたのはオーネット・コールマンだった。しかし、オーネットはすでに2001年に高松宮殿下記念世界文化賞を受賞していたため、ほかのミュージシャンをということになり、セシル・テイラーはそこで繰り上がった格好だった。

とはいえ、セシル・テイラーの録音がヨーロッパのマイナー・レーベルばかりになったのは、その質や量を考えれば、不運ばかりではなかった。リーダー作の枚数では、オーネット・コールマンはおよそ50枚。それに対し、セシル・テイラーは約80枚を残すことができた。

それに、オーネットには、アナログ録音時代にアトランティックの『世紀の転換』や、アーティスト・ハウスの数枚など極めつきの優秀録音があるが、それらはCDでは少なくとも今のところ推薦に値する復刻がない（つまり、オリジナルのアナログ・レコードに頼るしかない）。いっぽうで、セシル・テイラーには水準を超えた優秀録音と呼べるCDがたくさんある。

ソロ・ピアノ録音だけを見ても、セシル・テイラーの優秀録音は多い。たとえば、1973年の『ソロ』、1986年の『真の美とは!!ライヴ・アット・スウィート・ベイジル』と『フォー・オリム』、1988年の『エルズリー・マケト・セント』の4タイトルは、掛け値なしの優秀録音だ。そして、これらの録音制作者たちの国籍はアメリカではなく日本とドイツであり、レコード会社は日本とイタリアとドイツだった。

ここでは、その4枚のすばらしいソロ・ピアノ録音と、1990年のカルテットによる『ネイルド』を併せて紹介する。

1973年5月29日　東京　内幸町

この年、ついに来日を果たしたセシル・テイラーは各地で6回のコンサートを開いた。そして離日前のこの日、トリオ・レコードのために『ソロ』（クラウン BRJ-4001）をイイノホールで録音した。プロデューサーの鯉沼利成は、すでに故人となったが、テイラーを日本に招聘したプロモーターである。ミキシングを担当したのは菅野沖彦。やはり鯉沼がのちに招聘したキース・ジャレットの『サンベア・コンサート』同様、雇われ録音ミキサーとしての仕事だった。

テイラーのソロ・ピアノ録音は数が多いが、ほとんどすべてがライブ録音である。レコード用のセッション録音は、これと1980年の『フライ！フライ！フライ！フライ！フライ！』（MPS）のたったふたつしかない。しかも『ソロ』の録音時点で、テイラーのソロ録音はまだ1枚も世に出ていなかった（録音自体は、『プラクシス』や直前の『インデント』がすでにされていた）。企画の先見性も高く評価されるべきだろう。

『ソロ』の最大の特徴のひとつは、誤解を怖れずに言えば、ショパンやシューマンの曲を録音するようにセシル・テイラーの即興演奏を録音したところにある。ピアノはホールに備え付けられたスタインウェイ・コンサート・グランド。もちろん録音に先立って入念な調律と調整が行われた。それでも、時としてテイラーの強烈なタッチに悲鳴をあげるところまで追い込まれるが、基本的にはウォームな音色で、一音一音に深みが感じられる。

これは演奏のパーカッシブな性質を十二分にとらえながらも、ハンマーのアタックをむやみに強調した先鋭的な響きではなく、木の胴体を含む楽器全体の響きと、蓋板からの反射も合わせて、ピアノの全体像が目の前の適切な場所に現れるタイプの録音だと言える。言い換えれば、均整のとれたピアノの全体像が、コンサートホールの最前列に座って聴いているときのように再現される録音である。

そして、何よりもすごいと思わされるのは、叩き出された大量の音符が複雑な錯綜を重ねていっても、濁ったり曇ったりせずに清澄さを保ち続けていることだ。音楽のテクスチュアが聴きとり易くなった結果、テイラーが10本の指から紡ぎ出しているのは混濁した音塊ではなく、定型的なモティーフの積み上げと、そのあいだを絡むように埋める叙情の組み合わせであることが誰の耳にもわかり易くなっている。同時に、テイラーがセロニアス・モンクからダイレクトに受けた影響がいかに大きかったかもわかり易く聴きとれるだろう。

1986年2月8日　ニューヨーク　グリニッジ・ヴィレッジ

ジャズ・クラブのスウィート・ベイジルで、セシル・テイラーのライブ・アルバム『真の美とは！』(Sound Hills SSCD-8006) を録音したミキサーは杉山和紀という。もちろん日本人である。杉山はニューヨークのロフト・シーンをベースとして、デヴィッド・マレイやユージン・チャドボーン、アート・リンゼイなどを録音していたが、1990年頃にピタリと録音ミキサーを辞め、プロデューサー業に専念するようになった。録音ミキサーとしてとてつもない凄腕の持ち主だっただけに、ほんとうに惜しい。

その杉山の録音だけあって、ピアノらしい音の録音ということでは、『真の美とは！』も『ソロ』に引けをとってはいない。ただし､両者の感触や印象はかなり異なる。『ソロ』がコンサート最前列で聴くピアノなら、『真の美とは！』はライブハウスで聴くピアノだ。そして、会場全体を含めたインティメートな一体感が、この録音の真骨頂である。

『ソロ』では､リスナーがピアノ全体を客観的に見通すように録音されていた。いっぽう、『真の美とは！』で、ピアニストはリスナーと物理的に同じ方向を向いていて、あたり一面をライブハウスらしい暗騒音がすっぽりと覆っている。そのなかに包まれてリスナーはピアノに耳を傾けるうちに、ピアニストとの心理的な同化に誘われる。

快活なアンビエンスのタッチと立体空間の鮮明な描写は、杉山の録音に共通した特徴だ。さほど高くはない天井まで、ステージが目に見えるようなリアリズムには感心するほかない。のびのびとしたピアノのサウンドがとても魅力的だ。

『ソロ』と『真の美とは！』は、ホール録音とライブハウスの録音という場所の違いが生み出す差異は当然でも、ピアノとピアノが置かれた場所をリスニングルームにそっくり再現する能力は共通している。

１９８６年４月９日　西ベルリン　ミッテ

『フォー・オリム』（Soul Note 121150）と『エルズリー・マケト・セント』（FMP CD 18）は、ともに西ベルリンのライブである。録音したのも同一人物で、ヨスト・ゲベルスというドイツ人だ。ベルリンは、セシル・テイラーを世界で最も暖かく遇した街だった。まだ壁が東西を隔てていた時代の１９８６年を皮切りに、テイラーは毎年のようにベルリンに招かれた。そこで彼を迎えたのは、ヨスト・ゲベルス率いるＦＭＰ（フリー・ミュージック・プロダクション）だった。

１９６９年に西ベルリンでスタートしたＦＭＰは、ブルーノートのヨーロッパ・フリー・ジャズ版とも呼べるような名門レーベルだ。レコード製作だけでなく、ワークショップやコンサートやライブも盛んに組織していた。『フォー・オリム』も、FMPが主催したWFM（ワークショップ・フライエ・ムジーク）にテイラーが招かれて出演したときの録音だが、おそらく契約上の理由で、FMPではなくイタリアのレーベル、ソウル・ノートから出た。

WFMの会場は、西ベルリンのベルリン芸術アカデミーだった。そこでテイラーはベーゼンドルファー・モデル290ピアノを弾いている。金属フレームの重く、華やかなレゾナンスに重点を置いたサウンドは、いかにもドイツ人らしいピアノ録音だが、シンプルなマイク・セッティングが効いているので、ピアノがポツンと中空にあるような抽象的な録音にはなっていない。

ベーゼンドルファー・モデル290は通称「インペリアル」といい、鍵盤が通常の88鍵より多く、低音域が増えて97鍵ある。ジャズ界隈では、なんといってもオスカー・ピーターソンの愛奏ピアノとして知られている。または、キース・ジャレットがケルンで弾くはずだったが手違いで届かなかったピアノと言った方がわかりがいいかもしれない。

テイラーがその低域のエクステンションを臆せず鳴らし、ゲベルスの録音がそのフルレンジを収録していているのには、胸のすく思いがする。張りのある音色で歌われる高音域の旋律と、ベーゼンドルファー・インペリアルならではの豊穣な低音の色彩との対照は鮮烈だ。全体から細部までパンフォーカスでピタリとピントを当てた録音によるテクスチュアの精密な再現も素晴らしい。そして、テイラーがどこまで攻め込んでも悠々と受けとめる懐の深さがスペクタクルきわまりない。ピアノの上空をたっぷりとした空気が覆い、そこが豊かなハーモニーの棲み家になっているのも印象的だ。

この演奏は、当時病床にいた盟友、ジミー・ライオンズの『生霊』に捧げられた。ライオンズはこの翌月に亡くなったが、テイラーの音楽にしては叙情的内省的な傾向が強く感じられるのはそのためだろうか。1曲を除いて、いつものような長尺演奏はなく、曲の構成は比較的親しみ易い。

ゲベルスのクリーンでナチュラルな録音はセシル・テイラーのピアニズムと相性がいい。『フォー・オリム』はそのことを鮮やかに実証してみせた。このあと、ゲベルスとテイラーは相携えて大量の録音を生み出すことになる。

1988年7月16日　西ベルリン　ティアガルテン

ヨスト・ゲベルスとFMPは、1988年6月17日から7月17日までの丸1か月をかけ、西ベルリンのコングレスハレ（翌年に「世界文化の家」と改称）で「インプロヴァイズド・ミュージックⅡ／88」を主催した。

これは、セシル・テイラーを主役にした全19回のコンサート・シリーズで、彼のソロ・パフォーマンスから、デレク・ベイリーや5人のドラマーとのデュオ、トリスタン・ホンジンガーとエヴァン・パーカーとのトリオ、そしてヨーロッパ各国の精鋭を結集したオーケストラまで、ヨーロッパ・フリー・ジャズのトップ・ミュージシャンを大挙集めた密度のきわめて高いイベントだった。

この歴史的イベントはもちろんライブ録音され、のちに、黒一色の意匠に飾られたCD11枚組ボックスセット『セシル・テイラー・イン・ベルリン'88』としてFMPからリリースされた。

そのなかの1枚であり、千秋楽の1日前にあたる7月16日のソロ・パフォーマンスをまるごと記録したのが、『エルズリー・マケト・セント』(CD 18)である。タイトルは古英語で、エルズリーとはブードゥ信仰の女神の名前だという。「エルズリーは芳し」という意味になるのだろうか。

コンサートは「エルズリー・マケト・セント」パート1~3、そして、「ウォーター」「ストーン」と題された短い曲(それぞれ1分半と1分)の5曲から構成されていた。タイトル曲の「エルズリー・マケト・セント」は合わせて72分を超えるが、3つの楽章の整然とした古典的な構成は、ベートーヴェンの「月光」「ワルトシュタイン」のような中期ピアノ・ソナタを想わせる。そこに、アンコールとして2曲のバガテル(小曲)が付いたと考えればいいかもしれない。

各パートの楽想に注目すると、タイトル曲のパート1はフリー・ジャズ・ミーツ・プロコフィエフという趣があるが、舞踏的(チャールストン、ケークウォーク)なパート2を経て、終楽章にあたるパート3では、テイラーが対位旋律やグリッサンドを華々しく駆使し、まるでひとりでジャズ・オーケストラを再現しているかのような印象の演奏へと移行する。おおよその図式は、（プロコフィエフ＋エリントン）÷ベートーヴェンといったところだろう。

そう感じるのは、ゲベルスのひたすら明晰な録音のせいもあるのかもしれない。リスナーは、あたかもセシル・テイラーが弾いているステージ上で聴いているようなパースペクティヴのなかにいる。ピアノからは、ガトリング砲のような強烈な連打から、ありとあらゆるディテールまでが克明に再現される。ピアノ・ボディのなかを渦巻くレゾナンスはもちろん、フレームの唸りがあたりに降り注ぎ、大小の鐘を打ち鳴らしたようなハーモニーの祝祭が訪れる。

ベーゼンドルファー・インペリアルのもつ優雅さとテイラーのアグレッシブな演奏。その両者のあいだに生まれた緊張が、ヨスト・ゲベルスの録音によって極上のスペクタクルへ昇華している。驚くべき重量感と輝く音色からは、ヨーロッパで自らを主役としたビッグ・プロジェクトを成功裏に成し遂げたテイラーの大いなる歓喜が、あけすけに伝わってくるようだ。

1990年9月26日　ベルリン　クロイツベルク

この年、セシル・テイラーは、東西統一が実現したベルリンに、DAAD（ドイツ学術交流会）のゲストとして長期滞在を楽しんでいた。FMPは滞在期間の締め括りとなる9月23日から30日までの8日間、ベヒシュタイン・ビルの3階にあるコンサート・ホールを舞台に、コンサートとワークショップから成る「TOTAL TAYLOR TOTAL」というミニ・フェスティバルを企画。FMPは、このときの録音からのちに3タイトルのCDを出した。

ただし、今度は1988年ボックスのように一度にまとめては出さなかった。その代わり、1993年に『ダブル・ホリー・ハウス』(CD 55)、1999年に『メランコリー』(CD 104)、そして2000年に『ネイルド』(CD 108)と、マイルス・デイヴィスのプレスティッジ・マラソン・セッション4作さえも上回る超スローペースで発売した。

3タイトルの掉尾を飾ったのが『ネイルド』で、サックス、ピアノ、ベース、ドラムスというコンベンショナルな編成のカルテットによる演奏だった。テイラーがこの編成で演奏するのは、実はきわめて珍しい。

たしかにテイラーには、スティーヴ・レイシー、アーチー・シェップ、ジミー・ライオンズをサキソフォニストに迎えたカルテットの録音がある。しかし、それらは個別に見ると、カルテットによる演奏はアルバムの一部にとどまり、トリオやソロによる演奏も含まれていた。カルテットで全編を通したアルバムは、1966年のパリ・ライブとこの『ネイルド』しかない。『ネイルド』は、一期一会のオールスター・セッションでもあった。共演者は、エヴァン・パーカー(1944年4月生〜)、バリー・ガイ(1947年4月生〜)、トニー・オックスレイ(1938年6月生〜)という3人のイギリス人。もちろん3人どうしは数十年来の顔馴染みだった。そして、この前年には西ベルリンで、テイラー、パーカー、オックスレイという3人の共演もあった。しかし、この4人によるカルテットで演奏したのは、これが最初で最後の機会だった。

ジャズで、オールスター・セッションから名盤が生まれるとは限らない。むしろ失敗例の方が多いかもしれない。だが、『ネイルド』は、フリージャズ版『アート・ペッパー・ミーツ・ザ・リズム・セクション』と呼びたいくらいのすばらしい結果に到達した。

収録曲は2曲で、「ファースト」「ラスト」と、身も蓋もない曲名が付けられている。演奏時間はそれぞれ50分と25分という長尺だが、文字通り一瞬たりとも緩むところのない、隅々まで凄絶なテンションに充ちた時間が続く。そして2曲とも、その瞬間瞬間では4つの楽器がアナーキーに絡み合うバトル・ロワイヤルだが、全体的に見ると整然とした構成になっているのが特徴だ。

「ファースト」は、セシル・テイラーが主にC#を乱打するイントロで始まる。その後、パーカーとテイラーが順番に主導するセットが3回繰り返され、最後に4人の集団即興で終わる。パーカーの演奏は、ひとつ目のセットでは低域を強調、ふたつ目のセットでは、主な音域は中音から低音を中心としている。3つ目のセットでは、比較的ゆっくりしたモティーフが多く、なかでは音の密度が比較的薄い（それでも大変な音数だけれども）。テイラーのピアノには、時々調性のはっきりした「旋律」さえ現れる。そして、42分頃から、フィナーレの高密度な集団即興演奏を発射するカタパルトを思わせる準備が始まる。

この曲のエヴァン・パーカーのテナーサックスは、彼の今や半世紀を超した長いキャリアのなかでも、ベスト演奏のひとつだと断言したい。「ファースト」で、パーカーの出番は総計するとだいたい27分に達するが、全編にわたって、電光石火のタンギングを駆使したアーティキュレーションと倍音を用いた特殊奏法による多彩な音色が手に汗握るスペクタクルを織りなしている。よくもまあ、サックスひとつからこれだけ豊かなバリエーションを放射できるものだと唸ってしまう。

4人は誰もがありったけの力を出し尽くしている。センハ・テイラー、エヴァン・パーカー、バリー・ガイの目も眩むような集団即興はもちろんこれ以上ない壮麗な景観だが、その3人を、丁寧なリズムの切断とポリリズムによって鼓舞し、絶え間なく支え続けるトニー・オックスレイのドラムスは、いくら称揚しても過ぎるということがない。

いっぽう、「ラスト」の内容は、FMPやインカス・レーベルでパーカーやアレクサンダー・フォン・シュリッペンバッハやデレク・ベイリーが普段に演奏していた世界（つまりヨーロピアン・フリージャズ）に近い。その世界はそもそも、セシル・テイラーが1960年代初期、ジミー・ライオンズやサニー・マレイと産み出したスタイルを礎に彼の地で発展を遂げたものだった。だから、テイラーがそのなかに入っていくのはそれほど難しくないことだったと言えるだろう。

「ラスト」では、あたかもギアを巧みに入れ換えてアウトバーンを猛烈に加速するスーパーカーのごとく、テンポやリズムを自由自在に操るテイラーの豪奢なピアニズムが圧巻だ。そして、テイラーが送り出す凄絶なオスティナートと、その周りを高速で獰猛に駆け巡るパーカーのソプラノ・サックスとバリー・ガイのベースは、イアニス・クセナキスの音楽（「コンボイ」「シナファイ」）を思わせる。これまた、機動性と重量感が切りむすんだ凄まじいばかりの演奏だ。「ファースト」でも「ラスト」でも、テイラーとパーカーの対話を中心に、4人のインタープレイは、演出（ミザンセーヌ）の優れた映画を観るようなスリルと面白さに充ちている。4人のインタープレイは、小説やロマン派の音楽のように、「ドラマ」を経由するタイプの表現ではなく、音の運動（モーション）が直に観客の感情（エモーション）を揺り動かすタイプの音楽だと言うことができる。

この日、ベヒシュタイン・ホールのステージには4人が横一列に並んでいた。下手から上手に向かって、テイラー、パーカー、ガイ、オックスレイの順で、テイラーは視線の先に3人を見るように陣取っていた。

FMPのミキシングは、この並びをほぼそのまま踏襲している。テイラーのピアノは左チャンネルを足がかりにステージの右側までにかかっている。パーカーのサックスはセンター、ガイのベースはその右側、そして、オックスレイのドラムセットは右チャンネルを中心にセンター近くまで広がっている。

『ネイルド』では、4人が放射する音が終始空間のなかで錯綜するが、ゲベルスはいつものようにマイクをそれほど増やさず（おそらく全部で6〜8本程度だろう）、ハイプレッシャーきわまるサウンドを抜かりなく収録している。びっしり詰まった音のあいだにも自然な空間がしっかり確保されているので、音楽の息遣いを聴きとるのになんら不足はない。不自然な強調もなければ、耳障りな混濁もないので、再生装置のトランスペアレンシーが良ければ良いほど、4人が奏でる音楽はさらに多くの表情を見せることになる。

テイラーのピアノが送り出す無尽のダイナミズムは『フォー・オリム』や『エルズリー・マケト・セント』のようなソロ演奏と変わらない。ただし、ここでテイラーが弾いているピアノは通常の88鍵を備えたベヒシュタインで、ベーゼンドルファー・インペリアルのような超低音の鍵盤が最初から存在しないことは、断っておく必要があるだろう。

また、バリー・ガイは小さめのベースもステージに用意して、通常のベースと随時弾き分けている。楽器が小さいと低音の量感は減るが、高い音域が弾き易くなる。ガイはクリストファー・ホグウッドが率いた古楽オーケストラ、エンシェント室内管弦楽団の首席奏者としても有名で、そのテクニックはジャンルを超えて定評がある。それでも、アルコ（弓弾き）であたかもサックス奏者がもうひとりいるかのような自在な演奏を聴かせられると、やはり驚かずにはいられない。

『ネイルド』の録音のクレジットは少しややこしく、ホルガー・シュオイエルマンとゲベルスが録音、ヨナス・ベルグラーがミックス、プロデューサーはゲベルスとなっている。会場のアコースティックなどが理由で、ここで採り上げたソロ・ピアノの諸作には一歩を譲るが、それでも十二分にトランスペアレントな優れた録音であり、75分のあいだ高揚し続ける驚異の演奏をたっぷりと楽しむことができる。テイラーの、そしてフリージャズのファンなら、これぞ極上の体験となる、まさに記念碑的な必聴の一枚にほかならない。

残念なことに『ネイルド』はすでに廃盤だ。それでも中古市場で丹念に探せば、ポツポツとは現れるだろう。少々の手間をかけても手に入れる価値は十分にある。

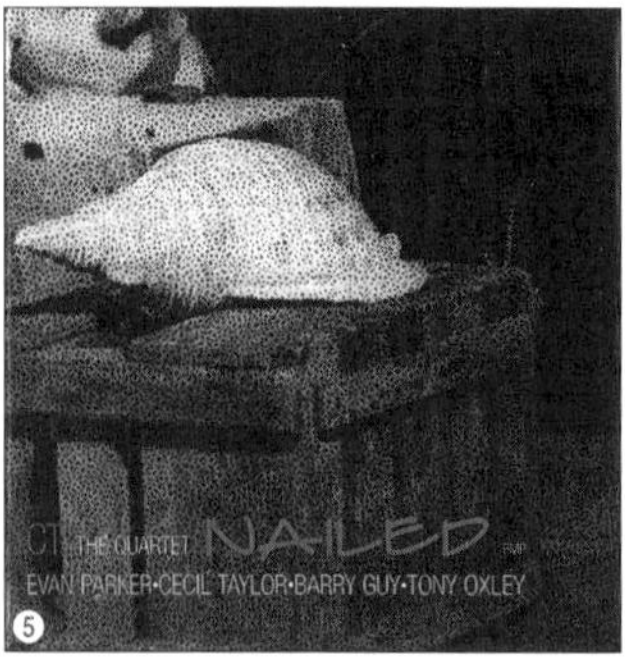

❶ セシル・テイラー『ソロ』
(クラウン BRJ-4001)

❷ セシル・テイラー『真の美とは！』
(Sound Hills SSCD-8006)

❸ セシル・テイラー『フォー・オリム』
(Soul Note 121150)

❹ セシル・テイラー
『エルズリー・マケト・セント』
(FMP CD 18)

❺ セシル・テイラー『ネイルド』
(FMP CD 108)

第14章

ビル・エヴァンス：ファースト・トリオのベストCDを探る

1959年11月　トリオにスコット・ラファロとポール・モチアンが参加
1959年12月28日　『ポートレイト・イン・ジャズ』録音
1960年3月　『ポートレイト・イン・ジャズ』発売
1961年2月2日　『エクスプロレイションズ』録音
1961年3月　『エクスプロレイションズ』発売
1961年6月25日　ヴィレッジ・ヴァンガードでライブ録音
1961年7月6日　スコット・ラファロ　事故死
1961年10月　『サンデイ・アット・ザ・ヴィレッジ・ヴァンガード』発売
1962年3月　『ワルツ・フォー・デビー』発売

スコット・ラファロ、ポール・モチアン、そしてビル・エヴァンスの3人が初めて揃って演奏したのは、1956年（1957年説もあり）にチェット・ベイカーが集めたリハーサル・セッションだった。そのときは、エヴァンスもモチアンも、ラファロの演奏はそれほど印象に残らなかったという。

1957年の5月にラファロは父を亡くすと西海岸に引っ越し、ハーブ・ゲラーの家に身を寄せた。それから5か月のあいだ、彼はゲラー宅に引き籠もって、楽器の猛練習に励んだ。その年末に、シカゴでパット・モランと2枚のレコードを録音すると、翌1958年にはロスアンゼルスのジャズ・クラブ、ライトハウスを主な拠点とし、スタン・ゲッツ、ビクター・フェルドマン、ハンプトン・ホース、バーニー・ケッセル、リッチー・カミューカ、ポール・ブレイ、ソニー・ロリンズなどと共演を重ねた。

1959年4月、ラファロはベニー・グッドマンのアメリカとカナダを回るツアーのメンバーに雇われた。初日の演奏を終えたラファロはグッドマンと、エヴァンス・トリオの演奏を聴きに行った。トリオのドラマーはモチアン、ベーシストはノビー・トターだった。ラファロも飛び入りで演奏した。ラファロがグッドマンとのツアーを終えると、エヴァンスから共演したいと電話がかかってきた。

1959年10月28日と29日、ニューヨーク57丁目のファイン・スタジオでエヴァンス、ラファロ、モチアンの3人はトニー・スコットのセッションに参加した。この録音が初めてレコード(『トニー・スコット／サング・ヒーローズ』)として世に出たのは、1986年のことだった。

このセッションから間もなく、エヴァンスは初めてのレギュラー・トリオを率い、ニューヨークのクラブ、ベイジン・ストリート・イーストに出演した。ベーシストはジミー・ギャリソン、ドラマーはケニー・デニスで、どちらもマイルス・デイヴィスがエヴァンスの門出のために自ら推薦したメンバーだった。

3週間の出演中、クラブの待遇は最悪で様々なトラブルが発生した。最初にケニー・デニスがトリオを離れた。そこにフィリー・ジョー・ジョーンズが入ると、客の受けは良くなったが、それを快く思わなかった対バンドのマネージャーから横槍が入った。さらにフィリー・ジョーは、エヴァンス旧知のポール・モチアンに替わり、ベーシストも全部で6〜8人ほどが入れ替わった。そして、近くのクラブで演奏していたラファロが飛び入りをきっかけにして、トリオに定着したところで3週間は終わった。エヴァンス、ラファロ、モチアンの3人は、次に西4丁目のクラブ、ショープレースに出演した。

それからラファロが自動車事故で亡くなるまで、ファースト・トリオは、約19か月存続した。これは、19年後にエヴァンス自身の死によって終わりを迎えるラスト・トリオの存続期間である約20か月とあまり変わらない。もちろん偶然の一致に過ぎないのだけれど、そこに運命の儚さと因縁じみたものを感じずにはいられない。

19か月のあいだに、エヴァンスが契約していたリヴァーサイド・レコードはトリオを3回録音し、4枚のレコードを出した。3回の内訳は、ふたつのスタジオ・セッションとひとつのライブ・デイトで、ライブも含め、それぞれは1日だった。そうなったのは、リヴァーサイドが最小限以上の経費をかけるのを嫌ったからだった。

言うまでもなく、リヴァーサイドは自社スタジオをもっていなかった。1955年初頭からモダンジャズの新録音を本格的に始めたときは、ブルーノートやプレスティッジと歩を揃えたかのように、主にルディ・ヴァン＝ゲルダーに録音セッションを依頼していた。

だが、その年の中盤から、ニューヨーク市内のリーヴス・サウンド・スタジオを利用し始めると、すぐにヴァン＝ゲルダーと半々の割合になり、翌1956年の秋には完全にリーヴスに乗り換えた。それは、リーヴスの技術や音が気に入ったからではなく、リーヴスがリヴァーサイドに、深夜の録音セッションを格安の料金で請け負ってくれる契約を提示したからだった。

エヴァンスは、1956年9月18日と27日にファースト・リーダー作の『ニュー・ジャズ・コンセプションズ』を、1958年12月15日にはセカンドの『エヴリバディ・ディグズ・ビル・エヴァンス』を録音した。スタジオはどちらもリーヴス・サウンド・スタジオだった。

以上、ここまでがファースト・トリオの前史にあたる。

『ポートレイト・イン・ジャズ』

論告

ファースト・トリオの最初のアルバム『ポートレイト・イン・ジャズ』は、エヴァンスの前作『エヴリバディ・ディグズ・ビル・エヴァンス』から丸1年を経た1959年12月28日に、ニューヨーク市内のプラザ・サウンド・スタジオで録音された。この時点でリヴァーサイドのメイン・スタジオはまだリーヴスだった。プラザを本格的に使うようになるのは翌1960年5月からで、これはリヴァーサイドにとっても初期の例になる。

リヴァーサイドはある時期まで、ステレオとモノーラルを別ラインで録音していた。つまり、マイクからテープ・レコーダーまで両者は完全に分離されていた。これは、リーヴスにステレオ録音のための設備がまだなく、別に用意しなければならないからだった。

そのため、現場にはステレオとモノーラルをそれぞれ担当するふたりの録音ミキサーがいた。プラザ・スタジオで録音された『ポートレイト・イン・ジャズ』では、ステレオを担当したのはリヴァーサイドの社員エンジニアのレイ・フォウラー、モノーラル担当はリーヴス・スタジオのジャック・ヒギンズだった。

ヒギンズは、3つの楽器にそれぞれマイクを1本ずつあて、その信号をモノーラルにミックスしてフルトラック・テープレコーダーに入れた。いっぽう、フォウラーは、スタンドで中空に立てた2本のマイクで全体をステレオ収録し、その信号を2トラック・ステレオ・テープデッキに入れた。

リヴァーサイドは、ライナーノートに録音データを記載していた。『ポートレイト・イン・ジャズ』には、モノーラル盤（RLP12-315）、ステレオ盤（RLP-1126）を問わず、〝Engineer : Jack Higgins (Reeves Sound Studios)〟という同一の記載があるだけで、フォウラーの名前も、プラザ・スタジオの記載も見当たらない。

しかし、ステレオ・マスターテープを収めた箱に貼られたラベルの録音エンジニアの欄には

"R.F."、つまりレイ・フォウラーとはっきり書かれていた。モノーラル・マスターテープの方は1970年前後に処分されてしまったので、今となってはその記載を確かめるすべもないが、ステレオ・レコードのジャケットにヒギンズの名が記載されているのは、何かのミスでモノーラル盤の記載をそのまま引き写した結果ではないだろうか。また、(Reeves Sound Studios)という表記は、アルバムの録音場所ではなく、ヒギンズの所属を示しているとすれば少なくとも筋は通る。

リーヴスやプラザはトップ・スタジオとは言えず、リヴァーサイドがメインのスタジオとして使っていたのは、料金が安いからに過ぎなかった。フォウラーにせよ、ヒギンズにせよ、『モンクス・ミュージック』『ブリリアント・コーナーズ』『チェット』『バグス・ミーツ・ウェス』のような飛び切りの優秀録音もあるが、ニューヨークに数多くいた録音ミキサーのなかで特別な存在だったと言うのは難しい。

彼らは、ルディ・ヴァン＝ゲルダーやローウェル・フランクのように高い水準を常に維持することはできなかった。フレッド・プラウトやロイ・デュナンのようにピアノを常に歪みなく収録する技術をもたなかった。ヒギンズがリーヴスで録音した『エヴリバディ・ディグズ・ビル・エヴァンス』のピアノには、耳を塞ぎたくなるような歪みがつきまとっている。これは、録音がもともとそうなので如何ともしがたい。

『ポートレイト・イン・ジャズ』は、すでに述べたように、ステレオとモノーラルはそもそも別々のラインで録音された。しかも、ステレオ・マスターには機材に由来する発振ノイズがはっきりと入っている。本来はCDに両方を入れられればベストなのだけれど、前述したようにモノーラル・マスターは廃棄され、もはや存在しない。

裁定

というわけで、CDを選ぶポイントは、マスターに内在するピアノの歪みを抑え、ピアノがいかにピアノらしい音になっているかにある。その点で、ベストとして浮上するのが、DCC（ダンヒル・コンパクト・クラシックス）盤（GZS-1059）である。1994年にアメリカのマイナーレーベルから出たゴールドCDで、もちろんとうの昔に廃盤になっている。しかし、日本で当時から人気と評価が高く、多くが輸入された。中古市場で探すのは、少し時間をかけなくてはならないだろうが、極端に困難というわけではない。

次善のチョイスとしては、1985年にビクターが出した国内盤（VDJ-1506）が挙げられる。マスターのサウンドを尊重しながら、スムーズなタッチが加わっているのが好ましい。

また、1987年にアメリカで出たファンタジーOJC盤（OJCCD-088-2）も悪くない（ただし、OJCのマスタリングにもいくつかのバリエーションがあるので注意が必要）。リーズナブルな価格と入手し易さも併せ、推薦に値する。

『エクスプロレイションズ』

論告

プラザ・スタジオで『ポートレイト・イン・ジャズ』を録音したエヴァンスは、スタジオ備え付けのピアノにすっかり懲りてしまい、以降（2年近く）プラザでの録音を拒否した。そこで、リヴァーサイドはエヴァンスにベル　サウンド・スタジオで録音することを許可した。

ただし、この処遇はエヴァンスだけの特権というわけではなかった。エルモ・ホープ、ボビー・ティモンズ、ドン・フリードマンもベル・サウンドでリーダー作を録音しているし、ピアニストでなくとも、クリフォード・ジョーダン、ベニー・グリーン、ユーゼフ・ラティーフ、ポール・ゴンザルベスなどがリーダー作を録音していた。

ベル・サウンドは大手のスタジオで、使用料も高かった。おそらくリヴァーサイドは、エヴァンスのようにプラザに不満がある演奏家や、プラザのスケジュールが押さえられなかった場合に、ベル・サウンドを使っていたのではないだろうか。

ベル・サウンドでリヴァーサイド録音を担当したミキサーは、ビル・ストッダードという。ストッダードは、1960年の年頭に、ファイン・スタジオからベル・サウンドへ移籍してきたようだ。リヴァーサイド以外の録音では、ウォルター・ビショップＪr．のジャズタイム盤

『スピーク・ロウ』が有名である。

『エクスプロレイションズ』録音の直前、１９６０年の暮れから翌年の1月にかけて、スコット・ラファロは、エヴァンス・トリオだけでなく、オーネット・コールマンとも演奏をかけもちしていた。録音でいうと、12月にジョン・ルイスの『ジャズ・アブストラクションズ』、ダブル・カルテットによる『フリー・ジャズ』、1月に『オーネット』と続いたあと（以上、レーベルはすべてアトランティック）、ジミー・ギャリソンを後任としてオーネットの下を離れ、２月に『エクスプロレイションズ』の録音に臨んだ。

いっぽう、エヴァンスはまず、１９６１年1月から3月にかけて、ベル・サウンド・スタジオでキャノンボール・アダレイとの共同リーダー作『ノウ・ホワット・アイ・ミーン』を、３回のセッションで完成させた。そして、その間の2月2日に、『エクスプロレイションズ』を録音したのだった。

ベル・サウンドで録音されたエヴァンスのふたつのアルバムでは、続くヴィレッジ・ヴァンガードのライブ録音と並ぶ、優秀なサウンドを聴くことができる。何よりも、クリーンなサウンドが嬉しい。ピアノの歪みが大幅に減り、ドラムスのダイナミクスが向上したのもさることながら、ベースの特徴的なサウンドが心をざわつかせる。

『エクスプロレイションズ』の録音時、ラファロはいつも弾いていた楽器を修理に出していた。そのためか、普段より低い音域で演奏することが多いが、それが深みのある曲のムードと相まって、うまく機能している。そして、その沈み込むような音色は、『エクスプロレイションズ』を一段とユニークなアルバムにしている。

このあと、エヴァンスの録音はベル・サウンドからさらにサウンド・メーカーズ・スタジオやトミー・ノラ・スタジオへと移るのだが、その辺の事情や理由はキープニューズも詳らかにしていない。

裁定

『エクスプロレイションズ』のサウンドの威力を最も身近に感じられるCDとしては、1986年に出たビクター国内盤（VDJ-1527）と、同じビクターが1998年に出したXRCD盤（VICJ-60140）のふたつが、ほかから圧倒的に抜きん出ている。ただし、残念ながら両者ともに廃盤だ。

ステレオとモノーラルを完全に別ラインで分けた『ポートレイト・イン・ジャズ』と異なり、『エクスプロレイションズ』では、ミキシングの時点でステレオとモノーラルを分岐していた。これまでに『エクスプロレイションズ』のモノーラル・マスターがCD化されたケースは知る限りなく、そもそも、モノーラル・マスターは現存しているかどうかもはっきりしない。

XRCD盤は、マスターテープをフラット・トランスファーしている。ベルライクで、ダイナミックなピアノのサウンドも抜かりはないが、ソリッドなアーティキュレーションを聴かせるベースがなんと言ってもスペクタキュラーだ。３つの楽器のシャープでクリーンな表出も強く印象に残る。

そもそもフラット・トランスファーは、マスタリングに使用する機材の影響を簡単に受けてしまうものだし、作業に問題があれば、それが音にすぐ出てしまう。だが、マスタリング・エンジニアのアラン・ヨシダは細心のケアを払っていて、その点で問題はない。

ＸＲＣＤは複数種類のマスタリングが存在するので注意すること。推薦できるのはアラン・ヨシダがマスタリングしたVICJ-60140である。

ビクター国内盤（VDJ-1527）も良い。適切なマスタリングが施されていて、オリジナル盤のサウンドには、むしろこちらの方が近い。スコット・ラファロのベースから一音一音が弾き出されるごとに音楽は深く沈んでいき、あたり一面がデリケートなムードに包まれる。ＸＲＣＤ盤と同じく、ダイナミック・レンジはマスターテープのまま広く保たれている。

ただし、VDJ-1527にはひとつ難点があって、ところどころにグリッチが聞かれるのが惜しまれる。とはいえ、それを考慮に入れても、以上の２枚があればほかは出番がないだろう。

『サンデイ・アット・ザ・ヴィレッジ・ヴァンガード』

論告

『エクスプロレイションズ』の録音から3か月が過ぎた1961年6月、エヴァンス・トリオはヴィレッジ・ヴァンガードと2週間の出演契約を結んだ。それを聞きつけたリヴァーサイドは、最終日にあたる25日のライブ録音をエヴァンスとヴィレッジ・ヴァンガードのオーナー、マックス・ゴードンに申し入れ、承諾を得た。

プロデューサーのオーリン・キープニューズはもともとヴィレッジ・ヴァンガードの録音にレイ・フォウラーを連れて行くつもりだった。ところが、キープニューズもはっきりと理由を覚えていないが、この日はフォウラーの都合がつかなかったので、その代わりにデイヴ・ジョーンズを呼んだ。

デイヴ・ジョーンズはフリーランスの録音ミキサーだった。リヴァーサイドとの付き合いは以前からあり、クレジットはないが、セロニアス・モンクのタウンホール・コンサートなどをフォウラーと共同で録音していた。常設のスタジオではない場所に機材を運び込み、手際よく優秀な成果を出すことができる彼の能力は、ライブ録音に向いていると見たのだろう。リヴァーサイドにはデイヴ・ジョーンズの録音がほかにもあるが、ロケーション録音やクラブのライブ録音ばかりだ。

この日、ヴィレッジ・ヴァンガードに彼が運び込んだ機材は、ノイマンとソニーのマイクロフォン、アンペックスMX - 35マイク・プリ／ミキサー、アンペックス351 - 2ステレオ・デッキなど。使用テープは、リヴァーサイドがいつも使っているリーヴス／サウンドクラフトではなくスコッチ111。351 - 2は、38㎝／秒で回した。

ヴィレッジ・ヴァンガードのライブ録音では、通常録音機材をキッチンに入れるのが普通だった。しかし、デイヴ・ジョーンズはステージの近くにアンペックスを置いて、自分もステージの演奏家が見える位置に陣取った。このため、いつものAR3スピーカーによるモニターは不可能なので、ベイヤーのヘッドフォンを使った。

テープレコーダーはステレオ・デッキ1台だけだった。だから、このライブ・セッションにモノーラル・マスターは最初から存在しない。モノーラル盤は例外なく、ステレオ・マスターの両チャンネルを半々にミックスしたテープから切ったものである（そのため、マスターにあるアンビエンス情報は大幅にキャンセルされている）。

マイクは、本番ではすべてノイマンになった。楽器ごとに1本のマイクがあてられ、その場でMX - 35を通して2チャンネルにミキシングされた信号は、ダイレクトに結線されたアンペックス351 - 2に収録された。

録音されたテープは後日プラザ・スタジオにもち込まれ、録音した23曲から6曲が選び出され、編集とマスタリングを経て、『サンデイ・アット・ザ・ヴィレッジ・ヴァンガード』と呼ばれるレコードの形になった。

キープニューズはのちに回想し、このとき使われた録音機材を「１９６０年代の原始的な機材」と呼んだ。だが、それだからこそ、この録音は優秀になったのである。

デイヴ・ジョーンズがこのとき用いたのは、これ以上なくシンプルな構成であり、ノイマンやアンペックスといった機材も、現在そのサウンドが最高に評価されているものばかりだ。そのなかでも、ＭＸ‐35の貢献は大きい。このミキサーは、耐入力が大きくレベルをいくらでも上げられるので、ホットなサウンドを得ることができる。この性格は今でも高く評価されていて、現役で使っている人も少なくない。

そして、なんといっても大きく物を言ったのは、デイヴ・ジョーンズというミキサーの関与だった。ジョーンズはその後、コニサー・ソサエティというレーベルの録音で歴史に名前を大きく刻むことになる伝説的ミキサーである。残念なことに、彼は１９７０年過ぎに業界を離れ、テネシーで郵便局に務めるようになったと言われる。近年、オーディオ業界の人たちが彼に接触しようと試みたが、ついに現在の消息を掴むことはできなかった。

裁定

『サンデイ・アット・ザ・ヴィレッジ・ヴァンガード』も、ベストＣＤを選ぶのは簡単だ。これもアラン・ヨシダがマスタリングしたビクターXRCD盤（VICJ-60142、米輸入盤はJVCXR-0051-2）にとどめを刺す。

XRCD盤は『エクスプロレイションズ』同様、マスターテープのフラット・トランスファーである。ストレートでよどみのないウンドには誰もがノックアウトされるだろう。ピアノの最初の一音が鳴ったときから、ああこれはたしかにスタインウェイの音だと思わされるし、どの楽器も抜き差しならない安定感がみなぎっている。そして、広大なダイナミクスとリッチなアンビエンスの克明な再現は圧倒的だ。

XRCDのなかには、たとえヨシダがマスタリングしたものであっても、その宣伝文句にもかかわらず時としてメーカーからファースト・ジェネレーションではないテープを供給されることがあったようだ。しかし、『サンデイ・アット・ザ・ヴィレッジ・ヴァンガード』は、テープの正しい選定といい、丁寧なマスタリングといい非の打ちどころがない（念のために繰り返すと、フラット・トランスファーこそ、マスタリングで通常以上に細心のケアを要求されるものである）。これぞ決定盤CDだ。

残念なことに、『サンデイ・アット・ザ・ヴィレッジ・ヴァンガード』XRCD盤もだんだん中古市場で品薄になっている。なので、次善のチョイスとしては、やはりビクター国内盤（VDJ-1519）を薦めたい。さらにどちらも手に入らない場合には、米ファンタジー社の1987年OJC盤（OJCCD-140-2）も推薦に値する。

『ワルツ・フォー・デビー』

論告

グラミー賞をエヴァンスは生涯で7回受賞した。ノミネートは18回で、その嚆矢となったのが1961年10月に発売された『サンデイ・アット・ザ・ヴィレッジ・ヴァンガード』だった。ノミネートが年末に発表されると、それを受けてリヴァーサイドは急遽ライブの残りテープから続編を製作することにした。かくして1962年3月に発売されたのが、『ワルツ・フォー・デビー』である。

『サンデイ・アット・ザ・ヴィレッジ・ヴァンガード』は、ライブから11日後に交通事故で不慮の死を遂げたスコット・ラファロの追悼盤という性格ももち合わせていた。そのため、ラファロの自作曲や、彼のテクニックを披露する技巧的なタイプの曲がアルバムの芯になっていたが、それに比べると、『ワルツ・フォー・デビー』は、幻想的なジャケットにも表れている通り、叙情的な性格が前面に出たアルバムになった。

裁定

『ワルツ・フォー・デビー』のCDには、『サンデイ・アット・ザ・ヴィレッジ・ヴァンガード』以上に様々なバリエーションが存在する。しかし、ベストの選出に悩む必要はこれっぽっちもない。米アナログ・プロダクションズが1992年に出した24金ゴールドCD（CAPJ-009）がベストの一枚だ。10年後に同じ会社から同じエンジニア（ダグラス・サックス）がマスタリングしたSACD（CAPJ 9399 SA）も出たが、両者は使用したテープも違うし音もまったくの別物であることは断っておく。

ゴールドCDは、繊細なテクスチュアとウォームなサウンドを一大特徴とする。「マイ・フーリッシュ・ハート」冒頭のシンバルとそれに続くブラッシュワークからあたりに飛び散る甘美な銀色の飛沫に、ジャズ・ファンならこれはただごとではないと気づこうというものだ。

3つの楽器はどれもナチュラルな音色とプレゼンスでサウンドステージにせり上がる。なかでもスタインウェイ・グランドピアノの再現には、タイトでがっちりした手応えが感じられる。ダイナミクスも申し分がない。そして、イニシャル・アタックがどれほど力強くなろうとも、きつくなったり尖ったりすることは微塵もない。これはベースにもドラムスにも同じことが言える。いくらでもボリウムを上げられるし、上げれば上げるほど良い音になる。

そして、楽器の周りのリアルな空気感は、サックス・マスタリングの真骨頂だ。サウンドステージも広大に広がり、その隅々まで愉悦的な響きに満ちている。この時代の録音らしく、楽器は左右に別れ、センターは完全に抜けているが、これがマスターテープそのままの状態にほかならない。別れているのが気になっていやだと言う人は、アンプのスイッチでモノにすればよい。それでモノーラルのオリジナル盤と同一のミックスになる。

それぞれの曲が終わったあとは拍手がフェイドアウトして、一旦無音になる。しかし、ボリウムを十分に上げて聴くならば、曲が始まって数秒のうちに、クラブの空間のなかにぐいっと吸い込まれていくような感覚に襲われるだろう。

『ワルツ・フォー・デビー』のCDの多くは、音揺れや楽器のプレースメントなど様々な問題を抱えている。LPレコードは、昔のものから近年（2002年）のものまでこうした問題は見られなかったが、CDでは1990年代に一般化し、今世紀には固定してしまった。

実を言うと、ゴールドCD（CAPJ-009）も、完全無欠というわけではない。冒頭の入りに瑕《か》瑾《きん》がある。先に述べたように曲間の空白が少し長い。それに、これは欠点ではないが、現在では入手がとても難しいレア盤になってしまった。

次善の策としては、これもビクター国内盤（VDJ-1536）を胸を張って薦めたい。次いで、1987年に出た米OJC盤（OJCCD 21J-2）も推薦に値する。3枚は、ダビングテープではない〝正しい〟マスターテープを使ったストレートなサウンドでも共通している。

結審

11枚の推薦CDは、マスターテープのサウンドにあまり手を加えていないことでも共通している。そのため、近年のどぎつい音のマスタリングに馴れた人は物足りないと感じることが多いだろう。しかし、数多のリマスター盤が軒並みデジタル・オーディオ・ワークステーションを駆使してアグレッシブなイコライジングを施し、ノイズ・リダクションで音を削っているなかでは（その方が専門家からも一般からも評価が高く、セールスも良くなるのでしかたないのだが）、11枚のような、情報量の多く、リラックスしたサウンドが聴けるCDの存在こそ、ほんとうに貴重だと言わなくてはならない。

❶『ポートレイト・イン・ジャズ』
(DCC GZS-1059)

❷『エクスプロレイションズ』
(ビクター VICJ-60140)

❸『サンデイ・アット・ザ・ヴィレッジ・ヴァンガード』
(ビクター VICJ-60142)

❹『ワルツ・フォー・デビー』
(Analogue Productions CAPJ-009)

❺『ワルツ・フォー・デビー』
(ビクター VDJ-1536)

第15章
ルディ・ヴァン＝ゲルダー／シグネイチャー・サウンド

ルディ・ヘイツ・ヴァイナル？

ルディ・ヴァン・ゲルダーは検眼士になるための教育を正式に受けました。しかし、彼がフルタイムの職業として心と時間を最も多く捧げたのはレコード業界でした。ジャズ・ファンにルディのことを尋ねれば、誰もが彼のことを、ブルーノートやプレスティッジをはじめとする無数の名作を手がけた録音エンジニアだと答えるでしょう。ルディのキャリアは40年を超えますが、インタビューに応じることは滅多にありません。今回のインタビューは、ニュージャージー州イングルウッド・クリフにある彼のスタジオで行われました。マンハッタンからジョージ・ワシントン・ブリッジを渡った場所にある、設備の充実したスタジオです。彼が来歴と知見を共有してくれたことに感謝します。

過去40年間にわたって、あなたがジャズ録音のスタンダードを築き上げたことは、ジャズの世界では明白です。絶えず変化する業界において、あなたはどうやって録音で一定のクオリティを保ち続けたのでしょうか？

私はマスターを自ら作り、編集を自らするようにしている。「自ら」というのは、このスタジオでという意味だ。人にやらせて最後に決定を下すのではないということだ。ここまで足を運んでくれたクライアントの期待に応えるようなものを提供するためには、製品として仕上がるまですべての工程に自分が関わる必要がある。クライアントには、まず最初にそこを同意してもらう。

クライアントとの契約書に大書するのはそれくらいだ。自分が製作の全工程に関わるということ。これは料金を上げる口実ではない。代価は最小限に抑えている。それは、私に依頼するかどうかを料金で決めてほしくないから、あえてそうしているのだ。

肝心なのは、プレスのために工場へ送るまでは、私が少なくともある程度は最終的なサウンドをコントロールできるようにしておきたいということだ。

それはほとんどのスタジオと正反対のやり方ですね。

少なくとも私から見ると、この業界は、映画業界のように細分化されてしまった。ジャズを録音するが、自分でスタジオはもたず、スタジオの運営にも関わらないエンジニアたちがいる。そういうエンジニアたちは、フリーランスとしてスタジオに来て、クライアントのためにスタジオの設備を使う。明らかに、ことはまったく立場が異なっている。私はスタジオを所有し、経営し、運営をしている。自分の責任において。私は常にここにいる、ほかの誰でもなく私が。スタジオは私を映す鏡のようなものだ。

どんな形態のスタジオであれ、CDのポスト・プロダクション施設まで完備しているのは非常に稀です。説明をお願いできますか？

クライアントがアルバムに入れたい曲をすべて録音し、ミックスした2トラック・テープが仕上がると、次の段階でわれわれは、録音の責任者であるプロデューサー、またはミュージシャンと一緒に曲順を決める。曲の配置を決め、曲間の長さを正確に計り、ノイズをすべて取り除く。

この用途に使うメディアで、最も一般的なのがDAT（デジタル・オーディオ・テープ）だ。ここで働いている人たちはそうではないが、ミュージシャンやプロデューサーをはじめ、ほとんどの人たちが、DATがマスターテープだと信じている。しかし、DATというフォーマットは、マスターとして使うように設計されていないし、使えるようにもなっていない。

CDをプレスする際に必要だが、DATに組み込まれていない要素はまだある。

CDをデッキに入れて再生ボタンを押すと最初のトラックを再生するように告げる信号が伝えられるが、DATにはその信号を入れる余地がない。CDには不可欠なので、入れることの可能なほかのメディアに一旦DATから移す必要が生じる。このスタジオでは、CD‐Rを使っている。CD‐Rの前はPCM1630が業界スタンダードだったが、現在では時代遅れになったと思う。このプロセスまで携わる録音スタジオはほとんどない。

ほとんどのスタジオがCDのポスト・プロダクションには関与しないとすると、普段はどうしているのでしょうか？

大半の録音スタジオがやりたがらないという事実こそが、マスタリング・ハウスと呼ばれる存在が生まれた原因だ。マスタリング・ハウスにスタジオ・ブースはない。マイクも1本もない。番号を振って、あるメディアから別のメディアへ移すだけだ。

あなたがそのプロセスを自ら完遂することにこだわるのはなぜですか？　装置は高価ではありませんか？

ああ、とても高価だ。入手も維持もとても面倒だ。問題は、この段階でも音を加工できることだ。それも大幅に。

DATの音はマスタリングで意図的に変えますか？

意図的に変えている！　強い音から弱い音まで、高い音から低い音まで変えている。そう、とても緻密な作業なんだ。普通の人は存在さえ知らないが、これも録音プロセスの一部だ。

録音プロセスも終盤に近いこの段階で音を変える決定に責任をもつのは誰でしょうか？

プロジェクトの進行を管理している人、普通は出資者かその代理人だ。これは、私がすべてを自分でやると主張する根拠でもある。そして、これは再発のプロセスにも当てはまる。再発とはまさにポストプロダクションにほかならない。録音時の関係者はもういない。あるいは権利がほかの人に移っている。そこで、再発では現在版権をもっている会社に属する別の人がマスタリングで決定を下すことになる。

別テイクを出すにあたっての気持ちは？

今や、私にとってはレコード業界を襲ったとても悲しむべきできごとだ。リジェクトされたアウトテイクは、セールス上の理由でオルタネイト・テイクと名前を変えた。アーティストにとってはひどい仕打ちだよ。音楽にとってもそうだ。しかも津津浦浦にはびこっているというのが、個人的な感想だ。すべてのミュージシャンに忠告するが、アウトテイクは自分の手が届くようにしておくことだ。もちろん、言うは易く行うは難しかもしれないが。

オルタネイト・テイクという新しいレッテルを貼ったものの多くは、がっかりするに違いないと。

そうだ、この種のものを聴くと、なかにはそのときに発生した問題をそっくり思い出すことがある。アウトテイクでは特にそうだ。昔の辛さをそっくり再び突きつけられるようなものだ。いま今だったらずっとうまくできることがわかっているのだから、あまり楽しいものじゃない。いたたまれない気持ちが蘇ってくるだけだ。もちろん、問題が録音にあった場合、演奏は普通すばらしいので私にとってもそれだけの価値がある。それに、今なお聴かれているどころか、昔よりもよく聴かれているものが多いのは信じがたい体験だ。しかも、クリーンでノイズがないのだから、あまり文句は言いたくない。

私もとてもそう感じます。あなたが今述べたように、これまで以上に音楽をよく聴けるようになったと。私は、音楽にのめり込むほどにはサウンドにのめり込まないタイプの人間です。音楽こそが私には大事なのです。それでも時には、なんて悪い音なんだろうとイライラすることもあります。これらのような昔の録音をCDに移すとき、最大の問題になるのはベースでしょう。とてもブーミーになってしまいます。

まあ、それはマスタリングをしている人たちばかりを責めるわけにはいかない。今言った固有の性質は当時の録音技術に内在していたものだ。つまり、ベース奏者がどう演奏し、それがどう聞こえ、楽器がどう鳴っていたかということだ。今のようなサウンドとは違う。音楽が変わった結果、演奏も変わった。今ではすべてがラウドでなければならない。現代のドラマーは、30年前、いや20年前のラウドな音のドラマーよりずっとラウドなのだ。すべては相対的である。しかし、あなたが述べたような性質に限れば、今でもいいものもあると言うことはできる。よくできたベースの録音が当時できたのは、ベース奏者と私が一緒に同じ目標を目指していたからだ。

歴史的なブルーノート録音への敬意と、それらがダイレクト・トゥ・2トラック録音で成し遂げられた事実を考慮して、あなたにダイレクト・トゥ・2トラック録音を依頼するクライアントは今でも多いですか?

「昔のようなダイレクト・トゥ・2トラック録音をしたい」といつも言われる。それで、私は「もちろん。そうしよう」と言う。私は今でもダイレクト・トゥ・2トラック録音ができるし、このスタジオは24トラックのデジタル録音も可能だ。ミュージシャン絡みでいえば、スタジオで演奏中の彼らに注意を払っていると、彼らはどっちで録音しているのかわかっているようだ。両者のセッティングに違いはない。私はセッションが実際に2トラック録音でも、録音中頭のなかでは2トラック録音だったかなあと考える。最終ミックスはほとんどこれでうまくいく。

しかし、現実にはもう少しいろいろある。ミュージシャンがプレイバックを聴き、ベース奏者が言う。「おっと、サビに入るところで2音間違えた。修正できる？　ルディ」。昔はクライアントから2トラック録音を依頼された場合は、バックアップのマルチ・トラック機を回さなかったものだ。彼らは金銭的な理由でマルチ・トラックを敬遠したんだ。テープ代を払いたくなかったし、セッションのあとでミックスしたくなかったから。私もずっとそれには賛成だった。でも、ベース奏者がやって来て間違いを修正したがっても、私は馬鹿面でそこに座ってこう言うはめになる。「ああ、それについては何もできない。プロデューサーがマルチ・トラックの代金を払うのを渋ったんだ」

それで、そういうのはもうやめることにした。大きな手間をかける類のプロダクションではなく小編成のアコースティック・ジャズ・バンドの話だけれど、頭のなかでは2トラック録音のつもりで、マルチ・トラックのバックアップも回す。それでベース奏者に音をふたつ修正してくれって頼まれると、私はプロデューサーか出資者の顔を見る。決めるのは私じゃなくて、その人だから。彼がベース奏者に返事をしなければならないんだ。

では、完成した製品は、マルチ・トラックと2トラック・テープの両方の音からできているかもしれないんですね？

そういう場合もある。それで、私の人生もずっとハッピーになった。プロデューサーたちも少しだけこっち寄りの考えになった。

ブルーノートのアルフレッド・ライオンとの提携はどのように始まったのですか？

ギル・メレという名前のサックス奏者兼アレンジャーがいた。彼は小さなバンドをやっていて、独特のアレンジをしていた。それで私が彼を録音した。まだアルフレッドに会う前のことだ。ハッケンサックにあった実家のスタジオで録音した。経緯はわからないが（私は当事者ではなかったので）、彼はそれをアルフレッドに売り、レコードはブルーノートから出た。アルフレッドはもう1枚アルバムを作りたがった。それで彼はレコードをいつものところへもっていったが、それがニューヨークのWORレコーディング・スタジオだった。エンジニアはアルフレッドがそれまで使っていた人だったが、レコードを聴かせると、「この音は出せない。ここじゃあ無理だ。それをやった人のところへ行った方がいい」と言ったんだ。いいかい、私はそこにいなかったんだよ。それが私との関わりだった。こうしてアルフレッドは私のところへやって来たんだ、それ以降もずっと。

ブルーノートのレコードはとても素晴らしい……

傑作だ。

アルフレッドとあなたがこれらジャズの傑作を製作したんですね？　ソロの編集をしたのはアルフレッドですか？

そうだ。彼がした。彼との仕事はほかの誰とよりもきつかった。彼は自分の欲しいものが何かをわかっていた。スタジオに入る前から、アルバムをどんな音にすべきかわかっていた。彼は私のハードルを上げた。頭痛のする時間だったし、簡単なことではなかった。いっぽうで、私はその重要性をわかっていた。それに彼は、この人は信頼できると思わせるような性質の持ち主だった。彼が脳裏に描いていたものを、彼のために具現することの重みがずっしりと私にのしかかった。彼はミュージシャンや私から、最大限の努力を引き出すコツを心得ていた。まさに名人だった。彼との交友があれほど長く続いたのは、ひとつには、彼が、われわれふたりで作ったものと一緒にほかの人たちが作ったものも聴いていたからだと思う。そのなかに、われわれが製作していたものより優れたものがあったとは思えない。もし私がやったものより優れたものがあれば、彼は疑いなくそっちへ行っていた。しかし、彼がほかへ行くことはなかったし、そのおかげで私は自分のスタジオを建てることができたし、彼がずっとそこへ来てくれることをわかっていた。

あなたはあのサウンドを一旦確立したあとは、何から手をつけるべきかを正確にわかっていました。ミュージシャンがスタジオ入りすると、マイクの位置やあれやこれや、すべてがどうあるべきかを知っていたので、そこから進め、あとはセッション毎に微調整をするだけでよかったのです。

よくまとめてくれた。なぜそうだったかわかるかい？　アルフレッドはしょっちゅうここに来ていたからだ。彼には馴染みのミュージシャンたちがいて、そこから組み合わせを変えて連れて来たものだ。彼らは誰もが私の素性を知っていた。ここに来たらどこに立って演奏すればいいかを誰もがきっちりとわかっていた。家みたいなものだ。よそ者はいなかった。彼らはこれからやることの結果をわかっていた。そのことに疑いは少しもなかったので、彼らは音楽に集中できた。

その後、プレスティッジ・レコードのボブ・ワインストックがあなたと仕事をするようになると、たくさんのミュージシャンで、パーソネルが重なることもありました。

ワインストックは、アルフレッドを後追いすることがよくあったとしても、頭に描いていたプロジェクトの種類は別物だった。それで、私は何かを試すときには、ボブ・ワインストックのプロジェクトで試した。ボブは音についてはあまり興味がなかった。今もそうだ。気にしちゃいない。それで、新しいマイクが手に入って、サックス奏者で試してみたくても、アルフレッドの録音ではやらなかった。ワインストックはどうでもよかったし、もしそれでうまくいけば、アルフレッドがその恩恵に預かった。

プレスティッジ・セッションの方がジャズクラブの実態を正確に反映していたと私はずっと考えています。ブルーノートでセッションを済ませたミュージシャンがその足でクラブに行ってオリジナル曲を演奏するといったことはたしかにありましたが、プレスティッジはほとんどスタンダード曲の演奏でした。ミュージシャンがスタジオ帰りにジャムセッションで演奏していたのはスタンダード曲でした。プレスティッジにはそんな資料としての価値も認められます。

まったくその通りだ。同意する。あなたほどうまくは言えないが、私も前からそう言ってきた。どちらのレーベルもこの世になくてはならない。ブルーノートとプレスティッジの違いはリハーサルの有無にあったと言う人たちがいる。それは上っ面に過ぎない。嘘っぱちだ。そんなふうに並べること自体がフェアじゃない。プレスティッジにも会心の出来になった録音はたくさんある。マイルス（・デイヴィス）のプレスティッジものは……そんなことに左右されなかった。あれは私の仕事のなかでも最も満足のいくものであり、間違いなく今でも鑑賞に堪える。ほんとうに良い。

あなたがコントロール・ルームでセッションを聴いていて、これは名作になるぞと思ったことはありますか？

ああ、先のことはわからないものだ。知る由もない。しかし、どのセッションも重要であることはわかっていた。特にブルーノートのセッションは。当時はブルーノートの方が重要だと思っていたが、それはより多くの手間をかけていたからだ。しかし、振り返ってみれば、プレスティッジのマイルス・デイヴィス、レッド・ガーランドとフィリー・ジョー・ジョーンズ、ジャッキー・マクリーンとアート・テイラー、初期のコルトレーン、こうしたセッションは、どんなに低く見積もってもブルーノートと同じくらい重要であることが明白になった。われわれが携わっていた活動は、世の中の出来事の何よりも重要だというくらい、政治より重要な意味があるといつも感じていた。そして、今もそう思っている。私がやったセッションはどれも……どのセッションも私にとって重要だったと思う。

クラシックやポップスを録音したことはありますか?

以前、長いあいだずっとVOXというクラシックのレーベルとも仕事をしていた時期があった。ヨーロッパ全土から入手したテープをマスタリングして、国内盤を出した。10年か、それ以上になる。つまり、ブルーノート、プレスティッジ、VOXの三本柱でやっていたんだ。3つとも活動は活発だった。それに、クラシックの録音も少しやった。クラシック畑のミュージシャンで、ピアノ独奏をいくつかと、弦楽四重奏をふたつ。

ポップスはどうでしたか?

ポピュラーものは、1960年代後期にクリード・テイラーがたくさんもち込んできた。彼はジャズを売れるものにしようと精力を傾けていた。CTIレーベルはよく知っているだろう? あれはまったくの別世界だったね。あれで、初めてわれわれもヒットチャートに注意を払うようになった。私は弦楽器のサウンドが大好きなんだ。特に、クリード・テイラーがドン・セベスキーを起用して作り上げたようなサウンドが。それに、エキサイティングなブラス・サウンドも大好きだ。今言ったような要素を組み合わせることにかけて、クリードは天才的だった。私は5人編成のビバップ・バンドの世界に隔離されていたわけではない。正直なところ、音の面からみて、この種の仕事はやりがいがあった。

デジタルとアナログの違いはどのように感じていますか？

デジタル情報のリニア・ストレージは理想的だ。完璧でありえる。アナログでは完璧を期すのは不可能だ。なぜなら、あるメディアから別のメディアへ移す際、変換方法毎に異なる電圧をいちいち再現するのは不可能だから。マイクロフォンから入った音は、レコード溝を切るスタイラスへ送られる。再生はこの逆で、溝に沿ってくねくねする針の動きを電圧に戻す必要がある。

音を歪ませる最大の元凶は、LPレコードそれ自体だ！　私は数千枚のLPレコードを録音した。2台のカッティング・マシンを並べて回し、1日あたり17枚のマスタリングをしたものだ。LPレコードが消えるのを見て嬉しかったよ。自分にしてみれば、いい厄介払いになった。かつては音楽をあるべき音にするのに絶え間ない格闘を強いられたものだ。レコードにはいいことなんて少しもなかった。デジタルで録音された音は好きじゃないという人がもしいたら、それはそのエンジニアのせいだ。マスタリング・ハウスのせいだ。ミキシング・エンジニアのせいだ。そうした理由でひどい音のデジタル録音もあるし、そのことを否定するつもりはないが、CDというメディアのせいにすべきではない。

CDは冷たく痩せた音だと批判する人が大勢います。その理由は何だと思われますか？

理由は何かだって？　そういう音にしたエンジニアだ。理由をメディアに押しつけている人たちがいることはご存知だろう。そういう人たちはCDの音は冷たいと言ってメディアがもつ個性のせいにしているが、リニア・デジタルに個性はない。保存する容れ物に過ぎないんだ。それをどうするかで決まるものだ。消費者雑誌の記事も影響が大きい。その手の雑誌は何かを話題にしなくちゃならないからね。

問題にされるべきなのは、20ビットCDみたいな広告のしかただ。20ビットCDなどというものは存在しない。世の中で市販されているCDはすべて16ビットだ。20ビットで録音することは可能だし、16ビットより優れている。しかし、それをCDにするには16ビットに落とす必要がある。歴史は繰り返すものだ。

モノ録音が「ステレオ・リマスター」として売られた時代を思い出す。高い音を片側に寄せ、低い音を反対側に寄せただけに過ぎず、エコーを加えてそれっぽくした。それでステレオ・レコードとして売ったものだ。

現代のジャズ・ミュージシャンは、ブルーノートの全盛期である1950年代、60年代のミュージシャンに匹敵すると思いますか?

そうだね、すごい若手はたくさんいるよ。技術でいえば彼らはすごい。彼らは昔のような環境のなかでプレイできないことで不利をかこっているんじゃないだろうか。君だって私に「いやあ、今より20年前の方が良かった」と総括してほしくはないだろう。そもそも、そう思っていないし。そういうふうに考えたことすらない。

あなたはご自分を技術者でありアーティストであると考えていますか?

もちろんだ。技術的側面でいうと、まっさきに考慮すべきは、すべてのツールが正しく作動するようにしておくことだ。芸術的側面は、そのツールを用いて形成するのだから。芸術的側面には、スタジオのすべてが影響を及ぼす。ここにある機材には、すべて芸術的な存在意義がある。スタジオのスペースもそうだ。隅々まで芸術的に設えてある。ここは私のスタジオであり、長いあいだそうやってきた。そして、人々は気に入ってくれた。年月を経て、より熟成し、人々もそのことに気づくようになった。ミュージシャンたちも感じとっている。つい昨日もある人がやって来て、こう言った。「もしスタジオの壁が口がきけて、ここで起きたことを聞かせてくれたらなあ」

本稿は「オーディオ」誌1995年11月号に掲載された「Rudy van Gelder: A Signature Sound（文：James Rozzi）」の翻訳です。

終章

「長々と説明をありがとう」
～あとがきに代えて

２、３年前だったと思いますが、ある海外の知り合いから「ジャパニーズ・ジャズで最も優秀な音のＣＤは何か」と訊かれたことがありました。

その知り合いは、ドイツとオランダに家を持つポーランド出身の人でした。日本のジャズについて知悉《ちしつ》していて、彼の口からは好きなプレイヤーとして、山本剛、石川晶、佐藤允彦、稲垣次郎、菊地雅章、峰厚介、中村照男、阿部薫、福居良といった名前がすらすらとよどみなく出てきました。

海外のジャズ・マニアのなかでも日本のジャズの評価はとても高く、人気もあります。ストレート・アヘッドなジャズはいうまでもありませんが、１９６０年代後半から１９８０年代初頭にかけてのスピリチュアル、ファンク、フュージョンのレコードは、少なくともアメリカでは驚くほど知られています。

アメリカやヨーロッパのジャズ・ファンを見聞きする限り、日本人のジャズはテイストフルな演奏よりもソウルフルな演奏の方が好まれる傾向があると思われます。たとえば、スリー・ブラインド・マイスはレーベル単位で海外の人気と評価が高いのですが、かねてから海外へのアプローチに比較的積極的だっただけでなく、レーベルのもつキャラクターが海外にとって受け入れ易いものであったのは見逃せない理由に数えられると思います。

とはいえ、スリー・ブラインド・マイスは幸運な例外であって、海外に知られていないレーベルやタイトルはまだまだ無数にあります。日本のジャズは、国内でさえ本格的な回顧と整理が始まったのはせいぜいここ10年ほどなので、海外に大系的な情報が知られていないのは当然のことと言えるでしょう。

そこでわたしは、先述した質問に答えるべく、10枚ほどのタイトルを推薦し、それぞれの解説やレーベルの傾向なども加えて話をしました。選ぶうえでは、入手が容易かどうかも考慮に入れました。その方が親切だと思ったものですから。

話が終わると、彼はわたしに言いました。

「長々と説明をありがとう。でも、知りたいのは、これぞベストという一枚なんだ」

それを聞いた途端に、あっ！と虚を突かれた思いがしました。親切のつもりが要らぬ忖度になっていたと気づき、ちょっと恥じ入った気持ちもよく覚えています。

すぐ、次の2タイトルを伝えました。ふたつというのは、単純に甲乙つけ難いから。ふたつともヨーロッパで入手できるとは到底思わなかったので、さっきの10枚には入れませんでした。

『アローン・トゥギャザー』（CDA-353）

『ザ・ダイアローグ』（CDA-354）

どちらもCD最初期の1983年に、オーディオ・ラボというブティック・レーベルが出したタイトルです。このレーベルはこれらのCDを発売してから間もなく市場から消滅しました。

ひと月ほど経った頃、ヨーロッパから連絡がありました。

「教えてもらったふたつのＣＤをドイツで手に入れた。お前は正しかった。ジャズのＣＤはどれもこんな音であってほしいものだ（I hope every jazz CD sounds like them.）」

まさか見つからないだろうと思っていたところ、彼があっさりと、それもふたつとも手に入れたことにはほんとうにびっくりしました。なんでも、それらのＣＤは新譜だった当時ドイツに輸入されていたのだそうです。

菅野録音

オーディオ・ラボは１９７０年代に存在した日本のレーベルです。録音ミキサーは、言うまでもなく、菅野沖彦さん（１９３２年９月生〜２０１８年10月没）でした。

菅野さんの録音はどこがスペシャルだったのでしょう。まず技法的側面から見ると、菅野さんが、スタジオではなく専らホールでジャズを録音していたのは、世界でもあまり例のない先駆的な手法でした。また、マイクからテープまで信号系統をできるだけシンプルにして、イコライザーやリミッターや付加エコーを排除していました。この方法論は、この本でも紹介した21世紀の録音（メイプルシェイド、チェスキー、ヤーラン）を30年先取りしていたと見ることができます。

このように菅野録音は技術的にとてもユニークでしたが、理念的な性質も特異でした。菅野さんは音楽の録音を写実ではなく表現としてとらえていたのです。そのことについて、菅野さんご自身が書いた文章を交えて説明しましょう。

菅野さんの祖父は徳助（1870年生〜1915年没）という早稲田大学英文科の教授でした。丁稚奉公の身から一念発起して英語を学び、才を認められてアメリカに留学。帰国後はシェークスピアをはじめ多くの翻訳を残した立志伝中の人物です。

徳助の子どもは女と男ふたりで、長男の健介が菅野さんの父、次男の圭介は、京都帝国大学文学部に入学するも中退。1935年からヨーロッパを放浪し、ジュール・フランドンの指導を受け、帰国後は画家として活躍しました。

圭介の画風は、シンプルに構成された画面を特徴としていました。たとえば「海」というシリーズでは、空と海と海岸という光の位相をマーク・ロスコの抽象画のような色彩のハーモニーとして描いていて、一瞥して彼の作品とわかる個性をもっています。

菅野さんが製作した『ヴゼボロド・レジェネフ・チェロ・リサイタル』（オーディオ・ラボ）は、菅野さんとチェリストの個人的な友情から生まれたレコードです。そのジャケットには、圭介の描いた「パイプと大きなコンポチェ」が用いられていて、菅野さんがいかにこのレコードを大切に思っていたかが偲ばれます。

タッタ叔父（菅野さんは圭介をこう呼んでいました）の芸術観や生き方は、菅野さんに大きな影響をおよぼし、菅野さんもそのことを自認していました。菅野さんのトレードマークだったパイプの趣味も叔父譲りでしたし、そもそも、菅野さんが音楽に興味をもったのも叔父の影響でした。

1963年3月4日、圭介は慶應義塾大学病院に入院中、53歳で亡くなりますが、菅野さんは叔父をその2日前に見舞いました。そこには、痩せ細って病床に横たわるタッタ叔父の姿とともにもうひとつ、菅野さんに深刻な衝撃をあたえた光景がありました。菅野さんは次のように記しています。

「そうした中で、タッタが懸命にやっていたことはベッドの真上の天井に白い紙をはり、下からそれを見つめてその有限の四角のスペースにイメージで絵を画くことであった。何故？　という疑問に私はとらわれた。天井も白い。天井に画けないのか？　絵筆も絵具も持てずに、所詮は頭の中のイメージとしての制作ならば、紙やキャンバスは要らないのではないか？　死に直面したぎりぎりの状態でのタッタにとって、天井に有限の画面を設けるということは……？

私は画家の業を目の当りに見てショックを受けたものだ。

画家には有限の画面こそ絶対に必要な世界であったのだろう。有限の画面でこそ、絵は絵としての独自性を持つという当り前のことを、この時ほど重みをもって知らされたことはない。それは、画家にとって絶対の場であり、頭に浮ぶ無限のイメージを有限の場に固定してこそ、彼は彼の作品をたしかな実感をもって創造することができたのだろう」

この文章が書かれたのは1975年でした。菅野さんが録音ミキサーとして最も脂ののっていた時期にあたります。菅野さんは1960年にプロとして録音製作を始めたのですが、新聞社が当時新たに立ち上げたばかりの会社で、発行する雑誌に付属する音盤（ソノシート）を作るという、一般のレコード会社とはやや異なる環境のなかで腕を磨きました。

ソノシートは、「音の出る雑誌」という性格が第一の売りで、必ずしも音楽を主たる目的としていたわけではありません。しかし、結果的にそれが、レコード会社の仕事に比較すれば、製作する音楽の選定やサウンドを自らコントロールできる自由を菅野さんにあたえることになったのです。

菅野さんは当初、単純に「録音という仕事そのものは、優れたマイクロフォンやレコーダーでそれ（引用者注：音楽）を記録すればよいと考えて」いました。しかし、数年後、つまり病室の叔父のふるまいに衝撃を受けた頃には、録音とは「音楽表現と密着した重要な感覚的仕事であること」に気づきます。そして、「創る人間の頭（心）の中に、手段となるメカニズムの特質を含めて、まずイメージがなければならない」と考えるようになっていました。

「初めにイメージありき」とはつまり、録音とは純粋に技術的なものではなく、音楽の演奏解釈と同じように表現の問題であるという宣言にほかなりません。演奏家がスコアを読み、画家が対象となる風景や人物を見て、そこから自分が表現すべきイメージを作り出すように、録音製作者は演奏された音を聴いて脳裏に再生音のイメージを作り出すもので、技術は、このイメージを実現するための手段に過ぎないということになります。

菅野さんは、製作した録音から判断すると、人並外れて――「叔父譲りの」と言いたくなるような――立体的空間把握能力に秀でた人でした。録音現場で演奏家のパフォーマンスを耳にしたとき、彼の頭（心）のなかではそれが三次元的イメージ（音像）として明瞭な形を成していたのでしょう。あとは、それを種々の物理的制約が存在する録音という有限（現実）の場に定着すればよかったのです。

推薦したふたつのＣＤは、そうした特徴のよく出た、菅野録音のなかでも五指に入る優秀録音です。しかも、もともとの録音が優れているというだけでなく、ある理由によって、マスターテープの音をよく伝えるという性質においてもとても優れたＣＤです。

『アローン・トゥギャザー』（1975年6月録音）は、ウェストライナーズの再会セッションです。猪俣猛を中心とするスモール・コンボの演奏で、洗練されたアレンジとアドリブが強い印象を残します。

その音は、空間と楽器の存在感が圧倒的で、なかでも西条孝之介の演奏するトラックでは、楽器のソリッドな音像が信じ難い強度で屹立します。同時にディテールとニュアンスは多様さと豊かさに満ち、隅から隅までがリアリスティックです。パーカッシブな音の瞬発力も飛び抜けています。

『ザ・ダイアローグ』(1977年11月録音)は、「対話」という名の通り、猪俣猛とのデュエット集です。対話の相手は、荒川康男、西条孝之介、増田一郎、向井滋春、有賀誠門、横内章次、横田年昭の7人。7つのトラックの音楽スタイルは、ハードバップ、現代音楽、フリージャズと様々です。

一世を風靡したデモンストレーション・ディスクの古典だけあって、ダイナミズムはもちろん、弱音の美しさと存在感はスペクタキュラーとしか言いようがありません。ホールの空間と楽器が、まるで3D映画のように目の前に鮮明に浮かび上がります。

オーディオ・ラボはレコードだけでなく2トラック/38㎝のオープン・リール・テープを受注製品として、レコードの6倍の価格で販売していました(それでも利益はほとんど出なかったのです)。これは、録音時に回っていた2トラック・テープを切り貼りしたマスターをダビングしたテープを手作業でダイレクトに等速ダビングするという最高に贅沢な商品でした。CDA-353とCDA-354は、その作り方から見て、2トラック/38㎝テープのデジタル・イクイバレント(同等品)とみなすことができます。

世界水準のサウンド

わたしはかつて、菅野さんが製作した録音を調べ上げ、1冊の本（『菅野レコーディングバイブル』ステレオサウンド社）として2007年に上梓しました。これは、人々は菅野録音を忘れかけているが世界でもトップクラスのすごい音なんだぞとあらためて知らせるつもりで編んだものでした。

しかし、菅野さんとわたしのあいだには、菅野録音のアイデンティティについて根本的な相違が横たわっていたように思います。本にも書きましたが、わたしは、菅野録音をアメリカ発祥のハイエンド・オーディオの文脈において「発見」し、驚嘆しました。簡単に言えば、RCAやデッカやマーキュリーの録音と同質のサウンドが日本人の手から生まれていたことに驚いたのです。

やがて、サウンドそのものだけでなく、ロジックという観点からも両者は同質であると理解するようになりました。たとえば、コンサート・ホールでジャズを録音する手法にはRCAのボブ・シンプソンという先例がいます。また、シンプルなセッティングを活用して演奏空間と楽器を活き活きと収録した先例には、コンテンポラリー録音を創ったロイ・デュナンや、リバーサイドやコニサー・ソサエティの録音で知られるデヴィッド・ジョーンズがいて、そこにも菅野録音との血脈が浮かび上がります。

ところが、菅野さん本人にはそのような見方に与しない強烈な自負がありました。わたしの意見に対して、「俺は誰かの影響を受けたことはない。影響を受けたというのなら、聴いたものすべてからであって、特定の何かではない」と不満を隠しませんでした。

それに、不満足だった録音をいまさら掘り起こされたくないという気持ちや、自分の過去を掘り返されることに照れ臭さがあるとも付け加えておられました。それやこれやで、『菅野レコーディングバイブル』に菅野さんがすべてハッピーとは言えないところもあったことは、わたしも否定しません。

そもそも、ハイエンド・オーディオというコンセプトがアメリカで明確に形成されたのは1970年代の初めで、もちろん菅野さんが自らのスタイルを確立させたずっとあとのことです。その意味でも、菅野さんがハイエンド・オーディオから「影響を受けた」ということはもちろんありません。

しかし、わたしは、ハリー・ピアソン（Harry Pearson、ハイエンド・オーディオの最も重要な唱導者）が1950年代のRCAやマーキュリーのクラシックの録音をハイエンド・オーディオの歴史に位置づけたように、菅野録音も同じ世界史的文脈に収められるべきだと考えていました。菅野録音は、世界史的な視点からは、孤立した存在でないどころか、メインストリームそのものであるというのが、わたしの考えです。

（ここでいうハイエンド・オーディオとは、高価な機器を扱うオーディオを指しているのではまったくありません。ハリー・ピアソンが定義づけた、ある固有の概念に基づいたオーディオ観のことです。）

数年前のある経験は、象徴的だったように思います。本文にも登場したボブ・アティエーは、録音ミキサーとしてマーキュリーのクラシック録音に大きな影響を受けた人ですが、彼に『菅野レコーディングバイブル』を贈ったところ、付属ディスクを聴いて即座に返辞を送ってきました。そこには、彼はちょうどホールでジャズを録音することを試行していたところ（これはCD『ソフィスティケイテッド・レディ・ジャズ・クァルテット』になりました）で、菅野録音がインスピレーションになったという記述がありました。

それを読んだとき、わたしは、さもありなんと心のなかで快哉を叫んだものです。そういうわけでこの本でも紹介した馬渕侑子のふたつのヤーラン・ディスクにも、菅野録音が影響をあたえているという歴史的事実をここに書き留めておきます。そして、海外のオーディオファイルたちも、わたしやアティエーと同一の文化的視座から菅野録音をディスカバーする日がやがて来ることを確信しています。

菅野さんの思い出

『菅野レコーディングバイブル』を執筆中、わたしはデータの精度を少しでも上げるために菅野さんに確認や取材をしました。不完全なデータやデータの不備のため、耳を頼りに判定しなければならない録音もあり、わたしが篩《ふるい》にかけたうえで、最後にご本人の意見をお願いしたこともありました。（それでも決着がつかず、掲載を諦めた盤もある程度の量ありました。）

振り返ってみると、そのとき菅野さんと交わした会話の7割以上は菅野さんの作った録音について。残りは音楽談義と他愛のない世間話でした。

「俺の人生の半分は録音製作で、もう半分は車だ。ほかのことはどうでもいい」

「オーディオ・ラボにオーケストラの録音がないのは、日本にオーケストラの録音に使えるホールがなかったからだ」（厳密にはモーツァルトのピアノ協奏曲の録音が1枚あります）

「ダイレクト・カッティングは、やるならホールにカッティングマシンを運んで行かなければならないのであきらめた。スタジオでやりたくはなかった」

「この録音では、音圧感を出すために、ホールの壁に向かってすぐ前で演奏してもらったのをそのまま録った」

「ロンドン響と来日したショルティに引率でつきっきりになり、たくさん話をした。ショルティは、他人が録音したレコードは影響を受けるのがいやなので一切聴かないと言っていた。ショルティは、同じ理由で、同行したモントゥやドラティの演奏も聴きに行かなかった」

「ピエール・モントゥはほんとうに消防車が大好きで。日本のが見たいから連れて行けって言うんだ」

「小澤征爾がデビューした直後に録音をした。たぶんあれが初録音じゃないか」

「ソノシートを録音していた頃は、午後にクラシックの演奏家を録音して、夜にテープ編集をして、真夜中にジャズの演奏家を録音したものだ。ジャズの連中は宵っ張りだから。終わると朝だ」

「ソノシートのために録音したテープは、日劇をマリオンに建て替えたときに（朝日新聞社屋も）引越しで、全部処分したそうだ。残っていればなあ。面白いものもけっこうあった」

「ライブ演奏を生放送する番組を毎週やっていて、ビル・エヴァンスやチャールズ・ミンガスも来日したときに録音した。バックアップのテープがあったはずだが、著作権があるから出せない」

「豊増昇先生のバッハの録音は、完奏したテープはあるんだが、本人の承諾を得る前に亡くなってしまった。録り直しをする予定だった。先生のような時代の人の演奏は品があっていい」

「人間の行動は、いつでもお天道様が見ているものだ」

もちろん、その場かぎりにすべき話題もたくさんありました。ひとつだけ明かすと、あるレーベルの録音はその名前を出しただけで、菅野さんは間髪を入れずに「あんなただの職人技」と強く吐き捨てたものです。

また、質問しているとき、菅野さんが不機嫌に怒り出すことがたびたびありました。勇気をふるい起こして「そんな怒られるようなことを訊いているつもりはないのですが」と言うと、「君に怒ってるんじゃないッ。思い出せない自分に腹がたつんだ！」とまた怒鳴られたのも、今では懐かしい思い出です。

後ろ姿

最後に菅野さんにお会いしたのは、あるパーティ会場でした。菅野さんの周りには常に多くの人が集まっているので、去り際を見計らってつかまえ、2、3の質問をしました。「ところで、ご自分の録音でいちばん気に入っている一枚を挙げるとしたら何ですか」

直ちに「それは『ラ・ビー』だ」と答えが返ってきました（『ラ・ビー』はジャズではないので、ここでは取り上げません）。それがあまりに予想通りだったためと、パーティの酒に酔っていたこともあって、拍子抜けを覚え、かろうじて「やはりそうですか」と言ったかと記憶しています。

それが菅野さんとの最後の会話になりました。踵を返して颯爽と会場の出口に向かった菅野さんの後ろ姿は、今も目に焼き付いています。

それから何年か経って菅野さんの訃報を聞いたとき、目に浮かんできたのはその後ろ姿でした。あの出口の先が天国に続いていて、そこではジョン・アーグル氏や荻昌弘氏が手を広げて、菅野さんが来るのを待ち構えている。そんな光景を見たような気がして、目頭がじんと熱くなりました。

音と音楽について文章を書くことをわたしに促したのは菅野さんでした。あらためて感謝いたします。この拙い書物を、菅野沖彦さんに捧げます。

＊菅野沖彦氏の文章の引用はすべて「白い天井にはられた白い紙」（音楽之友社刊『音の素描』所収）より

❶『アローン・トゥギャザー』
（オーディオ・ラボ CDA-353）

❷『ザ・ダイアローグ』
（オーディオ・ラボ CDA-354）

❸『ヴゼボロド・レジェネフ・チェロ・リサイタル』
（クラウン LAC-3014）

❹『ウェスト・エイス・ストリートⅡ』
（クラウン LAB-2020）

❺『ウェスト・エイス・ストリートⅢ』
（クラウン LAB-2024）

著 者 略 歴

嶋 護

Mori Shima

群馬県出身。
音楽全般やオーディオについての執筆と翻訳を手がける。
著書に『菅野レコーディングバイブル』
『クラシック名録音106究極ガイド』『嶋護の一枚』、
訳書に『JBL 60th Anniversary』
（以上ステレオサウンド刊）
など。

ジャズの秘境《ひきょう》
今《いま》まで誰《だれ》も言《い》わなかったジャズCD《シーディー》の聴《き》き方《かた》がわかる本《ほん》

初版発行　2020年1月24日

著　嶋護《しまもり》

デザイン　高橋力・木村七海（m.b.llc.）
編　集　小澤俊亮（DU BOOKS）

発行者　広畑雅彦
発行元　DU BOOKS
発売元　株式会社ディスクユニオン
東京都千代田区九段南3-9-14
編集　TEL 03-3511-9970　FAX 03-3511-9938
営業　TEL 03-3511-2722　FAX 03-3511-9941
https://diskunion.net/dubooks/

印刷・製本　大日本印刷

ISBN978-4-86647-112-9
Printed in Japan

Translated by Mori Shima

BACK NUMBER

JAZZ PERSPECTIVE

年2回刊行

vol.5	December 2012	特集 ニューヨーク・ジャズ	1200円＋税
vol.6	June 2013	特集 オランダ・ジャズ	1200円＋税
vol.7	December 2013	特集 ブルーノート75周年	1200円＋税
vol.8	June 2014	特集 モニカ・ゼタールンド&プレスティッジ	1500円＋税
vol.9	December 2014	特集 スイス・ジャズ	1500円＋税
vol.10	June 2015	特集 ドイツ・ジャズ	1500円＋税
vol.11	December 2015	特集 カナダ・ジャズ	1200円＋税

※vol.1～4は品切

vol.12 June 2016 本体1200円＋税

表紙 アガテ・イラスマ
特集 キューバ・ジャズ

キューバに魅せられた達人にきくキューバの魅力 高橋慎一 × 二田綾子／キューバジャズ総論／キューバ革命までのキューバジャズ／キューバ革命からゴンサロ登場／メイド イン キューバのレコードジャケット展／原田和典のキューバ雑感
● ジャズ喫茶極道烈伝 稲毛「CANDY」林美葉子 × 山中千尋 他

vol.13 December 2016 本体1200円＋税

表紙 アンナ・マリア・ヨペック
特集 ポーランド・ジャズ

トマシュ・スタンコから見えてくるポーランド・ジャズ・シーン／CD世代のポーランド・ジャズ・シーン／ポーランドは最高のヴォーカル王国なのだ／ポーランド映画とジャズ／クシシュトフ・コメダとその全門下生たち
●ジャズレコードコレクター訪問 ●ジャズ喫茶極道烈伝 中野新橋「ジニアス」鈴木彰一 × 山中千尋 他

vol.14 August 2017 本体1200円＋税

表紙 マレーネ・ケアゴー
特集 デンマーク／ルクセンブルク・ジャズ

デンマークジャズの祭典Opposite 2017レポート／Copenhagen Jazz Festival ポスター 全部掲載します／ニルス・ラン・ドーキー インタビュー／ルクセンブルクのジャズを知る16枚
●ジャズレコードコレクター訪問「ジャズ界のインディ・ジョーンズ」の異名を持つプロデューサー、ゼブ・フェルドマン 他

vol.15 December 2017 本体1200円＋税

表紙 アンナ・コルチナ
特集 ジャズ・イン・USA／
ヴィーナス・レコードの25年

AACM50周年／ニューヨークで広がるブラクストンの輪／現地リポート「メンフィス・ジャズ・スピリッツ」／デトロイト・ジャズ・フェスティバル・リポート／トッド・バルカン
●ヴィーナス25周年を寿ぐ●コンラッド・パシュクデュスキ●ニッキ・パロット
●リー・モーガン映画公開記念 他

vol.16 May 2018 本体1500円＋税

表紙 カーリン・クローグ
特集 ノルウェー／フィンランド／
エストニア・ジャズ

カーリン・クローグとノルウェーのヴォーカル考／ノルウェーのジャズ・フェスティバル／フィンランドのジャズレーベル紹介／川崎燎氏インタビュー
●エストニアジャズ略史 feat. メロディヤ盤時代●廃盤座談会「最近怪しい動きを見せるブルーノート盤について」他

vol.17 December 2018 本体1500円＋税

表紙 エリーナ・ドゥニ
特集 ECM 50周年前夜

鉄のカーテンとECM／キース・ジャレット・スタンダーズ・トリオとは何だったのか／レインボー・スタジオ見学記／ECMを彩った個性的な女性ヴォーカリスト
●錆びない映画『君も出世ができる』とフランキー堺と『ジャズ・スタア誕生』
●EP特集 イタリアの大コレクターのレア盤誌上展●ボルネオ雑感 他

vol.18 July 2019 本体1500円＋税

表紙 アナスタシア・リュトヴァ
特集 ロシア・ジャズ

ロシア・ジャズを知るための本当の話／キーワード&チャート／ロシア・ソ連ジャズのレコード・ジャケットたち／ロシアのヴォーカル三人娘／ RED FUNK 鉄のカーテンの向こう側で暗躍したグルーヴ
●ジャズ喫茶極道烈伝 東京・根津の隠れた名店「楽耳」●廃盤座談会「ブルーノートのテストプレス盤とかプロモーション盤の話など」他